新时代
大学生知识产权
教育概论

主　编　　吴　雷
副主编　　高　姿
　　　　　林超然
　　　　　李金秋
　　　　　于冠一

中国教育出版传媒集团
高等教育出版社·北京

内容简介

　　本书重点阐述了知识产权管理的基本思路和主要方法，从管理学的角度出发，以培养学生知识产权素养和提高学生知识产权实践能力为目标，具有较强的针对性。全书逻辑主线清晰，内容通俗易懂，案例丰富。

　　本书包括知识产权基础理论、知识产权获取、知识产权运营、知识产权保护、知识产权管理五篇，涵盖知识产权导论、专利检索分析、知识产权价值评估、专利运营、保护和管理等十四章。每章前都设有开篇案例，章后设有重要专业词汇、本章小结、思考题和案例分析，还提供丰富、多样的学习内容，用于拓展学生的思维。

　　本书既可作为本科生、研究生的教材，又可作为企业、政府部门知识产权管理人员的参考用书。

图书在版编目（CIP）数据

　　新时代大学生知识产权教育概论 / 吴雷主编.--北京：高等教育出版社，2023.10
　　ISBN 978-7-04-061140-3

　　Ⅰ．①新… Ⅱ．①吴… Ⅲ．①知识产权法–中国–高等学校–教材 Ⅳ．①D923.4

　　中国国家版本馆 CIP 数据核字（2023）第 173906 号

新时代大学生知识产权教育概论

Xinshidai Daxuesheng Zhishichanquan Jiaoyu Gailun

策划编辑	张　欣	责任编辑	张　欣	封面设计	王　鹏	版式设计	杜微言
责任绘图	马天驰	责任校对	刁丽丽	责任印制	朱　琦		

出版发行	高等教育出版社	咨询电话	400-810-0598
社　　址	北京市西城区德外大街 4 号	网　　址	http://www.hep.edu.cn
邮政编码	100120		http://www.hep.com.cn
印　　刷	北京七色印务有限公司	网上订购	http://www.hepmall.com.cn
			http://www.hepmall.com
开　　本	787mm×1092mm　1/16		http://www.hepmall.cn
印　　张	16	版　　次	2023 年 10 月第 1 版
字　　数	380 千字	印　　次	2023 年 10 月第 1 次印刷
购书热线	010-58581118	定　　价	49.00 元

前　　言

随着新一轮科技革命和产业变革的持续推进，世界正在经历百年未有之大变局。进入新发展阶段，推动高质量发展是保持经济持续健康发展的必然要求，创新是引领发展的第一动力，知识产权作为国家发展战略性资源和国际竞争力核心要素的作用更加凸显。《知识产权强国建设纲要（2021—2035 年）》强调加快推进知识产权改革发展，全面提升我国知识产权综合实力，建设中国特色、世界水平的知识产权强国，对于提升国家核心竞争力，实现更高质量、更有效率、更加公平、更可持续、更为安全的发展，满足人民日益增长的美好生活需要，具有重要意义。

从知识产权开发实践来看，尤其是价值较高的发明专利开发，其开发人往往是理工科专业背景。然而，绝大多数高校的理工科专业并未开设知识产权相关课程，导致理工科专业的学生缺乏知识产权教育。其主要原因在于知识产权相关领域过于庞杂，当前的相关课程与教材主要是面向知识产权专业或相关法学专业，学时和内容多，且需要多门先修课程作为基础，与理工科专业结合不紧密，很难直接用于理工科学生教学。

本书正是在上述背景下，由哈尔滨工程大学知识产权研究所团队编写而成。基于新工科建设的学科交叉融合需求，从管理角度以培养理工科学生理解并掌握知识产权管理的基础理论为目标，可以作为理工科开设管理类课程的教材，推动管理类课程与理工科课程的交叉融合，支撑引领未来技术和产业发展的高素质复合型新工科人才的培养；书中结合了大量的船海等国防领域的行业案例，将行业知识融入知识体系，体现了新工科特色，对国防行业特色高校的新工科人才培养具有非常强的适用性和针对性；同时又从管理角度引入大量具有理工科行业特色的案例，可以作为培养具有行业特色经管类创新人才的课程教材，支撑新文科建设的学科融合。

本书的编写力求将理论性和实用性相结合。根据知识产权管理的基本原理，以知识产权管理体系为核心，系统地介绍了知识产权创造、运营、保护和管理的常用重点理论，同时穿插了大量的实践案例。这些案例大多来源于我国知识产权管理的实践，具有很强的示范性和实效性，可激发学生学习兴趣，引导学生的开放性思考。本书每章均配有开篇案例、重要专业词汇、本章小结、思考题、案例作业和数字资源等内容，可方便教师教学和学生自学。

本书是集体智慧的结晶。具体编写分工如下：吴雷撰写第一、二章，林超然撰写第三、

四、五章，高变撰写第六、七、八、九章，于冠一撰写第十、十一章，李金秋撰写第十二、十三、十四章。全书由高变统稿，吴雷主审。

本书在编写过程中引用了许多学者的研究成果，在此一并致谢。由于作者水平所限，书中难免存在不足之处，敬请广大读者和同仁批评指正。

编写组
2023 年 5 月

目　　录

第Ⅲ篇　知识产权运营篇

第Ⅴ篇　知识产权管理篇

第Ⅰ篇　知识产权基础理论篇

第一章　知识产权导论

开篇案例　知识产权的价值

知识经济时代，知识产权作为无形资产在企业总价值中的比重快速增长，知识产权已经成为企业利润的重要源泉。以华为公司为例，持续创新是华为 30 年来生存和发展的根本，华为坚信尊重和保护知识产权是创新的必由之路。华为注重自有知识产权的保护，也尊重他人知识产权，华为公司与全世界很多信息与通信技术（ICT）企业达成了专利交叉许可。自 2001 年签署第一份专利许可合同至今，华为历史累计支付专利使用费超过 60 亿美元，其中接近 80%是支付给美国公司。另外，自 2015 年以来华为获得交叉许可后的知识产权净收入超过 14 亿美元，付费方涵盖美洲、欧洲、亚洲公司。华为拥有 ICT 行业最宽广的产品线，上千亿美元的销售，无论是从创新成果及其产生的价值，还是从知识产权争议的解决结果来看，都验证了华为具有良好的创新与知识产权运作机制。此外，我国"海尔"品牌的评估价值也高达 600 多亿人民币。《明朝那些事儿》的作者石悦版税收入累计超 4 000 万人民币，在《2019 中国作家富豪榜》上，他凭借《明朝那些事儿》全年版税收入高达 1 400 万，排名第四，超过莫言、贾平凹、郭敬明等专业作家。由此可见，无论是在高科技领域还是在传统产业领域，知识产权都是企业的核心竞争力。通过恰当地运用，知识产权可以扩大企业的市场份额、提供利润、确立并维护市场优势。

资料来源：《华为创新与知识产权》白皮书、法律图书馆《知识产权是企业重要的收入来源》。

"知识产权"一词的起源，学界有不同的观点。一般认为，知识产权作为法律用语被认为是来自英文"Intellectual Property"的音译。目前，知识产权已经成为国际上通用的法律术语。而在实践中，知识产权出现了更多名称，如无形财产权、非物质财产权、符号财产权、信息产权、创造性劳动权等。

1.1　知识产权的概念与特征

1.1.1　知识产权的概念

知识产权指的是"人们可以就其智力创造的成果所依法享有的专有权利"，或是"人们对其智力活动创造的成果和经营管理活动中的智力成果"，或是"基于创造性智力成果和工商业标记依法产生的权利的统称"。我国在《民法通则》（已废止）颁布前普遍使用"智力成果权"，我国《民法典》第 123 条规定，"知识产权是权利人依法就下列客体享有的专有权利：（一）作品；（二）发明、实用新型、外观设计；（三）商标；（四）地理标志；（五）商业秘密；（六）集成电路布图设计；（七）植物新品种；（八）法律规定的其他客体"。

知识产权问题已经成为当代经济发展与国际贸易中备受瞩目的热点问题，知识产权是一个抽象的概念，是对著作权、专利权、商标权等的统称。本书将知识产权定义为：人们对于自己的智力活动创造的成果和经营管理活动中的标记、信誉依法享有的权利。

知识产权是由智力活动创造产生，并通过法律的形式把一部分由智力活动产生的成果保护起来，知识产权不仅仅是一个法律概念，在经济管理领域中，其更多地属于一个历史的、可变的经济管理范畴。从根本上说，知识产权是个人或组织由于创造性工作所依法获取的一定时期的独占权，是无形的、以这种权利存在并发挥作用的、能够产生效益或价值的经济资源；是在科学、技术、文化、艺术、工商等领域，人们基于自己的智力创造性成果和经营管理活动中的标记、信誉、经验、知识而依法享有的专有权利。

1.1.2　知识产权的特征

知识产权的独特职能和知识资产的特殊性质使得知识产权不同于其他任何资产所有权。知识产权具体有以下主要特征：

1. 无形性

知识产权的无形性，是指作为知识产权客体的知识产品具有无形性。无论是智力创造成果还是工商业的标记都是"无形"的。这里所说的无形是相对于动产、不动产等有形物而言，知识产品的无形性决定了知识产权人不发生对客体的实体占有控制、实体损耗的使用和实体形态的事实处分及实物交付的法律处分。而物权的客体是有体物，物权人对其物有实际占有并排他支配的权能，有对物进行实体上事实处分的权能，及对物的交付来完成法律上处分的权能。

2. 专有性

知识产权的专有性即是指知识产权具有垄断性、独占性和排他性的特点，没有法律规定或知识产权人的许可，任何人不得擅自使用他人享有知识产权的智力成果，否则就构成侵权。这种专有权和物权一样，是一种对世权、绝对权，但又不及于物权。首先，知识产权的排他性表现为排斥非专有人对知识进行不法仿制、假冒或剽窃等，而物权的排他性则为排斥非授权人对其所有物进行的不法侵占、妨害和毁损。其次，知识产权的支配性是相对的或者说受到某些限制。大部分国家都在知识产权立法里规定了对知识产权的合理使用、法定许可、强制许可等制度，目的就是将具有垄断性质的知识产权限制在合理范围内，以促进科学技术的进步和文学艺术的繁荣。另外，知识产权还受到时间和地域的限制，知识产权人的专有权只在一定地域和一定期限内发生效力，即后文提到的知识产权的地域性和时间性。而物权的支配要求独一无二，物权人行使物权，既不允许他人干涉，也不需要他人积极协助。

3. 地域性

知识产权的地域性是指知识产权只在授予或确认其权利的国家和地区发生法律效力，受到法律保护。知识产权最初是以封建的恩赐特权的形式出现的，因此这种权利只能在君主管辖的地域内行使。自资本主义社会，知识产权的性质发生了根本的变化，成为一项法定的权利，但其地域性的特点却被保留了下来。19 世纪末，随着科学技术和国际贸易的发展，知识产权的国际贸易也发展起来，知识产品的国际需求和知识产权的地域限制之间出现巨大矛盾。为解决这一矛盾，各国先后签订了一系列保护知识产权的国际条约，从而使在公约缔约国范围内的知识产权具备了跨地域性。但这并不改变知识产权的地域性，因为这些国际条约只是在一定程度上对知识产权的地域性做出调整，并没有改变知识产权的地域性。

4. 时间性

知识产权的时间性，是指知识产权的专有权只在一定期限内有效。这种时间性的规定，是为了在保护知识产权人的权益和推动社会进步这两者之间取得平衡。如果知识产权的专有权没有时间限制，那么知识产权人将长期占有这一权益，这将阻碍社会的进步。反之，如果知识产权的专有权期限过短，那么知识产权人可能得不到应有的报酬，这将影响他们的创新积极性。因此，知识产权的专有权期限必须合理，既不能过长，也不能过短。对于不同类型的知识产权，其有效期限是不同的。[①]例如，专利权通常的保护期限为 20 年，商标权可以通过续展无限期地保护，而著作权的保护期限通常是作者生平加 50 年。

1.1.3　知识产权的属性

1. 知识产权是一种属于无形资产的财产性权利

财产权被社会所承认，作为个体对某一特定物质或非物质财产所享有的权利群体，它是基于物体的存在和使用而建立的人与人之间的权利关系。这种权利既可适用于有形财产，也可适用于无形财产。无形财产可能包含在有形财产之中，其价值甚至可能超过有形财产的价值。知识产权是关于智力成果的权利，智力成果是一种无形资产，具有使用价值。因此，在商品经济环境下，知识产权可被作为商品进行生产和交易，成为商业交易的对象。然而，知识的非排他性使用决定了市场无法形成产权机制（即"市场失灵"），因此需要通过私有产权制度来解决。私有产权制度的设定使知识能够在市场中流通，从而更有效地促进其产业化利用。此外，知识产权作为无形资产的属性，也使其成为促进经济增长的关键资源。知识产权是一种资本资源，可以在资本运作中以股权等形式进行资本投资，也可以通过质押、信托等方式进行企业融资操作。[②]

2. 知识产权是一种财产性民事权益

它反映和调整的是平等主体公民和法人之间的财产关系，具备民事权利的本质特征。知识产权的演进展示了其从特权属性中解脱，成为一种私人权益，使得个体意识到自身的智力成果可以供个人使用，并在法律许可的范围内自主处理。这种认知激发了人们的创新意识，推动了知识的不断更新和发展。知识产权制度的确立，实现了无形财产权利形态从特许权利到法定权利的制度转变，将知识产权转化为一种新型的私人财产。知识产权作为一种权利束缚，包括对智力成果的所有权、使用权、转让权和收益权等各种权利。正因

---

① 参考自张楚：《知识产权法》，高等教育出版社 2014 年版，第 4 页。

② 参考自吴汉东：《知识产权多维度学理解读》，中国人民大学出版社 2015 年版，第 36 页。

为知识产权的产权属性，所有者可以利用它保护自身，限制竞争者，在规定的时间内进行独占性生产或销售，从而获得丰厚的利润。[1]

1.2 知识产权的范围与分类

1.2.1 知识产权的范围

知识产权的范围分为广义和狭义。广义的知识产权范围包括一切人类智力创造的成果，也就是 1967 年于斯德哥尔摩签署的《建立世界知识产权组织公约》中所划定的范围：① 与文学、艺术和科学作品有关的权利；② 与表演艺术家的表演、录音制品和广播有关的权利；③ 与人类创造性活动的一切领域的发明有关的权利；④ 与科学发现有关的权利；⑤ 与工业品外观设计有关的权利；⑥ 与商标、服务标志、商号及其他商业标记有关的权利；⑦ 与防止不正当竞争有关的权利；⑧ 其他一切来自工业、科学或文学艺术领域的智力创造活动所产生的权利。

狭义的或传统的知识产权保护范围包括工业产权与版权两部分。按照《保护工业产权巴黎公约》的规定，工业产权保护的对象包括：① 发明专利权、实用新型专利权、工业品外观设计专利权；② 商标专用权、厂商名称、产地标记、服务标记等。工业产权传统上认为是专利权与商标权。随着时代的发展，又产生了禁止不正当竞争权、高新技术领域的专有权，如集成电路、植物新品种、商业秘密等。在版权保护上，也延伸到了邻接权和不同内容的版权保护，如《计算机软件保护条例》、信息网络中产生的版权内容等。

1994 年世界贸易组织签订的《与贸易有关的知识产权协定》（TRIPs）中，知识产权范围包括：① 版权与邻接权；② 商标权；③ 地理标识权；④ 工业品外观设计权；⑤ 专利权；⑥ 集成电路布图设计（拓扑图）权；⑦ 商业秘密。这里的知识产权范围既不同于上述广义也不同于狭义的内容，而是从"与贸易有关的"角度进行的划分，更多地体现了发达国家的利益诉求。但是由于世界贸易组织在世界经济发展中的重要地位，《与贸易有关的知识产权协定》（TRIPs）具有强制性和权威性，是世界贸易组织的成员国都必须遵守和保护的。

1.2.2 知识产权的分类

知识产权通常分为两类：第一类是创造性成果权利，包括专利权、集成电路权、植物新品权、著作权（版权）、软件权等；第二类是标识性标记权，包括商标权、商号权（厂商名称权）、其他与制止不正当竞争有关的识别性标记权利（如产地名称等）。其中，专利、商标、著作权和商业秘密是通适性的知识产权类型。

---

[1] 参考自王迁：《知识产权法教程（第七版）》，中国人民大学出版社 2021 年版，第 13 页。

1.2.2.1　专利权

1. 专利权的概念

专利权是指国家根据发明人或设计人的申请，以向社会公开发明创造的内容，以及发明创造对社会具有符合法律规定的利益为前提，根据法定程序在一定期限内授予发明人或设计人的一种排他性权利，在法定期限内，这个许可证明保护拥有者的发明不被别人获得、使用或非法出卖。同时也赋予拥有者许可别人获得、使用或者出卖这项发明的权利。专利权赋予其所有者禁止其他人制造、使用、买卖、竞价销售或进口，享有专利保护的发明创造的独占性。不同国家对专利的类型有不同的规定。如《专利合作条约》（PCT）确认的专利是指发明专利和实用新型两类，实用新型和外观设计虽受知识产权法的保护，但不属于专利。

我国专利权的确立起步较晚，现有《中华人民共和国专利法》（以下简称专利法）规定可授予专利权的有三种：发明、实用新型和外观设计。其中发明是指对产品、方法或者其改进所提出的新的技术方案，包括产品发明（含新物质发明）、方法发明和改进发明（对已有产品、方法的改进方案）。实用新型是指对产品的形状、构造或者其结合所提出的适于实用的新的技术方案。外观设计是指对产品的整体或者局部的形状、图案或者其结合以及色彩与形状、图案的结合所作出的富有美感并适于工业应用的新设计。

专利权不仅具有时间性、独占性、地域性，还具有自己的特征。专利权的特征主要表现在：① 就时间性而言，专利权的保护期较短。② 就独占性而言，相同主题的发明创造在同一法域内只能被授予一项专利权。③ 就地域性而言，只有经专利行政部门审批，发明创造才能取得专利权。

2. 专利权的主体和客体

专利权的主体指发明人（设计人）、专利权人和专利继受人等。发明人（设计人）是指真正做出发明创造的人，即对发明创造的实质性特点独自做出创造性贡献的人。专利继受人指专利权人的权利可被继承的人和受让的人。职务发明创造是指在执行本单位的任务，或者主要是利用本单位的物质技术条件所完成的发明创造。职务发明创造申请专利的权利属于发明人或设计人的工作单位。非职务发明创造是指除职务发明创造以外的发明创造。非职务发明创造的专利申请权属于发明人或设计人。获得授权后，发明人（单位）或者设计人（单位）为专利权人。

专利权的客体是可被审批为专利的发明创造。我国专利包括发明、实用新型和外观设计。

（1）发明。发明是专利权的主要客体也是各国专利法的主要保护对象。从词义上看，发明指科技开发者依据自然规则或法则运用自己的资金和智力创造出来的新技术方案。我国《专利法》规定，发明指对产品、方法或其改进所提出的新的技术方案。根据此项规定可知，发明是一种技术方案。专利法意义上的发明包括产品发明和方法发明。产品发明（包括物质发明）是人们通过研究开发出来的关于各种新产品、新材料、新物质等的技术方案。方法发明是人们为制造产品或解决某个技术课题而研究开发出来的操作方法、制造方法以及工艺流程等技术方案。"改进发明"本身并非独立的发明，它要么是产品发明，要么是方法发明。

（2）实用新型。实用新型指对产品的形状、构造或者其结合所提出的适于实用的新的技术方案。实用新型是针对产品而言的，任何方法都不属于实用新型的范围。实用新型的特征主要为：① 作为实用新型对象的产品只能是具有立体形状、构造的产品，不能是气态、液态的产品，也不能是粉末状、糊状颗粒状的固态产品；② 作为实用新型对象的新设计必须具有实用性，能够在工业上应用；③ 作为实用新型对象的产品必须是可自由移动的物品，不能是不可移动的物品。但是原来可自由移动的物体后被固定在不能自由移动的物体上，可看作实用新型。

（3）外观设计。外观设计是指对产品的整体或者局部的形状、图案或者其结合以及色彩与形状、图案的结合所作出的富有美感并适于工业应用的新设计。外观设计所保护的对象是该设计本身，而不是负载该设计的物品。外观设计的特征主要为：① 负载外观设计的产品必须有相对的独立性；② 外观设计必须是与独立的具体的产品合为一体的新设计；③ 负载外观设计的产品必须能够在工业上应用；④ 外观设计必须能够使人产生美感。

3. 专利权的内容

专利权是一种具有财产权属性的独占权及其衍生出来的相应处分权。专利权人的义务是缴纳专利年费（也称专利维持费）。专利权人具有如下权利：

（1）独占实施权，即专利权人对其专利产品或专利方法依法享有的制造、使用、许诺销售、销售、进口的专有权利。具体来说，除法律另有规定外，未经专利权人的许可，任何单位或个人都不得实施其专利，即不得为生产经营目的制造、使用、许诺销售、销售、进口其专利产品，或者使用其专利方法以及使用、许诺销售、销售、进口依照该专利方法直接获得的产品；任何单位或个人不得以生产经营为目的制造、销售、进口其外观设计专利产品。

（2）转让权，即专利权人将其获得的专利所有权转让给他人的权利。专利所有权只能作整体转让且必须签订书面合同并予以登记。

（3）实施许可权，即专利权人通过专利实施许可合同的方式，许可他人实施其专利并收取专利使用费的权利。

（4）放弃权，是专利权人放弃其独占利益的权利。即专利权人在专利权保护期限届满前的任何时候，以书面声明形式或不交年费的方式放弃其专利权的权利。

（5）标记权，即专利权人享有在专利产品或该产品的包装上、容器上、说明书上、产品广告中标注专利标记和专利号的权利。专利标记包括"中国专利""专利"等字样或"Ⓟ"符号。

除《专利法》规定专利权人享有的上述权利外，《中华人民共和国民法典》还规定专利权人依法享有将其专利权进行出质的权利。

4. 专利权的限制

专利权的限制是指法律规定的对专利人独占实施权的限制，指专利法允许第三人在一定的特殊情况下，可以不经专利权人许可而实施其专利，且其实施行为并不构成侵权的一种法律制度。当实施行为人以专利权的限制作为其抗辩理由时，该行为人应当负举证责任。

除专利权的时间限制和地域限制外，专利法对专利权还作了其他的限制性规定，主要为强制许可（非自愿许可）。强制许可即国家专利主管机关根据具体情况，不经专利权人许可，授权符合法定条件的申请人实施发明或实用新型专利的一种法律制度。特征为非自愿性、非独占性、有偿性、非转移性。强制许可包括防止专利权滥用的强制许可；为公共利益目的的强制许可；交叉强制许可。强制许可实施人所获得的实施权，是普通实施权，不具有独占性，不得再许可第三人实施，不得转让此种使用。强制许可实施人应当向专利权人支付合理的使用费。

5. 专利权的授权条件

可专利性即一项发明创造获得专利权应当具备的实质性条件，即发明创造本身所具有的本质特征。申请专利的发明或实用新型符合专利法规定的新颖性、创造性和实用性；申请专利的外观设计符合专利法规定的与国内外的外观设计不相同和不相近似，不得与他人先取得的合法权益相冲突的规定。

新颖性是指申请专利的发明或实用新型不属于现有技术，即指在申请日以前没有同样的发明或实用新型，没有在国内外出版物公开发表过、没有在国内公开使用过或以其他方式为公众所知，也没有同样的发明由他人向国家专利主管机关提出过申请并且记载在申请日以后公布的专利申请文件中。

创造性是发明或实用新型获得专利权的又一实质条件，也有国家称为非显而易见性、先进性或进步性。创造性指同申请日以前已有的技术相比，该发明有突出的实质性特点和显著的进步，该实用新型有实质性特点和进步。具有创造性的发明，包括：① 申请专利的发明解决了人们渴望解决但一直没有解决的技术难题；② 申请专利的发明克服了技术偏见；③ 申请专利的发明取得了出乎预料的技术效果；④ 申请专利的发明在商业上获得了成功。

实用性是指该发明或实用新型能够制造或使用，并且能够产生积极的效果。不具有实用性的几种情况为：① 申请专利的发明或实用新型不具有再现性；② 申请专利的发明或实用新型缺乏技术手段；③ 申请专利的技术方案违背自然规律，是利用独一无二的自然条件所完成的技术方案；④ 申请专利的技术方案不能产生积极效果。申请专利的发明或实用新型"能够产生积极的效果"包括社会效果、技术效果和经济效果，其中社会效果即该项发明或实用新型被实施后，不产生对社会的危害，不产生对人类生存、安全、环境的危害，不损害社会公共道德；技术效果，即申请专利的发明或实用新型被实施后有利于促进科学技术的发展；经济效果，即申请专利的发明或实用新型被实施后，能够给发明人或专利权人或国家带来良好的经济效益。

外观设计的可专利性的实质条件为：① 新颖性，即指申请专利的外观设计与在其申请日以前已经在国内外出版物上公开发表的外观设计不相同或不相近似，与在其申请日以前已在国内公开使用过的外观设计不相同或不相近似；② 美观性，即指外观设计被使用在产品上时能使人产生美感，增加产品对消费者的吸引力；③ 合法性，即申请专利的外观设计不得与他人在先取得的合法权利相冲突，而且不得违反法律、社会公德，也不得损害公共利益。

1.2.2.2　商标权

1. 商标权的概念

商标是指自然人、法人或其他组织用以将自己的商品或服务区别于其他商品或服务的标志或标志组合，包括商品商标、服务商标、集体商标、证明商标等。同时商标可以被用于鉴别产品或描述产品。《中华人民共和国商标法》（以下简称商标法）保护的商标类型包括文字、图形、字母、数字、三维标志、颜色组合和声音，以及上述要素的组合。商标权的拥有者具有在其产品或服务上使用该商标的唯一权利。商标所有权人以商标来证明商品的来源、材料和制造方法或服务的状况。商标权包含专用权、使用权、禁用权、续展权、转让权和许可使用权等。不同国家对商标专用权受法律保护的有效期的规定不一致，但都可以不断续展。我国的商标有效期为 10 年。

2. 商标权的主体和客体

商标权的取得途径不同，商标权的主体不同，根据我国《商标法》商标权的主体应该是有资格申请商标注册的自然人、法人或者其他组织，或者转让注册商标中的受让人。商标权的客体是商标。商标可分为视觉商标和非视觉商标。视觉商标是指用视觉可以感知的商标，包括文字商标、图形商标、立体商标、颜色商标以及各种要素组合的商标；非视觉商标是指无法用视觉感知的商标包括听觉商标、嗅觉商标、味觉商标和触觉商标等。

3. 商标权的内容

商标权的内容包括使用权和禁止权。使用权是商标权人对其注册商标充分支配和完全使用的权利。禁止权是商标权人禁止他人未经其许可擅自使用注册商标的权利。使用权与禁止权是商标权的两个方面，两者的区别在于效力范围的不同：使用权涉及注册人使用注册商标的问题，即以核准的注册商标和核定使用的商品为限；禁止权涉及的是对抗他人非法使用注册商标的问题，即对在同一种商品或类似商品上使用与其注册商标相同或近似的商标，均享有禁止权。使用权受到两方面限制：① 只限于商标主管机关核定使用的商品，而不能用于其他类似商品；② 只限于商标主管机关核准注册的文字、图形，而不能超出核准范围使用近似的文字、图形。禁止权效力涉及：① 在同一种商品上使用相同的商标；② 在同一种商品上使用近似商标；③ 在类似商品上使用相同的商标；④ 在类似商品上使用近似商标。

4. 商标注册的条件

商标注册指商标使用人为了取得商标的专用权，依照法定的注册条件、原则和程序，将其使用的商标向商标局提出注册申请，商标局经过审核准予注册的法律制度。我国的商标注册是按照自愿注册与强制注册（烟草、人类药品）相结合的原则实施的。

商标注册的申请人是自然人、法人或其他组织。获准注册的商标必须具备的条件为：① 商标的构成要素必须具有显著性，便于区别；② 申请注册的商标不得使用法律所禁止使用的文字、图形；③ 使用地理标志作为商标注册的，不得违反商标法的有关规定；④ 不得复制、模仿或翻译他人的驰名商标；⑤ 在同种或类似商品上申请注册的商标，不得使用与他人注册商标或初步审定的商标相同或近似的文字、图形或其组合。注册商标被撤销或期满不再续展的，自撤销或注销之日起 1 年内，与该商标相同或者近似的商标注册申请不能被核准。

我国《商标法》规定，申请注册的商标除了必须有合格的主体、在适当的商品上或服务中恰当的标志外，还应当具有合法性、显著性、非功能性及在先性。合法性是指商标不得违反商标法及其他法律。显著性是指该标志使用在具体商品上和服务中时，能够让消费者觉得它应该或实际与商品或服务的特定出处有关。非功能性是指作为立体商标注册的三维标志，不能具有功能性，否则不予以注册。在先性是指申请注册的商标不得与他人在先取得的合法权利相冲突。

1.2.2.3　著作权

1. 著作权的概念

著作权（版权）是指作者或其他著作权人对文学、艺术和科学作品依法享有的专有权利，是法律赋予所有者组织他人对其作品进行复制、销售、演出、展示或改编的权利。著作权是一种保护写出或创造出一个有形或无形的作品的个人权利。著作权也可以转换为一个组织所拥有的权利，这个组织向作品的创作者支付版权费，从而获得了该作品的所有权。著作权保护的作品包括音乐、文字作品、美术、戏剧、曲艺、舞蹈、杂技、建筑作品、摄影、视听作品等创造性作品。随着时代的发展，著作权还包括工程和产品设计图、计算机软件、地图、示意图、模型等。任何一种作品，只要它是原创或者是通过某一物质媒介表达出来的，都可以获得著作权。著作权赋予所有者对其作品的专有权利，也允许其所有者以此来获得因其作品引起的价值。

2. 著作权的主体和客体

著作权的主体称著作权人，即依法对文学、艺术和科学作品享有著作权的人，包括作者、自然人、法人和非法人组织。在一定条件下，国家也可能成为著作权主体。依据著作权的取得方式可将著作权主体划分为原始主体与继受主体。原始主体是指在作品创作完成后，直接根据法律规定或合同约定，在不存在其他基础性权利的前提下对作品享有著作权的人。一般情况下为作者，特殊情况下作者以外的自然人或组织也可能成为著作权原始主体，如职务作品、委托作品中的委托人等。继受主体是通过受让、继承、受赠或法律规定的其他方式取得全部或一部分著作权的人。原始主体所享有的著作权比继受主体的完整，因为继受主体绝对不可能享有完整著作权，只能取得著作财产权的全部或部分，而不能取得著作人身权。

著作权的客体是受著作权保护的作品。著作权法所称的作品是指文学、艺术和科学领域内，具有独创性并能以一定形式表现的智力成果。著作权作品要成为著作权客体须具备以下条件（著作权客体的构成要件）：① 独创性又称原创性，是作品成为著作权客体的首要条件。指由作者独立构思而成的作品的内容或表现形式完全或基本不同于他人已经发表的作品，即不是抄袭、剽窃、篡改他人的作品。② 可复制性。符合著作权保护条件的作品，通常都是能以某种物质复制形式表现的智力创作成果。复制形式包括印刷、绘画、摄影、录制等。单纯的思想或情感本身而不具有文学、艺术等客观表现形式的，不能称为作品，不能成为著作权客体。著作权法规定在文学、艺术和自然科学、社会科学、工程技术等领域内创作的作品，均属著作权法保护范围，具体包括：文字作品；口述作品；音乐、戏剧、曲艺、舞蹈、杂技艺术作品；美术、建筑作品；摄影作品；视听作品；工程设计图、产品设计图、地图、示意图等图形作品和模型作品；计算机软件；符合作品特征的其他智力成果。

3. 著作权的内容

著作权包括著作人身权和著作财产权。著作人身权又称精神权利，指作者对其作品所享有的各种与人身相联系或密不可分而无直接财产内容的权利。著作人身权具体包括发表权、署名权、修改权和保护作品完整权四项。作者终身享有著作人身权，没有时间的限制。作者死后，作者的著作人身权可依法由其继承人、受遗赠人或国家的著作权保护机关予以保护。一般认为，著作人身权不能转让、剥夺或继承。

著作财产权又称经济权利，指作者及传播者通过某种形式使用作品，从而依法获得经济报酬的权利。著作财产权的内容具体包括复制权、发行权、出租权、展览权、表演权、放映权、广播权、信息网络传播权、摄制权、改编权、翻译权、汇编权以及应当由著作权人享有的其他权利。

4. 著作权的保护期限

著作权的保护期限是指著作权受法律保护的时间界限或者说是著作权的有效期限。在著作权的保护期限内，作品的著作权受法律保护；著作权保护期限届满，就丧失著作权，该作品便进入公共领域，不再受法律保护。

我国对著作人身权和著作财产权的保护期分别加以规定。著作人身权中的署名权、修改权和保护作品完整权永久受到法律保护。发表权的保护期与著作权中的财产权利的保护期相同。作为作者的公民死亡，法人或非法人单位变更、终止后，其署名权、修改权保护作品完整权仍受著作权法保护。

著作权的保护期是有限制的。根据著作权主体和作品性质不同，其保护期限有所区别。

（1）作品的作者为公民，其著作权的保护期为作者有生之年加死亡后 50 年。作者死亡后，其保护期从作者死亡后次年的 1 月 1 日开始计算，第 50 年的 12 月 31 日保护期届满。

（2）法人、非法人单位的作品，著作权（署名权除外）由法人或者非法人单位享有的职务作品，其发表权、使用权和获得报酬权的保护期为 50 年。但作品自创作完成后 50 年内未发表的，著作权法不再予以保护。

（3）视听作品的发表权、使用权和获得报酬权的保护期为 50 年，截止于作品首次发表后第 50 年的 12 月 31 日。但作品自创作完成后 50 年内未发表的，其著作权不再受保护。

（4）合作作品发表权、使用权和获得报酬权的保护期为作者终生加死亡后 50 年。但 50 年的计算以合作作者中最后死亡的作者的死亡时间为起算点。

（5）作者身份不明的作品，其使用权和获得报酬权的保护期为 50 年，截止于作品首次发表后第 50 年的 12 月 31 日。但作者身份一经确定，则适用著作权法的一般规定。

（6）图书出版单位的专有出版权。合同约定，图书出版者享有专有出版权的期限，不得超过 10 年，合同期满可以续签。

（7）录音、录像作品使用权和获得报酬权的保护期为 50 年，截止于该作品首次出版后第 50 年的 12 月 31 日。

（8）广播、电视节目使用权和获得报酬权的保护期为 50 年，截止于播放后第 50 年的 12 月 31 日。

5. 邻接权

邻接权亦称作品传播者权，指作品的传播者在传播作品的过程中对其创造性劳动成果依法享有的专有权利。即虽非著作权，却是与著作权相关相近或相邻的权利，包括出版者权、表演者权、录音录像制作者权以及广播组织播放权。我国《著作权法》中称为与著作权有关的权利。狭义的邻接权通常包括表演者权、音像制作者权及广播电视组织权三类，但在不同国家的法律中其具体内容又略有不同。广义的邻接权是把一切传播作品的媒介所享有的专有权一律归入其中，或把与作者创作的作品尚有一定区别的产品、制品或其他含有思想的表达形式而又不能称为作品的内容也纳入其中。我国采用了广义邻接权的基本内容。

出版者权是指出版者对其出版的作品所享有的一系列权利的统称。出版是生产、制作作品的复制品并将其提供给公众的行为。出版者权的主体一般包括图书、报纸、期刊等出版单位。出版的作品主要是以文字、线条、代码、图案表示的文字、音乐、戏剧和舞蹈作品，且多以印刷形式复制。出版者权的客体是出版者出版的图书、报纸、期刊及其版式、装帧等，既涉及表达思想和情感的作品本身，又涉及作品的载体。出版者义务包括与著作权人订立出版合同；按期、按质出版作品；重印、再版作品应通知著作权人，并支付报酬。

表演者权是指表演者依法对其表演所享有的权利，前提是著作权人将其作品的表演权许可给表演者行使。表演者权由表演者享有，表演权属于该作品的著作权人。根据保护邻接权的《罗马公约》中规定的表演者的范围包括：演员、歌唱家、音乐家、舞蹈家，或以别的方式表演文学或艺术作品的其他人员。表演者权的客体不是表演的节目或作品，而是现场表演本身，即演员的形象、动作、声音等的组合，受保护的是活的表演而不是死的剧本。根据我国著作权法的规定，邻接权保护的表演，涉及音乐、戏剧、曲艺、舞蹈、杂技艺术作品，不属于著作权作品的表演，如马戏、体育项目表演均不属于著作邻接权保护范围。

录音录像制作者权的主体只有实际制作录音、录像制品并首次将声音或场景录制下来的人才具备。转录他人唱片、录像制品，即使在原基础上进行了删节或在剪辑、放映方面做了技术性调整和改进，只要没有根本超出原制品，转录者就不能享有录音录像制作者权。录音录像制作者权的客体为录音录像制品。非作品的表演，甚至是自然界的声音、景物，都可以录制成音像制品而享有邻接权。

广播组织权是指电台、电视台等广播组织对其编制的广播电视节目依法享有的进行播放的权利。广播组织权的主体是制作并播放广播电视节目的组织。制作节目是相对转播其他广播组织的节目而言的。转播只是对原有节目的简单复制与播放，赋予创造性的余地非常小，故不受邻接权保护。而广播组织使用自编节目制作的广播电视节目，只要自编节目的来源合法，就能够受邻接权保护。我国邻接权主体是那些依法核准的，专门从事广播电视节目的制作并面向其覆盖范围内不特定的公众播发图文、声像信息的单位。企事业单位内部和乡镇地方组织为了宣传需要而设立的广播台、电视台，由于其仅在本单位或本地区内面向特定的对象进行广播宣传，且不具有法人地位，因此不包含在主体范围内。广播组织权的客体仅限于广播、电视节目。所谓广播、电视节目，是指广播电台、电视台制作的通过载有声音、图像的信号传播的节目。

6. 计算机软件著作权

计算机软件著作权是指软件的开发者或者其他权利人依据有关著作权法律的规定，对于软件作品所享有的各项专有权利。就权利的性质而言，它属于一种民事权利，具备民事权利的共同特征。软件著作权的开发者身份保护期不受限制。软件著作权自软件开发完成之日起产生。自然人的软件著作权，保护期为自然人终生及其死亡后 50 年，截止于自然人死亡后第 50 年的 12 月 31 日；软件是合作开发的，截止于最后死亡的自然人死亡后第 50

年的 12 月 31 日。法人或者其他组织的软件著作权,保护期为 50 年,截止于软件首次发表后第 50 年的 12 月 31 日,但软件自开发完成之日起 50 年内未发表的,本条例不再保护。因继承或单位分立、合并等法律行为使著作权主体发生合法变更时,不改变相应软件著作权的保护期。因依法签订使用权或使用权许可合同而转让有关权利时,转让活动的发生不改变有关软件著作权的保护期。当拥有软件著作权的单位终止或者拥有软件著作权的公民死亡而无合法继承者时,除开发者身份权外,有关软件的其他各项权利在保护期满后进入公有领域。

1.2.2.4 其他权利

1. 商业秘密权

商业秘密权是权利人依法对商业秘密享有的知识产权。商业秘密是指不为公众所知悉、具有商业价值并经权利人采取相应保密措施的技术信息、经营信息等商业信息。商业秘密包括技术信息和经营信息两部分,如生产配方、工艺流程、技术诀窍、设计图纸等技术信息;管理方法、产销策略、客户名单、货源情报等经营信息。

一般而言,只要在法律中将某一利益予以明确即构成权利,指明了对公民或法人能够做出或不做出一定行为,并要求他人相应做出或不做出一定行为的许可。但也有观点认为,商业秘密处于非公知状态,不符合权利构成中边界清晰的要求,第三人无法判断,因此,不应称之为权利。

例如,TRIPS 在第 39 条第 3 款中要求保护与药品研发相关的未公开的试验测试数据,即药品试验数据。它是指药品企业在申报药品上市注册前所进行的一系列试验中所得的试验数据,这些试验旨在验证该待上市药品的安全性、有效性等。TRIPS 为成员国立法提供灵活空间,规定当成员要求以提交未披露的试验数据或其他数据作为标准含有新型化学实个体制造的药品或农业化学物质产品上市的条件时,如果该数据的产生包含了巨大努力,则该成员应保护相关数据,以防止不正当的商业使用。同时,除非属为保护公众所必需或除非已采取措施以保证该数据不被用在不正当的商业使用中,成员均应该保护该数据不被披露。

2. 集成电路布图设计权

集成电路布图设计权是权利持有人对其布图设计进行复制和商业利用的专有权利。集成电路指半导体集成电路,即以半导体材料为基片,将至少一个是有源元件的两个以上元件和部分或全部互连线路集成在基片之中或基片之上,以执行某种电子功能的中间产品或最终产品。

集成电路布图设计实质上是一种图形设计,但并非工业品外观设计,不适用专利法保护。主要原因为:一是由于布图设计并不取决于集成电路的外观,而决定于集成电路中具有电子功能的每一元件的实际位置;二是布图设计需要专家的大量劳动,但设计方案不会有多大的改变,其设计的主旨在于提高集成度、节约材料、降低能耗,因此不具备创造性的专门要求;三是集成电路技术发展迅速,产品更新换代频繁,其布图设计不适宜采用耗费时间较多的专利审批程序。此外由于集成电路布图设计是一种三维配置形态的图形设计,也不属于著作权法意义上的图形作品或造型艺术作品。各国大抵采取单行立法,确认布图设计专有权,即给予其他知识产权的保护。美国最先进行立法保护。世界知识产权组织在华盛顿召开的会议上通过《关于集成电路的知识产权条约》。2001 年 3 月 28 日我国通过了《集成电路布图设计保护条例》。

3. 地理标志权

地理标志权是指标示出某商品来源于某成员地域内，或来源于该地域中的某地区或某地方的标志，该商品的特定质量信誉或其他特征主要归因于该地理来源。地理标志的特征在于，当某商品的特定品质、声誉或其他特征主要由该地理来源决定时，这一工具为那些能够确认其来源地或制造地为某国或者该国某地区的产品提供保护。当该产品为制造品时，相关产品在该地进行的生产处理或制作活动也可能构成区别特征。一般来说，地理标志的保护期限为 10 年，并可不断续展。

4. 植物新品种权

植物新品种权是指完成育种的单位或个人对其授权的品种依法享有的排他使用权。植物新品种是指经过人工培育的或者对发现的野生植物加以开发，具备新颖性、特异性、一致性和稳定性并有适当命名的植物新品种。植物新品种知识产权保护在不同国家一般具有两种模式，一是运用专门法保护植物新品种，我国通过《中华人民共和国植物新品种保护条例》进行保护；二是利用专利制度保护植物新品种。我国植物新品种不受《专利法》的保护。

随着以动物、微生物和植物为主的生物工程技术的迅速发展，对知识产权领域产生了很大影响，推动相关国家制定了一系列新法律或通过判例法，扩大了原有的保护范围，同时相应的新国际公约也孕育而生（《国际植物新品种保护公约》，1991）。截至目前，几乎还没有国家对动物新品种提供专利或其他知识产权保护，新技术革命在知识产权领域所提出的问题主要反映在微生物与植物两类上。虽然微生物的新制法或新的微生物制品一般均未作为受保护对象写进专利法中，但不少国家的专利管理部门总是把它们解释为可受保护的对象。

5. 协议许可中的反竞争行为

一般认为，一些限制竞争的有关知识产权的许可行为可能对创新和贸易产生不利影响，并阻碍技术转让。这些限制性行为可能包括独占性返授条款、禁止对有效性提出质疑和强迫性一揽子许可等。TRIPS 鼓励各国进行立法活动以打击协议许可中的这些行为。当然，这一般与各国反垄断法律和控制垄断行为的强制许可相关。上述各类知识产权的基本特征的比较见表 1-1。

表 1-1　各类知识产权的基本特征比较

特征	形式			
	专利权	商标权	著作权	商业秘密权
理论基础	通过限制性垄断，激励发明创造的披露和公共福利的最大化	保护具有显著性特征非功能性名称或标记，持续改善市场信息质量	通过限制性垄断，激励表达性作品的创作；最初是促进作品的出版	合同自由；保护公平竞争
法律渊源	专利法及其实施细则	商标法及其实施条例	著作权法及其实施细则	反不正当竞争法

特征	形式			
	专利权	商标权	著作权	商业秘密权
保护对象	技术方案和设计方案	用于商品或服务上的标记或符号	科学、文学和艺术作品	信息技术和经营信息
保护标准	新颖性；创造性；实用性	显著性；商业上使用；驰名商标（防止淡化）	独创性；可复制性	秘密性；价值性；保密性
保护范围	排他性权利；他人不得为生产经营目的而制造、使用、许诺销售、销售、进口其专利产品或使用专利方法的等同行为	排他性权利；防止商品或服务的来源混淆和驰名商标的淡化	保护作品的发表、署名等人身权和表演、展览、复制等财产权利；防止技术保护措施的规避等	防止通过不正当手段和未经授权获取、披露、使用
有效期	20 年、15 年或 10 年	10 年	死亡后 50 年或发表后 50 年	保密期内
注册要求	有	有	没有	没有
接受审查	是	是	否	否
保护成本	申请费；专利证书费；年费；诉讼成本等	注册费；续展注册费；诉讼成本等	著作权登记费（如软件著作权）；诉讼成本等	保密费用；诉讼成本等
救济途径	协商；民事或刑事诉讼；仲裁；行政处理或处罚等；驳回申请或无效宣告；复审；行政诉讼等	协商；民事或刑事诉讼；仲裁；行政处理或处罚等；驳回申请或无效宣告；复审；行政诉讼等	协商；民事或刑事诉讼；仲裁；行政处理或处罚等	协商；民事或刑事诉讼；仲裁；行政处理或处罚等
第三人的权利	请求许可；请求专利无效	正当使用（如实反映商品来源；合理而附带地使用）	合理使用；独立创造	独立开发；反向工程

【本章重要专业词汇】

知识产权—Intellectual Property　　　智力活动—Intellectual Activity

专利权—Patent　　　著作权—Copyright

商标权—Trademark Right　　　商业秘密—Business Secrets

地理标识权—Geographical Indication Rights　　　邻接权—Neighboring Rights

计算机软件著作权—Computer Software Copyright

集成电路布图设计权—Integrated Circuit Layout Design Right

【本章小结】

1. 知识产权是由国家主管机构依法确认并赋予其创造者专有权利的智力成果。

2. 知识产权具有无形性、专有性、地域性、时间性等特征。

3. 知识产权是一种无形财产权和特殊的民事权利。

4. 知识产权包括专利权、集成电路权、植物新品权、著作权（版权）、软件权、商标权、商业秘密等类别。

5. 专利是国家知识产权主管部门给予一项发明拥有者一个包含有效期限的许可证明，在法定期限内保护拥有者的发明不被别人获得、使用或非法出卖。

6. 专利包括发明、实用新型和外观设计。

7. 商标权的拥有者具有在其产品或服务上使用该商标的唯一权利。商标权包含使用权、禁用权、续展权、转让权和许可使用权等。

8. 著作权（版权）是指作者或其他著作权人对文学、艺术和科学作品依法享有的专有权利，是法律赋予所有者组织他人对其作品进行复制、销售、演出、展示或改编的权利。

【思考题】

1. 简述知识产权的概念及特征。
2. 根据不同分类标准，说明企业适用的知识产权类型。

即测即评

【案例作业】

身边的知识产权

九三粮油工业集团有限公司（以下简称"九三粮油公司"）系北大荒农垦集团的全资子公司，是首批国家级农业产业化重点龙头企业，也是拥有集种植、收储、物流、加工、营销全线资源的中国农业产业化领军企业。拥有"九三"系列商标，九三品牌经过多年发展已成为中国驰名商标、黑龙江省著名商标，是北大荒农垦集团旗下具有重要市场影响力和品牌号召力的品牌。

伴随着多年的发展及演变，"九三"品牌在国内食用油领域已具备了较高知名度和影响力，曾多次荣获："中国十大放心食品品牌""中国十佳粮油品牌""最具市场竞争力品牌""中国食用油领袖品牌""中国粮油领军品牌"等殊荣，品牌价值超过 423 亿。伴随着品牌影响力的逐步提升，被抢注、模仿的恶意侵权情况也在不断增加。不仅如此，侵权人在抢注侵权商标的同时，还通过模仿九三粮油公司产品包装等足以混淆公众的方式进行大量宣传及销售。由于其生产的食用油产品与正品在质量等方面存在较大差异，该行为已经对九三粮油公司的生产经营及品牌声誉造成了极其恶劣的影响。

面对不断变化申请的恶意侵权商标，九三粮油公司不得不继续通过提起异议、申请商标无效甚至提起诉讼等方式维权。耗费巨大人力、物力及时间成本的同时，消耗国家行政及司法资源。

同时，上述恶意侵权人在变换各种形式抄袭模仿的"九三"系列商标的同时还抄袭模仿中粮福临门食品营销有限公司的食用油品牌"福临门"申请了"沃土福临门""黑土福临门"等商标，抄袭模仿西王集团的"西王"申请了"西王沃土"，以及抄袭模仿哈药六厂的"护彤"商标申请了"护童"商标等。

资料来源：作者根据中国裁判文书网相关案例整理。

案例讨论：

1. 举例说明你身边的知识产权及知识产权侵权行为。

2. 讨论知识产权侵权行为会带来哪些影响。

第二章　知识产权管理概述

开篇案例　海尔的知识产权经营之道

知识经济时代，当以技术创新成果为内核的专利成为企业发展的重要资源和竞争力的核心要素时，越来越多的跨国公司擎起知识产权的大旗。新形势下，中国企业如何不再落入"知识产权陷阱"，并让专利发挥更大效益，值得我们思考。

"海尔将知识产权战略作为企业重要战略之一，以保障参与全球竞争的核心专利资产。"早在 1992 年，国内很多企业还不知专利为何物时，海尔即成立首家由企业自主设立的知识产权办公室，直接对公司高层领导负责。在很多经营决策中，特别是涉及海外事务时，知识产权办公室更是享有一票否决权。知识产权意识已在海尔人心中根深蒂固。比如，采购人员在签订零部件采购协议时，会先考虑这种零部件是否牵涉专利侵权问题，并在签订的协议中加入限定侵权行为和由此带来的经济赔偿条款，拒侵权纠纷于企业大门之外。

得益于日益优化的知识产权管理体系，如今海尔的专利品质有了显著提升：2015 年，海尔发明专利授权率高达 90%，实用新型专利申请数量已经连续 4 年下降；截至 2015 年，海尔及旗下子公司拥有全球有效及申请中专利 2 万余件，其中有效和申请中发明专利超过 1 万件，分别由中国海尔及旗下的日本海尔等拥有，形成了海尔在全球专利区域占位和技术领域的优势互补。

不过，对企业而言拥有专利并不是最终目的。专利资产的产出及运维需要相应的成本投入，仅申请、维持一件专利可能就要花费十几万元，而一家规模企业动辄拥有上千甚至数万件专利，由此知识产权运维也被斥为"烧钱"举动。如何唤醒"沉睡"的专利？海尔给出的答案是推进多种模式的专利运营，增强专利资产的变现能力，最大限度满足产业和用户需求。

以海尔拥有的电热水器防触电技术的专利包为例。为实现专利资产对产业利益的最大化，海尔已向国内数十家电热水器厂商进行了专利许可，不仅获取了超千万元的专利许可费，而且被许可方和海尔制造销售的防电墙热水器无一出现漏电等安全事故，社会效益显著。

再如，海尔通过全球专利检索及情报分析，确定一种新型压缩机技术将成为冰箱制冷压缩机的发展方向，试制出全球体积最小、性能领先且噪声低的新型压缩机，并围绕该产品布局了近 80 件发明专利。海尔原计划将该技术和相关专利高价出售，后认为采取对外许可的方式更能保证海尔的产业利益，遂对全球数家压缩机厂商进行了有偿的普通专利许可，专利许可合同金额超过 1.5 亿元，并约定被许可方应在量产后向海尔独家供货两年。如此一来，海尔通过专利运营不仅收回了前期研发投入，更保持了竞争优势。

"专利运营要基于各产业战略规划进行相应的增值设计，增大产业协同效应。"海尔正与国内领先企业等共同构建在智能家居、人工智能、固态制冷等多个核心领域的专利联盟和标准合作，进行前瞻技术领域的专利占位及布局，以构建未来产业的竞争力，并积极探索专利运用与专利资产化的新途径。

　　资料来源：海尔的知识产权经营之道：从"烧钱"到"赚钱"。国家知识产权战略网。

2.1　知识产权管理的内涵和意义

2.1.1　知识产权管理的内涵

　　管理是指组织对其所拥有的各种资源（人、财、物、信息、技术等）通过计划、组织、协调和控制等行为过程，完成组织的目标。知识产权管理是指政府、高校、科研机构、企业或者其他组织等主体，通过计划、组织、协调和控制知识产权相关工作，使其发展符合组织目标的过程，是协调知识产权事务的宏观调控和微观操作活动的总和。

　　从国家宏观政策制度视角来看，知识产权管理主要指政府有关部门为确保知识产权法律和政策的顺利实施，维护知识产权权利人的合法权益而进行的立法、行政执法及司法活动，以及知识产权权利人为促使其智力成果发挥最大的社会经济效益而制定各项规章制度和策略的经营管理活动。

　　借鉴已有研究，从广义的视角将知识产权管理的含义界定为：国家或企业及其他社会利益主体在组织战略目标引导下，以知识产权制度为基础，以提升组织市场竞争优势和增强组织综合实力为使命，对贯穿于知识产权开发、运营、保护等知识产权活动过程的利益主体、资源要素及其关系结构等进行组织计划、控制协调、整合优化的管理过程。

　　从企业微观视角来看，知识产权管理是为规范企业知识产权工作，充分发挥知识产权在企业发展中的重要作用，促进企业自主创新和形成自主知识产权，推动企业强化对知识产权的有效开发、保护、运营而对企业知识产权进行有计划的组织、协调、谋划和利用的活动。企业知识产权管理是企业对知识产权开发、运营、保护的综合管理，在知识经济时代的知识管理、战略管理中具有极其重要的地位。它是对知识产权进行的系统的谋划活动，通过对知识产权实施动态管理、法制管理、市场管理和国际化管理，能够提高企业运营知识产权的水平，强化企业对知识产权的保护，提升企业市场竞争力。

　　知识产权管理的内涵解构如图 2-1 所示。

2.1.2　知识产权管理的特点

　　1. 合法性

　　知识产权管理的合法性是指管理主体所从事的知识产权管理活动，不得违反相关法律法规，特别是知识产权法律法规、规章制度。从"法"的位阶看，知识产权管理的合法性具体包括两方面：一是管理活动必须符合国家法律法规；二是管理活动必须符合组织内部的规章制度。从管理要素来看，知识产权管理的合法性包括五个方面：一是管制者的主体资格合法；二是管理对象即相关知识产权合法；三是管理行为合法；四是管理方法合法；

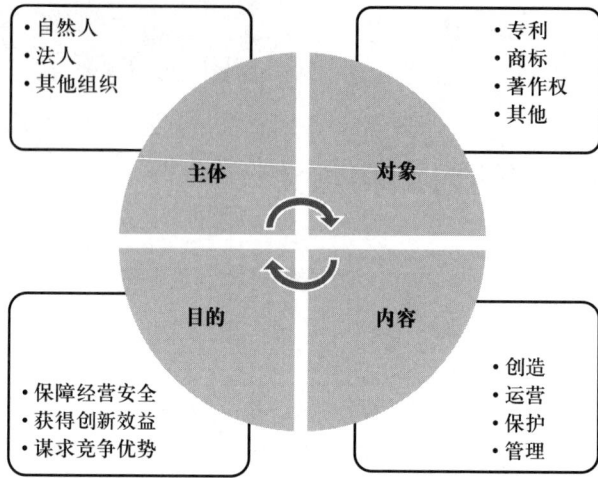

图 2-1　知识产权管理的内涵解构

五是管理制度合法。

2. 市场性

知识产权管理的市场性是指知识产权管理必须遵循市场经济规律；知识产权的转让、许可等交易活动必须符合价值规律；知识产权交易价格由创造该知识产权客体的社会必要劳动时间决定，并受到市场供求关系影响。知识产权制度是市场经济的产物，因此，知识产权管理活动应当遵循市场经济原则，以市场机制为导向，以市场效益为目标。与法律规律的相对稳定不同，市场是变化的。因此，有效的知识产权管理活动不但可以激励人们创造更多的创新成果，提高创新主体的竞争能力，而且有利于维护较好的市场竞争秩序，同时促进国家采取适度的知识产权保护制度，强化企业、科研机构等组织对其知识产权的保护。

3. 动态性

知识产权管理的动态性是指知识产权管理活动应该随着市场环境、知识产权法律状态、知识产权制度、组织内部环境及具体管理制度的变化而变化。动态性体现在四个方面：一是知识产权管理的市场性特点，要求企业根据市场情况的变化对其知识产权管理作出相应的调整；二是知识产权管理活动应该随着知识产权的法律状态（如有效期限、权利的有效性等）的变化而变化；三是知识产权管理活动应随国家知识产权制度和政策的调整而变化；四是知识产权管理活动应该随着组织内部环境及规章制度的变化而变化。

4. 国际性

知识产权制度是一种涉及双边或多边条约的国际化制度。不同国家的知识产权管理活动不仅具有一定的相似性，而且具有紧密的相关性。知识产权管理不仅涉及国内法，也涉及国际公约及相关国家的法律。知识产权交易不仅涉及国内市场，也涉及国际及相关国家的市场。随着经济全球化的深入，知识产权管理国际化趋势愈发显著。

5. 文化性

知识产权管理的文化性是指知识产权管理蕴含着深厚的文化底蕴，体现着知识产权管理者所具有的文化素养，能促进知识产权文化的建构与形成。知识产权文化是人类在知识产权及相关活动中产生的、影响知识产权事务的精神现象的总和，主要是指人们关于知识产权的认知、态度、信念、价值观以及涉及知识产权的行为方式。

2.1.3 知识产权管理的意义

2.1.3.1 国家层面

党的十八大以来，在以习近平同志为核心的党中央坚强领导下，我国知识产权事业发展取得显著成效，知识产权法规制度体系逐步完善，核心专利、知名品牌、精品版权、优良植物新品种、优质地理标志、高水平集成电路布图设计等高价值知识产权拥有量大幅增加，商业秘密保护不断加强，遗传资源、传统知识和民间文艺的利用水平稳步提升，知识产权保护效果、运用效益和国际影响力显著提升，全社会知识产权意识大幅提高，涌现出一批知识产权竞争力较强的市场主体，走出了一条中国特色知识产权发展之路，有力保障创新型国家建设和全面建成小康社会目标的实现。

我国在世界知识产权组织发布的《2022 年全球创新指数报告》中的排名，由 2013 年的第三十五位升至 2022 年的第十一位，位居中等收入经济体之首，成为名副其实的知识产权大国，具备了向知识产权强国迈进的坚实基础。

进入新发展阶段，推动高质量发展是保持经济持续健康发展的必然要求，创新是引领发展的第一动力，知识产权作为国家发展战略性资源和国际竞争力核心要素的作用更加凸显。实施知识产权强国战略，回应新技术、新经济、新形势对知识产权制度提出的挑战，加快推进知识产权改革发展，协调好政府与市场、国内与国际，以及知识产权数量与质量、需求与供给的联动关系，全面提升我国知识产权综合实力，大力激发全社会创新活力，建设中国特色、世界水平的知识产权强国，对于提升国家核心竞争力，扩大高水平对外开放，实现更高质量、更有效率、更加公平、更可持续、更为安全的发展，满足人民日益增长的美好生活需要，具有重要意义。

第一，建设中国特色、世界水平的知识产权强国，是以习近平同志为核心的党中央作出的重大战略部署，是做好新时代知识产权工作的总抓手。要充分认识其重大意义，切实把思想和行动统一到习近平总书记重要指示精神上来，统一到党中央、国务院决策部署上来，不折不扣抓好贯彻落实。

第二，建设知识产权强国是建设社会主义现代化强国的必然要求。习近平总书记深刻指出："知识产权保护工作关系国家治理体系和治理能力现代化，关系高质量发展，关系人民生活幸福，关系国家对外开放大局，关系国家安全。"[①]全面建设社会主义现代化国家，必须从国家战略高度和进入新发展阶段要求出发，系统谋划我国知识产权事业发展方略，着力解决知识产权领域存在的突出矛盾和问题，激发全社会创新活力，推动构建新发展格局。

第三，建设知识产权强国是推进国家治理体系和治理能力现代化的内在需要。产权制

[①] 中央全面依法治国委员会办公室. 中国共产党百年法治大事记（1921 年 7 月—2021 年 7 月）[M]. 北京：人民出版社，法律出版社，2022.

度是社会主义市场经济的基石。加快建设知识产权强国，解决好知识产权领域全局性、制度性、根本性问题，构建更加完善的要素市场化配置体制机制，有利于完善现代产权制度，实现全面深化改革总目标，促进国家治理体系和治理能力现代化。

第四，建设知识产权强国是推动高质量发展的迫切需要。大力发展新技术、新业态、新模式，发展以专利为支撑的创新型经济、以商标为支撑的品牌经济、以原产地地理标志为支撑的特色经济和以版权为支撑的文化产业，打好种业翻身仗，本身就是高质量发展的题中应有之义，是塑造我国未来发展新优势，实现高质量发展的关键。

第五，建设知识产权强国是推动构建新发展格局的重要支撑。一方面，发挥好知识产权作为激励创新的基本保障作用，打通知识产权创造、运用、保护、管理、服务全链条，以知识产权链促进产业链和供应链畅通稳定，有利于畅通国内大循环。另一方面，着眼知识产权作为国际贸易的"标配"，统筹知识产权领域国际合作和竞争，发展更高层次的开放型经济，更好利用国内国际两个市场、两种资源，有利于更好实现国内国际双循环相互促进的目标。

> **案例　国产船舶发动机如何突出重围？**

2.1.3.2　企业层面

企业是知识产权运用的主体。知识产权管理是企业经营管理活动中的重要环节，知识产权管理部门在企业经营管理中，从在整体管理体系中的定位，到部门的设置、人员的配备及实际职能都具有重要的作用。知识产权管理通过对企业知识产权的有效利用和共享，激发企业集体的创新和应变能力，以便开发出更多的新产品、新工艺、新技术，使企业拥有更多的知识产权。迈入知识经济时代，越来越多的公司开始重视知识产权的运用，使得知识产权竞争也越来越激烈。企业研发、生产不断进入更高的水平，其技术资源、品牌资源等逐渐成为企业抗衡竞争对手、阻止新进者的壁垒，成为其立足于纷繁复杂的竞争环境的核心竞争力。因此，企业为了在市场中获得并保持优势，获得更丰厚的经济效益，必须加强对知识产权的管理，以提升其整体管理水平。

有效的知识产权管理对企业具有深远的影响。一是有助于增强企业的创新意识和知识产权意识以及建立知识产权激励机制，同时，借助外部力量进行创新和研发，从而增强企业的创新能力；二是有助于建立知识产权侵权预防机制和被侵权时的快速反应机制，从而增强企业的知识产权保护能力；三是提升企业的知识产权运营能力和应对知识产权纠纷及其相关事务的能力；四是有助于企业的各职能部门在知识产权事务中的配合与协调，从而提升企业的组织协调能力。

> **案例　中国动力：具有自主知识产权的双燃料低排放发动机在中国船柴成功交验**

2.1.4　知识产权与国防秘密

专利制度以"公开换保护"为基本原则，以"技术方案充分公开"为基本要求，这似乎与国家保密制度无关，但对于发明信息的公开可能危害国家安全或重大利益的专利申请，则必须予以保密，且在保密期间应当充分服务于国防和军队建设，因此需要设计一套特别制度，既确保国家秘密不被泄露，又保障其在国防和军队建设中的充分使用，还能在发明解密后与普通专利制度合理衔接。

从世界主要国家专利制度的发展历程看，最初的专利制度并不包含专利保密制度，所有专利申请都会被公开。但随着欧洲工业革命的兴起和世界安全形势的发展，与武器装备有关的发明创造不断涌现，此类专利的申请一旦被公开，则可能被敌对势力所掌握，从而危害本国的国家安全。1858 年，英国人威廉·阿姆斯特朗关于利用膛线梳理控制火炮射击时间的专利申请的公开，促使英国出台了世界上第一部专利保密法案——《军需品发明专利法案》。随着第二次工业革命的扩张和世界安全形势的发展，与国防和军队建设密切相关的发明创造越来越多，专利制度与国家保密制度的关联越来越密切，德国、美国等相继建立了本国的专利保密制度。

世界主要国家所创设的专利保密制度，就是在遵守国家保密制度的前提下，对专利制度进行适当改造，将发明分成保密和公开两个阶段。纵观世界主要国家的专利保密制度，可以分为两类。一类是"扣压制"，例如美国、英国、以色列等国对涉及国家安全的专利申请予以保密并暂时不授予专利权，待解密后再行公开和授权。另一类是"授权制"，例如加拿大、丹麦、挪威等国对涉及国家安全的专利申请予以保密并授予"保密专利权"，待解密后公开并转为普通专利权。这两种类型的专利保密制度在授权形式上不同，但在权利行使上却没有本质区别。"扣压制"国家在发明保密期不授予专利权，而是通过政府补偿以满足权利人的求偿权；"授权制"国家在保密期间授予"保密专利权"，但国家通过有偿地、强制性地征用（征收）保密专利，实质上限制保密发明在国防事务中的排他权。两种做法可谓殊途同归，在保密期间都遵循了"公开换保护"的基本原则，只能由国家掌控、征收或使用保密发明，并对专利申请人给予合理补偿。

我国的专利保密制度包括两个部分：一是针对涉及国防利益需要保密的发明设立的国防专利制度；二是针对不涉及国防利益，但涉及国家其他重大利益的发明设立的专利保密制度。其中，国防专利制度是我国专利保密制度的主体。综上所述，专利保密制度的一系列制度安排，一是能够鼓励人们投资或从事与国防有关的研发活动，促进涉及国家安全或重大利益的发明创造这一公共产品的产出；二是能够让发明人即便意识到其发明将会被国家采取保密措施而暂时难以获得商业利益，仍然愿意通过申请专利的方式向政府提交其发明创造；三是保障了保密发明在国防事务中的充分、高效使用；四是尽管发明涉及国家安全或重大利益需要保密，但不影响其尽早提交专利申请，尽早确定专利申请日并在解密后获得并行使专利权，并不会因为国家保密需要而丧失获得专利权的机会。

| 案例　博尔顿·保罗案 | |

| 案例　气垫船 | |

| 案例　磁控管专利 | |

2.2　知识产权管理体系

2008 年 6 月，国务院印发《国家知识产权战略纲要》，这是我国第一部知识产权纲领性文件，从国家竞争优势的角度，将知识产权视为国家发展战略性资源和国际竞争力的核心要素，并将"为提升我国知识产权创造、运用、保护和管理能力"作为国家实施知识产权战略的重要内容。2021 年 9 月，《知识产权强国建设纲要（2021—2035 年）》再次强调："全面提升知识产权创造、运用、保护、管理和服务水平，充分发挥知识产权制度在社会主义现代化建设中的重要作用"。

2.2.1　知识产权创造

知识产权创造是指在企业通过创造性智力活动，形成受法律保护的知识产品的过程。在知识产权能力的四个行为要素中，创造居于首位，是其他要素的源头。

不同形式的知识产权的创造流程是有差异的。以专利创造为例，结合发明创造的实现过程，或者产品开发的过程，专利的创造具体包括四个阶段，流程如图 2-2 所示。① 概念形成阶段，即企业研发人员和知识产权管理人员通过检索和整理收集到的技术信息和市场信息，滤出干扰信息，形成相应的研发概念；这一阶段的专利工作重点是开展专利发展规划。② 研发计划阶段，即企业研发人员和机构依据技术发展趋势和市场需求，评估不同研发方案的成本和利润，选择最优方案，然后制定研发计划，明确研发的目标和流程等；这一阶段的专利工作重点是进行专利文献检索和分析，收集现有发明创造及其法律状态，预测该项研发面临的专利风险。③ 研究设计阶段，即通过研发活动实现企业内部的发明，通过外包研发合同获得技术，必要时需通过许可证、技术受让甚至并购获得支持性技术等；这一阶段的专利工作重点是适时召开发明评议会议，申请专利；获取必要的专利许可证或受让。④ 开发测试阶段，即实施平行技术开发和相关市场开发。其中，产品开发对应外部客户市场，工艺开发对应内部用户市场；这一阶段的专利工作重点是外围专利申请，同时完善其他形式的知识产权，如保密合同的完善、著作权登记等。

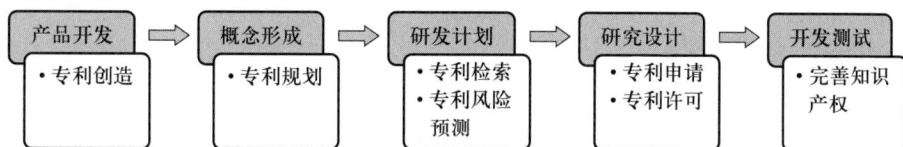

图 2-2　基于产品开发阶段的专利创造流程

商标的本质是区别企业的产品或服务的标记。与创造性智力成果本身是获取财产价值的源泉不同，商标本身不是其财产价值的源泉，其价值来源于所标记的商品或服务，来源于它所标记的工商业主体的商业信誉。因此，与专利创造不同，商标创造不仅包括商标的设计与注册，而且包括企业围绕商标做广告宣传而转化为企业信誉，以及通过技术改造、产品质量保证等获得信誉的过程。同时，商标创造不仅是工商业标记的形成，而且包括商标价值的提升过程。其中，商标设计和注册以及注册商标受让属于第一种情形，而"驰名商标"的形成属于商标创造的第二种情形。另外，与大学和科研院所采用公开发表方式表现著作权不同，除计算机软件外，企业的著作权往往采用内部登记方式进行管理。商业秘密特别是技术秘密则采用模块化分置或合同方式进行保密管理。

2.2.2　知识产权运营

知识产权运营（即知识产权运用）是指知识产权权利人通过实施、转让、许可、交叉许可、投融资等方式，将知识产权外化为产品、服务、现金流、股权或有价证券等，以获取知识产权的商业价值和谋求竞争优势的过程。知识产权运营主要包括三个方面内容。① 知识产权的实施。指创新成果或产品向客户扩散的过程，也是知识产权权利人实施知识产权的过程。一是要避免知识产权侵权，即知识产权权利人在实施知识产权权利的过程中，应当避免侵犯他人的知识产权。二是避免滥用知识产权，确保知识产权的合法使用。知识产权制度本身就是权力对智力成果享有知识产权这种私权与科学技术的公益性之间"均衡"的产物。如果知识产权权利人在行使其权利时违背了基本的公序良俗，严重阻碍了科学技术的传播和进步，抑或侵害了人类的公共健康，则应受到限制，防止知识产权滥用是知识产权制度永恒的主题。② 知识产权的许可和转让。知识产权许可是指知识产权权利人在未转让所有权的情况下转移知识产权中的财产权。知识产权许可包括独占性许可、排他性许可、普通许可、交叉许可、分许可等。知识产权转让是指知识产权权利人通过转让所有权的形式让渡知识产权中的财产权。知识产权权利人采用许可或转让方式让渡知识产权的权利，不仅可以获得一定的收益，而且可以通过交叉许可等方式，增加与竞争对手谈判的筹码，在激烈竞争中获得竞争优势。③ 知识产权的投资和融资。知识产权投资是指知识产权权利人依法将其持有的知识产权评估作价，作为对企业的非货币、非实物出资，以获取相应股权的行为。知识产权融资是指知识产权权利人依法将其持有的知识产权采取质押等方式，以获取资金的行为，例如向银行贷款或发行债券。随着知识产权商业价值的凸显和多专利复杂产品的涌现，出现了一些新兴的知识产权运营形式，如知识产权份额化交易；另外一些独立的知识产权运营第三方组织也不断出现，如主权投资基金、产业化基金、交易经纪人、非专利实施主体（NPE）、专利联盟等。

2.2.3　知识产权保护

知识产权保护是指知识产权权利人（包括利害关系人）采取协商、行政诉讼或司法途径等预防和制止知识产权侵权的过程。它是权利人针对现实或潜在的侵权而采取的保护自身权益的途径和措施，但不包括知识产品形成后的"知识产权化"过程，即发明创造者、作者或设计人对其知识产品采用法律规定的知识产权形式予以固定的过程。

不同的知识产权形式在知识产权保护方面存在较大差异。① 从知识产权保护范围来看，专利的保护范围因专利类型的不同而有所差异。《中华人民共和国专利法》规定，发明或者实用新型专利权的保护范围以其权利要求的内容为准，说明书及附图可以用于解释权利要求的内容。外观设计专利权的保护范围以表示在图片或者照片中的该产品的外观设计为准。商标的保护范围包括以制止混淆确定的保护范围、以反淡化确定的权利范围两种情形。著作权的保护范围为权利人对其独创的作品享有的人身权和财产权。商业秘密的保护范围为具有秘密性、实用性和价值性，并采取了保密措施的技术信息和经营信息。② 从争议的表现看，不同的知识产权形式之间也存在差异。专利争议包括专利行政争议、专利侵权争议、专利权属争议、专利合同争议、发明专利临时保护使用费争议等。商标的争议包括使用争议、销售争议、标志争议、更换商标争议以及其他争议。著作权争议主要包括擅自发表他人作品、歪曲和篡改他人作品、侵占他人作品、擅自使用他人作品、剽窃他人作品等。商业秘密争议包括以不正当手段获取商业秘密、违法使用和披露商业秘密、违反约定披露和使用商业秘密等。③ 从权利人追究侵权人的法律责任类型看，包括民事责任、行政责任、刑事责任等。其中，民事责任包括返还财产、排除妨碍、赔礼道歉、消除影响、停止侵权和损害赔偿等。④ 从知识产权保护的途径看，主要有自行协商、调解、仲裁、诉讼和行政处理等。

2.2.4　知识产权管理

知识产权管理视角不仅是作为一门学科阐述管理行为、还是作为国家的一项政策制度以及企业的一项管理活动进行阐述。更为重要的，它是对涉及知识产权领域的一切具体主体、要素、资源、组织、环境、政策及其产生的内部行为关系结构的总体框架，类似于一个复杂的有生命的系统工程。其中管理行为包括政府对自身、企业、科研院所和中介机构的管理行为。

企业作为联结技术与市场的主体，最贴近市场，最了解市场的需求，且企业相对于其他主体具有雄厚的资金基础。其为获得市场优势，需要投入充足的资金，吸引人才促进新技术和新产品的研发，获得以专利等保护类型的知识产权产品。企业通过对专利等知识产权产品进行直接技术交易、提供技术支撑、专利转化等市场商业化活动，经由其他企业或其他市场主体的认可与实际应用，使新的知识产权创新成果转化为经济价值，使企业获得高额利润。

高校和科研院所是知识创新的重要场所，在国家支持下，承担着关系国家核心利益的重大科技研究及耗资大、直接实际收益见效慢的公益性基础研究，为行业提供新的理论知识，创造适应市场需求的新工艺、新技术。因此，高校、科研院所可以与企业合作，将知识与技术相互结合，形成高质量的知识产权产品。此外，高校与科研院所能够培养出懂技术、市场经营、企业管理的复合型人才，为知识产权和技术创新活动提供新知识、新理念和专业技术人才，促进知识产权管理系统的稳定运行和协同发展。

中介机构包括生产力促进中心、代理、评估和咨询机构、知识产权信息中心等。中介机构不仅是联系企业与科研院所的纽带，也是联系知识产权成果和其产业化的中介，是连接系统相关主体进行的知识产权活动的桥梁和纽带。中介机构为企业、科研院所及政府部门等主体提供知识产权与科技创新相关的信息咨询、代理等服务，是支撑和促进系统内部其他主体间关系优化、系统稳定、协同发展的重要主体。合理规模的中介服务机构可以提供完善的服务合作平台，有效降低企业、政府和科研院所的知识产权开发成本、规避知识产权运营风险。

政府作为权力机关和服务机构，是知识产权战略策划者和知识产权管理主体行为关系的协调者，也是知识产权管理发展的引导者和维护者。政府主要负责相关知识产权管理法律政策的制定，通过制度与政策设计、行政执法和司法保护影响知识产权管理的运行态势，提升整体的运行绩效。这主要包括：一方面根据法律政策制度促进各行为主体紧密结合与协同，协调国家人力、财政等各类资源要素，对资源加以有效配置，激发社会利益主体参与知识产权活动，并维护相关主体的知识产权利益；另一方面，通过政策制度的安排协调区域间的知识产权活动和发展，促使知识产权内部主体及相关要素在不同区域间进行自由流动、交互，激发区域创新活力，完善区域创新体系和知识产权发展体系，提升国家整体科技创新水平和知识产权战略水平。

2.3　新时代知识产权管理面临的机遇与挑战

2.3.1　社会经济发展的新要求

新时代我国面临新形势、新变化、新任务，社会主要矛盾已经转化为人民日益增长的美好生活需要和不平衡不充分的发展之间的矛盾，实施创新驱动发展战略、深化供给侧结构性改革、推动经济社会高质量发展和更高层次开放型经济发展，全球新一轮科技革命、空前激烈的国际经济、军事竞争等，都对新时代知识产权工作提出了新的更高的要求。

1. 建设社会主义现代化强国要求建成"知识产权强国"

党的十九大指出中国特色社会主义进入了新时代，明确了坚持和发展中国特色社会主义的总任务和基本方略。知识产权强国是建设社会主义现代化强国的核心内容和关键支撑。实施知识产权战略应面向"两个一百年"奋斗目标，着力解决当前知识产权多而不优、保护不够严格、侵权易发多发、转化效率不高、高端人才不足、区域不平衡等突出问题和主要矛盾，制定我国知识产权事业发展方略。在知识产权战略理念方面，以新时期五大发展理念为指导，加快实现从"知识产权大国"向"知识产权强国"的转变；在战略目标与进程方面，要依据国家总体战略部署，长远系统谋划我国知识产权事业未来的发展，确保知识产权事业始终与国家发展进程相协调、相一致，为其提供有力支撑；在战略任务方面，要按照党的十九大报告提出的"倡导创新文化，强化知识产权创造、保护、运用"的要求，提升知识产权质量，大力培育高价值核心知识产权。

2. 全面深化改革要求提高知识产权现代化治理能力

知识产权制度是社会主义基本经济制度的重要组成部分，是"让一切劳动、知识、技术、管理和资本的活力竞相迸发，让一切创造社会财富的源泉充分涌流①"的重要条件。实现全面深化改革总目标，要求深入研究知识产权领域的市场规律和政府角色，合理有效地发挥政府、市场和社会的作用，提高现代化治理能力。

从国际层面来看，当前知识产权国际规则面临挑战，需要适应时代发展趋势构建更加平衡有效的国际知识产权治理新秩序。从国家层面来看，世界各国纷纷出台新的有关知识产权的战略和政策，积极加快构建与社会创新驱动发展要求相匹配、与强化政府公共服务职能相一致、与国际通行规则相接轨的国家知识产权治理模式，不断优化相应的知识产权管理体制机制。从行业层面来看，商会、协会等社会组织在维护行业知识产权公平竞争秩序中发挥了重要作用。从企业层面来看，跨国公司更加注重企业内部知识产权治理，将企业知识产权申请、转化、维权等寓于企业知识产权战略中，争相招揽知识产权管理人才，服务于市场竞争力提升，上述做法值得我们学习，并借鉴其经验，从而提升我国自身的知识产权治理能力。

3. 以知识产权为核心的全球竞争态势要求我国积极应对

当前知识产权全球治理呈现出新的趋势。一是大国竞争逐渐演化为知识产权规则竞争，世界范围内政治经济联系更加紧密，知识产权强国不断通过国际规则制定权与话语权谋求国家利益和竞争优势；二是知识产权成为实施贸易保护的工具，某些发达国家开始实行部分贸易保护主义，如美国频繁利用"337 条款""特别 301 条款"等，打击新兴国家拓展海外市场，特别是美国政府对从中国进口的商品大规模征收关税，对中国企业进行制裁，并就中国企业对美国投资并购进行法律限制；三是发达国家知识产权全球治理从多边向单边发展，美国、欧盟、日本等发达国家和地区开始从复杂的区域协定，转向双边、多边和小多边区域性协定，类似 TPP、TTIP、CPTTP 等地区性新规则不断涌现，并在特定区域内生效与运行；四是美国、欧盟、日本、韩国等经济体不断加大国际知识产权执法力度，强化知识产权行政执法体系建设，同时，国际刑警、世界海关组织等国际组织也不断强化知识产权执法力度。

新的国际竞争格局要求我国更加积极地参与乃至引领知识产权全球规则的制定，加强国际合作，不断满足我国社会经济发展的新要求。一是要充分利用国内市场，提高自主创新能力，努力掌握核心自主知识产权，避免受制于人；二是要逐步扭转我国在全球知识产权规则博弈中的劣势地位；三是要进一步发挥知识产权制度在新兴领域全球竞争中的支撑作用，加强对人工智能等新兴领域知识产权立法，提高对新业态、新模式的治理能力；四是要更加积极主动参与知识产权国际规则构建，借助"一带一路"倡议的战略优势，开辟新的国际市场和跨国知识产权合作，健全企业海外知识产权维权援助体系，打破发达国家

---

① 胡映兰，等. 改革开放以来中国共产党社会建设的理论与实践［M］. 北京：人民出版社，2014.

知识产权壁垒。

2.3.2　国家安全建设的新趋势

随着新一轮科技革命和产业变革突飞猛进，全球产业链、供应链、创新链面临重塑，不稳定性不确定性明显增加，知识产权已经成为国家发展的战略性资源和国际战略博弈的主要战场，对国家经济安全、科技安全等各领域的安全和重大利益都产生了重要的影响。知识产权保护工作关系国家安全。这不仅将知识产权提升至前所未有的高度，且释放出重要信号：知识产权保护是国家安全的重要屏障，只有严格保护知识产权，才能有效应对重大国际国内风险挑战，才能保证我国国家安全、经济安全。

1. 知识产权对外转让要坚持总体国家安全观，确保实现发展和安全的动态平衡

知识产权对外转让要坚持总体国家安全观。在百年未有之大变局下，知识产权与国家安全两者间的关联比历史上任何时候都紧密、都重要。在全球化时代，知识产权对外转让是各国合作与竞争的焦点，也是知识产权与国家安全的重要战略连接点。深度参与世界知识产权组织框架下的全球知识产权治理，维护知识产权领域国家安全，守住知识产权对外转让的"国门"，对于国家确保优势地位、实现多维发展至关重要。在进行知识产权对外转让时，务必要以国家安全为前提。

在知识产权转让过程中，若未对涉及国家安全的核心知识产权转让行为进行严格审查和管理，极可能因此使国家安全陷入风险，导致受制于人的被动局面，甚至丧失特定领域的发展主动权，造成重大损失。因此，依法管理涉及国家安全的知识产权对外转让行为，培育我国自主创新能力和国际竞争优势，汇集知识产权保护的强大动能，必将汇聚起维护国家安全的强大势能。

2. 知识产权捍卫关键核心技术研发与保护，确保国家安全自主可控

国土安全是立国之基，军事安全是强国之本，知识产权为二者构筑起坚强屏障。我国拥有自主知识产权的北斗卫星导航系统将安全保卫能力提升至新的层级；在弹药研究、探月工程、军用大型运输机、高分辨率对地观测等项目研发中，知识产权起到了信息情报支撑和保驾护航作用。若失去知识产权保护，维护国土安全技术能力将受损，国家安全将成为一纸空谈，国家权益将直接受到侵害。

关键核心技术是国之重器，也是战略安全力量。关键核心技术蕴含巨大经济价值，是相关产业甚至是国家经济的栋梁，而我国目前关键技术依赖、受制于人，"卡脖子"问题仍存在。而且，本就属于我国的前沿技术，本应为我国产生巨大经济价值，但若缺乏保护，将因技术对外泄露而变成新的"卡脖子"问题。不仅如此，国之重器的"卡脖子"问题是关系国家安全的深层次问题。要在"卡脖子"的地方下功夫，提升创新能力，把创新能力提升摆在更加突出的位置，努力实现更多"从 0 到 1"的突破，只有如此，才能从根本上改变关键核心技术受制于人的局面。因此，确保国家安全自主可控，必须重视和强化知识产权全链条保护，方能准确预判风险，正确作出决策，避免重大损失，筑起有力屏障，维护国家利益。

3. 知识产权促进形成正当有力的制约手段，保障国家安全

经济安全是国家安全的核心，知识产权是经济命脉的基本前提，是国家经济安全的保

障，是科技创新的战略支撑和科技安全的中坚力量。知识产权已经深度融入我国经济建设，是提高我国经济竞争力的最大激励。国际国内双循环，都离不开统一开放、竞争有序的市场体系。通过完善知识产权反垄断、公平竞争相关法律法规和政策措施，将确保经济安全、支持各类企业创新发展，使平台经济更加健康规范发展，保障各类市场主体公平参与市场竞争，防范部分企业凭借数据、技术、资本优势造成竞争失序风险。保障经济安全，要坚持监管执法和制度建设并重。既要注重反垄断、反不正当竞争执法实践，又要注重构建维护公平竞争的长效机制。在加强执法的同时，加快完善市场竞争规则。

未来，知识产权保护将成为中国特色国家安全道路的关键环节，持续为保障各领域国家安全"储能"。在新一轮科技革命与产业深刻变革之际，必须从战略高度深刻认识保护知识产权与维护国家安全的重大关系。全面加强知识产权保护，全力维护国家安全，为促进建设现代化经济体系储备能量，为激发全社会创新活力拓展容量，为推动构建新发展格局贡献力量。

2.3.3　企业创新驱动的新问题

随着国际技术转移和技术扩散向国内加速渗透，国内技术创新及其市场变革呈现出国际化的趋势。国外跨国企业出于战略考虑，以知识产权为利剑，对我国设置了一道道知识产权"封锁线""地雷阵"，严重制约了我国产业技术的生存和发展。同时，在国际市场上，随着外国对我国企业的产品关税和数量的限制等传统贸易壁垒大幅降低，它们转而利用其占优势的知识产权作为技术壁垒阻挡我国产品和服务的出口。知识产权日益成为国外跨国企业争夺我国市场份额、遏制我国企业参与竞争的重要工具。

首先，发达国家企业知识产权战略在运用方面起步较早，企业的市场竞争优势在知识产权的保护下发挥得淋漓尽致。如美国、欧盟和日本等制定和实施的知识产权战略，将知识产权创造、运用、保护置于产业的基础地位，旨在提升竞争力。在政府支持下，发达国家的企业通过研究开发不断地扩大其科技优势，并把优势尽可能以"知识产权"的形式加以巩固，把科技优势提升为知识产权优势，并将市场的垄断进一步加强。企业在国际竞争中由于知识产权所带来的劣势主要体现在如下两个方面：一是知识产权法律法规的不断完善，使许多原本免费使用的国外技术置于知识产权保护的范围内。技术使用者不得不支付专利许可费用，造成企业的生产成本上升，甚至停产；二是加强知识产权保护会提升专利的价值，企业是潜在的技术模仿者，因为发明者会针对模仿成本的大小，选择一个专利许可费率，恰好使企业放弃模仿而选择技术许可。而 TRIPS[①]的实施使企业模仿成本上升和模仿率降低，使发明者能够索取更高的专利许可费用，从而让专利权利人得到更多的国际租金转移。例如，我国企业从 2002 年起就遭遇了 DVD、打火机、彩色电视机等一系列涉外知识产权纠纷，2003 年初又连续发生美国思科起诉深圳华为、日本丰田状告吉利等专利侵权诉讼。国外企业凭借其拥有的知识产权及产品对我国企业和经济发展形成了一定的阻碍。知识产权竞争正成为国家间竞争的重要形式。

其次，技术标准正逐渐成为经济全球化竞争的重要手段，在"技术专利化—专利标准

---

① 一般指《与贸易有关的知识产权协定》（Agreement on Trade-Related Aspects of Intellectual Property Rights，TRIPS）。

化—标准垄断化"的全球技术许可战略中，谁掌握了标准的制定权，谁的技术成为主导标准，谁就掌握了市场的主动权。技术标准的基础是技术，技术创新正是技术发展的重要因素，因此，技术创新推动技术标准的发展，技术标准直接或间接地推动技术创新。技术标准又包含了专有技术，利用知识产权的垄断性和技术的标准化最终实现在技术和产品上的竞争优势。由此可见，技术创新是促进企业发展的根本，知识产权制度是技术创新的激励制度，技术标准更需要创新技术的依托。同时，企业作为技术创新的主体，在提高自身竞争力的过程中，必须关注技术标准战略、知识产权战略与技术创新的协同发展。现代服务的振兴带来了服务标准化的盛行，作为知识和信息的服务标准同样存在着作权等知识产权法律权益。将知识产权战略与服务标准有效结合，对于推动现代服务业健康有序地发展具有举足轻重的意义，总之，在产业发展的大背景下，知识产权战略与标准战略的结合是企业未来发展的大方向。

最后，在全球化背景下，知识产权的竞争已成为国际经济竞争的核心。企业的知识产权战略已经成为能否克服技术困难、促进企业转型升级的关键。而企业国际化的发展趋势，也对知识产权战略提出新的要求。一是企业要通过知识产权战略的实施积极应对知识产权贸易壁垒，通过知识产权战略、技术创新战略和技术标准战略的协同发展，构筑企业的知识产权竞争优势；二是企业还要利用知识产权战略来推进知识产权贸易，通过知识产权购买、许可、转让等多种形式获取和整合知识产权优势，实现企业在国际竞争市场上的优势地位。

2.3.4　科技革命带来的新挑战

人工智能写的诗受不受版权保护？大数据的所有权归个人，还是数据收集方？胚胎干细胞研究的知识产权是否需要和干细胞提供者分享？新的商业模式究竟能不能申请专利？新一轮科技革命带来的巨大变化，让各国知识产权管理和战略制定面临着新挑战。站在新的历史时点上，准确把握新技术和新业态发展对知识产权战略与管理提出的新需求，应对新技术和新业态发展带来的新挑战，对提升我国知识产权战略规划与治理能力至关重要。

1. 新技术、新业态发展带来新问题

首先，新技术不断涌现推动知识产权保护客体范围呈扩大趋势。大数据、人工智能、生物技术和商业模式等领域一些重大原创性突破正在开辟新方向，颠覆性技术创新正在催生新业态。

（1）大数据的知识产权保护迫在眉睫。目前，虽然我国已对数据存储和管理、处理和分析的数据形成成果之后进行数据的应用，这两方面内容实施了著作权保护，并通过专利、商标等对大数据的其他环节进行了保护。但仍有大量数据不在知识产权保护的范围之内。围绕大数据的所有权，不断引发数据隐私、数据安全及数据权属等问题。

（2）人工智能创造物能否受著作权保护引发热议。联合国教科文组织和世界知识产权组织倾向于将该问题交由各国自行处理，并没有打算以公约的形式对人工智能创作物的版权问题进行统一规定。迄今，除了日本在《知识财产推进计划 2016》中提及要给予具有一定市场价值的人工智能创作物以知识产权保护外，几乎没有国家在制度上回应人工智能创作物的问题。鉴于我国在人工智能领域相关技术已经步入世界前列，有必要根据自身情况开展探索，在立法和政策层面对人工智能创作物的版权问题作出回应。

（3）生物技术领域特别是人类胚胎干细胞技术的可专利性问题备受关注。近些年，我国已经投入了巨额资金和资源开展干细胞技术研发活动，但关于人胚胎干细胞技术的保护现状却不容乐观。由于受伦理约束、相关法律规定不明确等原因，我国干细胞知识产权保护面临诸多困难和挑战，很多干细胞技术不能得到知识产权保护。

（4）新一代商业模式的知识产权保护亟须明确。网络购物、网络支付平台、共享单车等多种类型的新一代商业模式不断涌现，但我国尚未明确规定商业模式属于知识产权的保护对象。由于商业活动的模式无法通过有形形式予以复制并为大众所认知，无法构成法律意义上的"抄袭"，因此，当前企业只能通过著作权、商标、专利、商业秘密、反不正当竞争法等对其商业模式进行零散的保护。商业模式能否作为一种智力成果进行保护，亟待予以明确。

其次，人工智能技术引发对知识产权管理基本制度的变革需求。现行知识产权制度是建立在《保护工业产权巴黎公约》和《保护文学和艺术作品伯尔尼公约》两个公约基础之上。这两个公约的基本内容成型于 1967 年的斯德哥尔摩文本，是适用于电气时代的国家的知识产权基本制度，主要涵盖了专利、商标和著作权，已经难以适应信息网络与人工智能时代新技术、新业态发展的需求。诸如：数量庞大且快速增长的专利申请、商标申请与有限的专利审查资源、商标审查资源之间的矛盾；分段式技术知识产权保护与创新产品市场应用之间的矛盾；科技迭代加速发展与发明专利授权周期漫长之间的矛盾；等等。

最后，会聚技术发展要求聚焦领域加强知识产权战略规划。会聚技术是跨学科、跨主体、跨部门生产的应用型新知识，不仅加速了不同科学共同体的深度整合和精细分化，还使得基础研究与应用研究、技术开发和产业化边界日益模糊，变革突破的能量不断积蓄。会聚技术为"跨界"创造统一框架、范式或者创新生态系统，形成新的路径、机会和前沿。以能源互联网技术为例，它是一个能源、设备、信息、经济深度融合的系统，是物理空间、能源空间、信息空间乃至社会空间耦合的多域、多层次耦合的混杂大系统。无论是现有的能源企业、相关的设备生产企业、互联网企业，还是未来可能出现的综合能源服务商，甚至是普通的能源消费者，都将可能是能源互联网的参与者和投资者。相应地，能源互联网领域的专利保护、大数据权属和商业模式创新等，需要多层次、多主体、多维度围绕知识产权创造、管理、保护等方面形成系统性战略规划。会聚技术促使知识产权的竞争方式由寡头式逐渐转变为联盟式，聚焦领域加强系统性知识产权战略规划将是适应竞争方式变革的必然趋势。

2. 现有知识产权战略呈现滞后性

新技术新业态提出知识产权制度变革的新需求，然而，我国当前的知识产权战略表现出不适应变革需求的滞后性。表现在以下几个方面。

第一，知识产权保护不能对科技创新的新内容做出快速反应。例如，在人工智能领域，知识产权应该保护什么、怎么保护以及保护的市场范围等方面，当前的知识产权战略仍为空白。又如，信息网络技术支撑商业模式创新的迭代速度加快，保护需求时效性加强，但现有的知识产权保护制度跟不上其更新速度，容易产生无序竞争，最典型的案例是共享单车。

第二，知识产权保护工具的集成运用不足。会聚技术和融通创新的发展，导致很多问题在本质上都有多个维度，但是目前我国的知识产权战略并没有旨在解决这些多维度问题，仍分别聚焦于专利、版权、商标等知识产权问题。同时，会聚技术和融通创新的发展，使企业间的竞争变为阵营式竞争，如何在阵营内部的创新组织间分配利益和促进知识溢出、如何对各个阵营进行制衡以防止市场垄断的出现，是知识产权保护制度面临的新挑战。

第三，知识产权制度对创新激励的落实不到位。由于当前的相关制度针对科研机构或大学的知识产权采用了与有形财产相同的国有资产管理模式，知识产权转化应用仍然存在障碍。关于高校、科研机构的科研成果转化是"先转化、后确权"还是"先确权、后转化"，依然有争议。

第四，过度分散的知识产权管理体制造成国内几乎没有针对重要领域的系统性的知识产权战略。很长时期内，我国知识产权管理工作分散于知识产权、工商、版权、农业（林业）、文化、海关、公安等多个部门。国务院机构改革后，除版权外，实现了国家知识产权局对专利和商标等工业产权的管理职能合一。但是，与新技术、新业态所带来的知识产权与产业、技术、贸易等管理职能结合的系统性需求相比，仍然存在差距。当前，迫切需要加强知识产权创造部门、管理部门和保护部门间的协同，针对新兴战略领域如人工智能、能源互联网等，综合国际竞争、产业结构、社会发展等多个视角，制定系统性的知识产权战略规划。

【本章重要专业词汇】

知识产权管理体系—Intellectual Property Management System

知识产权管理—Intellectual Property Management

知识产权创造—Intellectual Property Creation

知识产权运营—Intellectual Property Operation

知识产权保护—Intellectual Property Protection

社会经济发展—Socio-economic Development

国家安全建设—National Security Construction

企业创新驱动—Enterprise Innovation Drive

国防秘密—National Defense Secrets

科技革命—Technology Revolution

【本章小结】

1. 知识产权管理是指政府、高校、科研机构、企业或者其他组织等主体计划、组织、协调和控制知识产权相关工作，并使其发展符合组织目标的过程，是协调知识产权事务的宏观调控和微观操作活动的总和。

2. 知识产权创造是指在企业通过创造性智力活动，形成受法律保护的知识产品的过程。

3. 知识产权运营是指知识产权权利人通过实施、转让、许可、交叉许可、投融资等方式，将知识产权外化为产品、服务、现金流、股权或有价证券等，以获取知识产权的商业价值和谋求竞争优势的过程。

4. 知识产权保护是指知识产权权利人采取协商、行政诉讼或司法途径等预防和制止知识产权侵权的过程。

【思考题】

1. 简述知识产权管理的内涵和特点
2. 举例说明知识产权管理的意义
3. 简述知识产权与国防秘密
4. 简述知识产权管理体系的内涵

即测即评

【案例作业】

我国的知识产权管理

中国改革开放以来的知识产权发展，在世界知识产权史上是罕见的。从国际比较看，在短短几十年的时间里，中国专利、商标、实用新型专利的申请量等各项指标已跃居世界首位。

2020 年，中国通过《专利合作条约》（PCT）途径提交的国际专利申请量达到 6.9 万件，稳居世界首位。在商标领域，有效注册商标达到 576.1 万件。2019 年中国专利密集型产业增加值为 11.46 万亿元，占国内生产总值的比重达到 11.6%。在世界知识产权组织发布的《2021 年全球创新指数报告》中，中国创新指数位居第 12 位，显著领先于其他发展中国家。高质量知识产权已经成为中国企业的核心竞争力，专利、版权、商标品牌作为产权化的创新成果，为产业的快速发展提供了价值支撑，高铁、特高压等产品品牌甚至已经成为国家名片。

知识产权制度伴随着科技和社会经济的发展而不断延伸，新技术在加速现代产业体系重构的同时，也对原有的知识产权制度产生了新的挑战。现有知识产权架构是工业时代的产物，有明确、可见的保护客体，权利的归属、确认、转移较为容易确定。但在数字经济时代，数字技术与数据资源给传统产权结构带来了冲击，数以千万、亿万的数据流动为权属认定带来难度，并且侵权行为转瞬发生，难以追踪痕迹，数字时代的诸多特殊性给传统的知识产权架构带来了挑战。

除了新技术，更大的挑战来自地缘政治变局和知识产权版图重塑。全球化背景下，世界知识产权环境呈现"一超多强"的格局。从主要专利指标来看，美国专利质量最高，德国、日本等次之。当今美国"一超"、欧洲和日本等"多强"的格局，在国家技术创新产出能力、国际政治格局和国际经济格局等层面亦有所体现。

世界知识产权组织发布的《2021 年全球创新指数报告》显示，前 5 名为瑞士、瑞典、美国、英国、韩国，其中韩国首次跻身前五。在过去 10 年里，中国、越南和印度等发展中国家排名显著上升，现已跻身前 50 名，中国已由 2011 年的第 29 位上升至 2021 年的第 12 位。

越来越多的发展中国家参与知识产权的全球价值链分工，其影响可能是双重的。一方面，全球研发创新的基础资源变得更加丰富多样，专业化分工也促使创新效率提升，创新应用更加普及，印度、菲律宾等国家软件外包业务的蓬勃发展就是代表性的例子。另一方面，发展中国家在制造业和知识产权领域向高附加值端的移动，使相关技术领域的竞争变得更加激烈。

在新一轮科技革命和产业变革的背景下，知识产权日益取代资源、资本等要素，成为国家重要的战略资源和国际竞争力的核心力量。一些"无工厂制造商"掌握着专利、商标、版权、品牌、设计、软件、数据库等无形资产，通过自身的知识产权组织全球价值链。拥有知识产权和相关高技术人才的公司从中真正受益。各国都希望未来在高新技术领域占领高地，为进一步发展开拓道路。

资料来源：中国知识产权体系面临两大挑战，如何应对？新浪财经，2022−01−30.

案例讨论：

论述新时代我国实施知识产权管理面临的机遇与挑战，并将如何应对？

第 II 篇　知识产权获取篇

第三章　知识产权创造

开篇案例　小米汽车科技有限公司的知识产权创造

　　工商信息显示，小米汽车科技有限公司于 2022 年 5 月 27 日公开申请的 3 个专利，包括"车辆控制方法、装置、介质、芯片、电子设备及车辆""外置麦克风、车辆终端和户外收音设备""图像处理方法和装置、车辆、可读存储介质"。小米汽车科技公司积极布局相关技术，开展知识产权获取工作。

　　资料来源：小米汽车公开"车辆控制方法、装置"等 3 项专利. 集微网，2022 - 05 - 31.

3.1　知识产权创造的概念和构成

　　知识产权创造是知识产权运营、保护、组织的基础和前提，是企业知识产权管理活动的开始。市场未动，知识产权先行。为了赢得创新所得和可持续竞争优势，企业有必要提前做好知识产权布局，为产品和服务入市保驾护航。本章在知识产权法学和经济学含义及知识产权管理框架研究基础上，重点从企业技术创新和市场拓展双重视角，围绕专利、商业秘密、商标和著作权的权利开发、获取和维护，讨论知识产权创造的规则、流程和要诀。

3.1.1　知识产权创造的概念

　　知识产权创造，即企业通过创造性智力活动，形成受法律保护的知识产品的过程。这一概念并非法律术语，而是一个地地道道的管理词汇，源于日本知识产权战略的理念。企业的知识产权创造不是孤立的行为，不是简单地为了知识产权而创造，而是与其经营活动紧密联系在一起。从宏观层面而言，企业的经营战略决定了知识产权创造的方向，包括技术研发的定位、商标定位，知识产权布局、数量和质量目标等；从微观层面而言，企业的经营管理决定了知识产权创造的具体工作，包括知识产权创造的具体流程、成本核算、各部门关系协调等。

　　知识产权创造是企业知识产权管理的基础工作，也是其他知识产权管理工作的"源头"。在知识经济和经济全球化深入发展的今天，企业，尤其是高新技术企业，必须懂得如何创造并利用知识产权获取市场竞争优势。例如，苹果公司与三星公司旷日持久的"世纪专利大战"，足以说明"一件专利，一个市场"，或者更确切地说在一个领域拥有关键核心技术专利，犹如拥有了占领市场的"独门暗器"。中兴和华为能够在美国的"337 调查"中胜诉，主要缘于这两家企业拥有足够的专利储备，以及良好的专利质量和专利布局。可口可乐公司成为全球最大的饮料公司，其秘密配方和商标战略功不可没。由此可见，企业在创造知识产权时，定位是否准确、布局是否合理、质量是否过硬都会直接影响知识产权的"威力"，进而影响企业的市场份额，甚至决定企业的生死。因此，知识产权创造是企业知识产权管理最关键的一环。

3.1.2 知识产权创造的构成

知识产权创造包括知识产权开发、获取和维护三个环节。

1. 知识产权开发

知识产权开发是指通过创造性智力活动形成可以受知识产权保护的知识产品的过程。这一项工作是将传统的知识产权管理向前延伸至研发或设计环节，使知识产权管理工作变得更加主动，可以最大限度地融入和支撑企业的经营发展。一般来说，企业关注的知识产权类型主要是专利、商标、著作权和商业秘密。由于不同类型的知识产权差异较大，其开发的方向、重点和流程都各不相同。例如，专利研发旨在研究先进技术、挖掘专利、提前做好专利布局的准备；商标设计则是根据企业理念和商品特征，甚至消费群体特征设计符合法律规定和社会常理的标志；而作品创作主要是关注权利归属和文档保存；商业秘密的开发实际上就是商业秘密的认定，即将有价值的经营信息和技术信息纳入保密范围。

2. 知识产权获取

知识产权获取是指将知识产品固化为知识产权的过程。这是传统或狭隘的知识产权管理工作的开始。获取知识产权并非都要履行法律手续：获取专利权和商标权必须履行申请或注册的法律手续，而获取著作权和商业秘密权不需要履行特别的法律手续——作品一旦完成即获得著作权，商业秘密只需要企业对符合条件的技术信息和经营信息予以认定即可。

3. 知识产权维护

知识产权维护是指通过续费或采取措施维持知识产权法律效力的过程。知识产权并非一旦获取即"终生"有效，维持其效力还得履行一定的法律手续，如专利需每年缴纳年费，商标需每十年续展一次，商业秘密需采取必要的保密措施。

> 案例　华为与知识产权创造

3.2　专利文献的基本内容

专利文献主要是指各工业产权局包括专利局、知识产权局及相关国际或地区组织，在受理、审批、注册专利过程中产生的记述发明创造技术及权利等内容的官方文件及其出版物的总称，主要包括各种专利单行本、专利公报、专利年度索引以及相关电子出版物等公开出版物。专利文献具有以下特点：数量巨大，定期连续公布；涉及所有技术领域，内容翔实，能够传播最新科技情报；集多种信息于一体；形式统一；便于检索。

简单来说，专利文献主要分为专利公报类和专利单行本类，按照对专利的保护形式又可分为发明、实用新型和外观设计三种。专利公报是各国专利机构报道最新发明创造专利的申请公布、授权公告等情况以及专利局业务活动和专利著录事项变更等信息的定期连续出版物。

实际检索过程中接触较多的专利文献实际上是专利单行本。专利单行本，也称为专利说明书，是指含有扉页、权利要求书、说明书等组成部分的用以描述发明创造内容和限定专利保护范围的一种官方文件或其出版物。不同专利单行本长度有所不同，但是一般都包含扉页、权利要求书、说明书等组成部分，有些专利机构出版的专利单行本还附有检索报告。

3.2.1　扉页中常用著录项目

专利单行本的扉页记录了每件专利的基本信息，例如，专利申请日、申请号、申请人或专利权人、发明人、发明创造的名称、发明创造简要介绍、发明创造所属技术领域分类号、公布或授权时间、文献号、出版专利文献的国家机构等，这些信息通过专利文献著录项目来标识。

所谓著录项目，是指为了收藏和传播文献信息，专业人员对文献进行著录，将文献的形式特征和内容特征进行分析、选择和记录，用于检索和信息管理。一般来说，文献都具备著录项目，如题名、版本项等。专利文献著录项目是各国专利机构为了揭示专利文献的技术信息、法律信息和其他特征信息而编制的。它们通常会出现在专利说明书扉页和专利公报中，包括文献标识数据、国内申请提交数据、优先权数据、公布或公告数据和分类数据。专利著录项目前都标有相应的放在圆圈或括号内的两位阿拉伯数字组成的专利文献著录项目标识代码即 INID 码。

申请人在向各国专利机构提出专利申请时，需要提交一系列的申请文件，如请求书、说明书、摘要和权利要求书等。专利机构受理专利申请后，对符合受理条件的申请，将确定申请日，给予申请号；专利申请公开后，就会获得申请公布日和申请公布号；专利申请在获得授权后，还会获得公告信息、审查信息等。这些信息都被作为专利著录项目记录下来，成为专利生命周期中的重要信息。同时，这些信息中既有如申请号、公布号等文献标识信息，又有如申请人、发明人、专利权人等法律信息，信息种类丰富，数据规范。

3.2.2　说明书和权利要求书

除了扉页中的著录项目，专利单行本还包括权利要求书、说明书。它们是记载发明或实用新型及确定其保护范围的法律文件。

说明书是详细记载发明或者实用新型的技术方案及相关内容的文件。完整的说明书应当包括有关理解、实现发明或者实用新型所需的全部技术内容。

说明书包括名称、技术领域、背景技术、发明目的、技术方案、有益效果、附图及其说明、实施例。

权利要求书是用于记载权利要求，说明要求，以及专利保护范围的文件，如图 3 - 1 所示。当发明或实用新型授权后，权利要求书就是确定专利保护范围的法律文件，也是判断他人是否侵权的基础。权利要求分为独立权利要求和从属权利要求。独立权利要求从整体上反映发明或实用新型的技术方案，记载解决技术问题的必要技术特征。从属权利要求用附加技术特征对引用的权利要求作进一步限定。

相较于扉页中记载的技术信息和法律信息，说明书和权利要求书中记载的技术信息和法律信息更为丰富，在对技术内容特别是技术细节进行检索时需重点关注。专利说明书如图 3－2 所示。

【发明或实用新型的名称】

【技术领域】

写明要求保护的技术方案所属的技术领域。

【背景技术】

写明对发明或者实用新型的理解、检索、审查有用的背景技术；有可能的，并引证反映这些背景技术的文件。

【发明或者实用新型内容】

写明发明或者实用新型所要解决的技术问题以及解决其技术问题采用的技术方案，并对照现有技术写明发明或者实用新型的有益效果。

【附图说明】

说明书有附图的，对附图作简略说明。

【具体实施方式】

详细写明申请人认为实现发明或者实用新型的优选方式；必要时，举例说明；有附图的，对照附图说明。

02142843.3　　　　　　权　利　要　求　书　　　　　　第1/2页

1. 一种电冰箱，具备构成冷冻环路的压缩机和蒸发器，并具有由该蒸发器来冷却其室内的冷冻室，其特征在于：

具有：用于输入上述冷冻室的设定温度的输入装置；将从上述输入装置输入的设定温度记录的记录装置；检测上述冷冻室内的温度的温度检测装置；根据上述设定温度和由上述温度检测装置检测到的温度信息而控制上述压缩机的控制装置；和从远离的位置取得向上述冷冻室存放的物品的包装形态信息或者重量信息的通信装置，

上述控制装置在取得上述包装形态信息或者重量信息后，且根据上述包装形态信息或者重量信息而控制上述压缩机的运行使得冷冻室内的温度成为低于记录在上述记录装置中的设定温度的温度后，通过控制上述压缩机而使冷冻室内的温度成为上述设定温度地切换运行。

2. 根据权利要求 1 所述的电冰箱，其特征在于：上述控制装置控制上述压缩机的运行，使得因为冷冻室开放了一定时间以上、冷冻室内温度上升到了一定值以上、冷冻室内存放物品的增加而控制上述压缩机使冷冻室内温度成为低于设定温度的温度的运行开始后经过一定时间以上、或者通过解除开关的操作，使上述冷冻室内的温度成为上述设定温度。

3. 根据权利要求 1 所述的电冰箱，其特征在于：进一步具有即使取得上述包装形态信息或者重量信息也能够维持上述设定温度地运行的保留开关。

4. 根据权利要求 2 所述的电冰箱，其特征在于：进一步具有即使取得上述包装形态信息或者重量信息也能够维持上述设定温度地运行的保留开关。

5. 一种电冰箱，具备构成冷冻环路的压缩机和蒸发器，并具有由该蒸发器来冷却其室内的冷冻室和冷藏室，其特征在于：

具有：用于输入上述冷冻室和上述冷藏室的设定温度的输入装置；将从上述输入装置输入了的设定温度记录的记录装置；检测上述冷冻

图 3－1　专利权利要求书

[19] 中华人民共和国国家知识产权局　　　　　　　[51] Int. Cl.

[12] 实用新型专利说明书

专利号 ZL

[45] 授权公告日　2007 年 6 月 6 日　　　　　　　[11] 授权公告号

[22] 申请日　2006.4.14
[21] 申请号　20
[73] 专利权人
　　　地址　413
[72] 设计人

权利要求书 2 页　说明书 6 页　附图 8 页

[54] 实用新型名称
　　　全自动连接器插拔力测试机

[57] 摘要
　　本实用新型涉及一种全自动连接器插拔力测试机。 其要解决的技术问题是提供一种在进行连接器插拔力测试时公母连接器能自动对准，不会吃单边的全自动连接器插拔力测试机。 解决其技术问题的技术方案为：全自动连接器插拔力测试机，用于测量连接器公母插头和插座间的插拔力，由活动座和固定座分别活动套装和固定套装在支柱上，上、下夹具分别装于固定座和活动座上；活动座在驱动控制单元的驱动下，由滚珠丝杆的正反转推动其沿支柱上下滑动，实现连接器的插拔；其行程由可调整高度的上、下限位圈设定，由控制单元的电气部分控制；其特征在于，在所述固定座与上夹具之间设有自动求心装置和拉压力传感器，传感器将电信号输入与控制单元电连接的电脑。

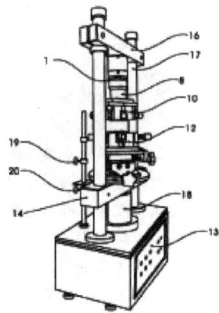

图 3-2　实用新型专利说明书

3.2.3　专利的分类

专利分为发明、实用新型、外观设计三种类型。

发明是指对产品、方法或者其改进所提出的新的技术方案。实用新型指对产品的形状、构造或者其结合所提出的适于实用的新的技术方案。外观设计是指对产品的形状、图案或者其结合以及色彩与形状、图案的结合所作出的富有美感并适于工业应用的新设计。

案例　国内发明专利申请量跃居全球第一

3.3　专利申请

专利申请是企业专利管理工作的关键环节，只有及时、准确地将企业研发的技术成果申请专利，才能真正提升企业的专利数量和质量，为企业进军市场保驾护航。专利申请也是企业知识管理部门最常规的工作，尤其是那些处于积累专利数量阶段的初创企业。专利申请还是一个非常繁杂的环节，因为过程中涉及主体、期限、文件、手续和费用等诸多问题，最考验专利管理人员的能力。也正因如此，市面上涌现出不少以专利申请流程管理为核心的专利管理软件，成了企业专利管理的好帮手。

企业正式申请专利之前，首先要判断研发的技术成果是否应该申请专利，在什么时间和地点申请哪种类型的专利。专利保护有利也有弊，企业应该从战略的高度综合考虑。因此，技术交底以后，企业需要对其进行内部评审，以便做出专利申请决策。如果决定申请专利，企业则需要选择申请专利的途径，可以由企业知识产权管理部门自行申请，也可以委托专利代理机构申请，或者兼而有之。如果企业的专利申请量较大，自行申请的工作量太大，选择全部或部分委托专利代理机构申请比较适宜。由于外部的专利代理人对企业内部的技术和战略规划的了解不足，难以有效实现专利保护和专利战略，企业可以选择自己申请核心专利或重要专利，其余则委托专利代理机构申请。企业甚至可以将专利申请过程中的某一环节外包给专利代理机构，如中兴通讯基本上将专利撰写全部外包出去，以节省人力资源。

图3-3所示为专利申请获批后获得的中美发明专利证书。

3.3.1　专利申请原则

1. 书面申请原则

根据我国《专利法》的规定，申请专利必须以书面方式提出。专利法律制度最重要的内容之一就是专利申请人应当将其所申请的专利技术向社会公开，使全社会的公众均可以通过阅读其专利文献而了解该发明的全部技术内容，可以该申请的发明为基础进一步进行研究，使科学技术进一步得到发展。因此，只有申请人采取书面形式，将其发明的内容清楚、准确、完整表达出来，才能够实现专利法律制度这一目的。包括我国在内的世界上绝大多数国家的专利法均明确规定专利申请应当采用书面形式，即书面申请原则。

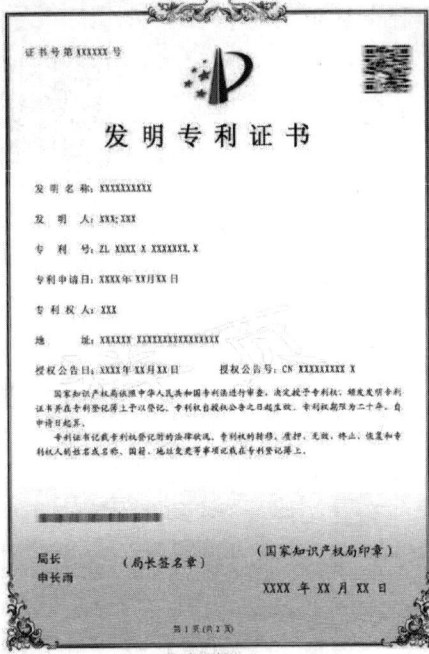

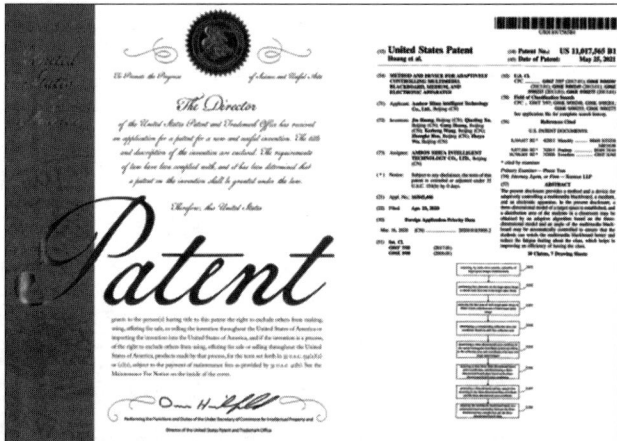

图 3-3　中美发明专利证书

2. 先申请原则

所谓先申请原则，即两个以上的人分别就同样的发明创造申请专利的，专利权授给最先申请人。我国《专利法》采用的就是先申请原则。与先申请原则相对应的是先发明原则。所谓先发明原则是指两个以上的人分别就同样的发明创造申请专利的，专利权授予最先作出发明创造的人，而非第一个申请专利的人。目前，先发明原则仅有极少数国家适用。

先申请原则最大的好处在于能够鼓励人们将自己的发明创造及早公布出来，以使社会公众了解其发明创造的内容，使他人不再进行重复研究，减少科研资源的浪费。

3. 一申请一发明原则

所谓"一申请一发明"原则是指一份申请文件只能就一项发明、实用新型或者属于一个总的发明构思的两项以上的发明或者实用新型提出专利；一件外观设计专利的申请应当限于一种产品所使用的一项外观设计，如果同一产品两项以上的相似外观设计，用于同一类别并且成套出售或者使用的产品的两项以上外观设计，可以作为一件申请提出，且只能授予一项专利权。

3.3.2　内部评审

专利申请内部评审是对拟申请专利的交底技术进行综合评审以作出专利申请决策。该程序是企业内部设置的一道关卡，旨在提高专利质量、实施专利布局、节约成本，对中大型企业专利管理尤为重要，如英特尔公司、惠普公司都有类似的程序。专利申请内部评审包括评审主体、评审标准和评审结果三部分内容。

首先，评审主体应该是综合性的。专利申请决策不仅要依据企业总体发展目标和专利战略目标而定，还要依据产品的市场拓展需求而定。因此，知识产权管理部门难以独自作出决策，需要与研发部、法务部、市场部等沟通协调，共同作出决策。企业可以成立由知识产权管理部门主持、多个部门共同参与的专利评审委员会，专门负责专利申请内部评审。如英特尔公司成立了专利委员会，惠普公司有专利协调会议。为了慎重起见，企业还可以再加一道关卡，即由最高决策部门最后审批。

其次，评审标准应该是复合型的。专利申请决策要考虑的因素不只是专利申请条件，更重要的是企业战略规划。由于各个部门关注的重点不同，评审标准也不同，需要将不同的评审标准综合在一起，得出最终结果。比如，研发部的评审标准可能是技术成果的性能及效果、替代技术、技术的寿命等；知识产权管理部门的评审标准可能是可专利性、权利保护范围、侵权判断的难易程度等；市场部的评审标准可能是商业利益、市场需求、市场环境、竞争力大小等；法务部的评审标准可能是专利潜在侵权和被侵权的风险。如果企业涉及众多研发对象和技术领域，还可以按照技术类别对评审标准进行细化。

最后，评审结果应该是具体化的。评审结果不是简单地判断是否申请专利，而是给出具体的申请决策，为技术成果的保护提供指引。

3.3.3　自行申请

如果企业已经建立知识产权管理部门，或者拥有专职的专利工程师，完全可以自行申请专利。更何况，企业内部的专利工程师更了解和熟悉企业的产品、技术和市场，自行申请专利更容易把握企业的需求和策略、更有效贯彻和实施企业专利战略。企业自行申请专利一般要经历专利检索与分析、专利申请书撰写、专利申请的提交与审查、优惠政策的收集与利用 4 个流程。

1. 专利检索与分析

正式提交专利申请之前，有必要进行全面的专利检索与分析，了解相关技术的发展状况和已有的专利布局，以最终确定专利申请策略。如果企业已建立专利申请内部评审制度，正式申请专利以前可以不进行或者只进行简单的专利检索与分析，因为内部评审已经对拟申请专利的技术成果进行了一次全面的诊断。

专利检索与分析是一项专业性、技术性要求很高的工作，需要工作人员具备过硬的技术知识和扎实的法律知识，同时还要熟悉各种专利数据库和检索工具。企业知识产权管理部门可以培养自己的专利分析师，以满足专利管理各个环节对专利检索与分析的需求；当然也可以将该业务委托给专业的中介机构，以获取高质量的分析结果。

2. 专利申请书撰写

专利申请书是申请人正式向专利机关提交的请求授予专利权的法律文件。世界各国在专利申请方面的规定基本一致。在我国，发明和实用新型专利申请书主要包括请求书、权利要求书、说明书及其摘要，外观设计专利申请书主要包括请求书、外观设计的图片或者照片以及简要说明。其中，权利要求书是核心部分，用于划定专利保护的范围。

专利工程师负责撰写专利申请书，撰写实际上就是将技术交底书转化为法律文书。这个过程并非简单的法律化，而是对技术方案进行再加工和再创造，以提升专利申请书的含金量。专利申请书写得好坏，直接影响专利的授权和保护范围，因此，需要高度重视。这也是大多数企业情愿委托代理机构申请专利的主要原因。在撰写专利申请书的过程中，专利工程师应多与研发人员沟通，并在完成后交由研发人员审核。撰写专利申请书（主要指发明和实用新型专利申请书），应掌握以下技巧。

（1）取好专利名称，确定技术领域。好的名称应该是能简明扼要地反映发明创造主题的通用技术名称，而且字数控制在 25 个以内。所属技术领域不能写得太宽，也不能太窄，在具体领域的基础上稍有提升即可。

（2）确定对比文献，谨慎予以评价。绝大多数发明创造都是在前人的智力成果上改进而来。因此，申请专利时一定要找出与发明创造最相关的现有技术作为对比文献，以突出自己的创新点。

（3）找出存在问题，确定发明目的。确定对比文献以后，应指出现有技术存在的问题，并将发明目的与之呼应。对于发明未解决的问题，一般不作阐述。

（4）字斟句酌，合理限定保护范围。撰写权利要求书时一定要反复推敲，用最简洁、最准确、最规范的语言表达所要保护的技术特征，避免产生歧义。在追求专利保护范围最大化的同时，注意避免过于宽泛而导致专利申请不被授权或将来被宣告无效的风险。弄清楚保护的技术主题与具体的技术特征之间的关系。如果去掉某个技术特征，仍能完成发明创造所要解决的技术问题，应该坚决删除该技术特征。

（5）详述实施例，支持权利要求。实施例也称实施方案，是说明书的组成部分，其作用在于充分公开、理解和再现发明创造，支持和解释权利要求。因此，说明书应详细描述最好的实施例，且与技术方案保持一致，对技术特征给予详细的解释，尽量支持权利要求。如果需要保留部分技术作为技术秘密进行保护，必须掌握公开的程度。

（6）有根有据，描述有益效果。有益效果是指由构成发明创造的技术特征直接带来的，或者是由所述的技术特征必然产生的技术效果，其主要体现为经济效果、社会效果、环境效果等。有益效果是判断发明创造的创造性的重要依据。撰写时应当与现有技术进行比较，指出发明创造所特有的良好效果。

（7）准确绘制附图，标清名称代码。附图是说明书的组成部分，用于补充说明书文字描述。附图一定要绘制准确，与技术特征保持一致。附图中的数字代码应该标示清楚，并在说明书中准确描述代码所表示的技术或部件名称。

（8）用词规范，清楚撰写说明书。撰写时应使用规范化技术用语，用词准确；每个内容分段描述，层次清楚。

（9）简明扼要撰写说明书摘要。说明书摘要是对说明书的总体概括，要简洁明了，字数一般不超过 300 字。摘要虽然不具有法律效力，但是作为一种技术情报，有利于专利技术的推广运用。

（10）撰写有序，事半功倍。一般应先写权利要求书，再写摘要，最后写说明书。这样的撰写顺序有助于抓住要害、提纲挈领、层层展开、彼此照应、逻辑严密、事半功倍，有助于运用专利的申请策略、保护策略和说明书对权利要求书的支持，提高专利的申请质量。

3. 专利申请的提交与审查

专利工程师准备好专利申请书和相关文件，就可以正式提交专利申请。在我国，可以向国家知识产权局专利局和地方专利代办处提交专利申请。一旦专利申请符合受理条件，在规定期限内缴纳申请费以后，将进入专利审查程序。发明专利需要进行初步审查和实质审查，而实用新型和外观设计专利只需进行初步审查。在审查环节，专利工程师一定要注意时间控制和文件管理，并积极配合专利审查，答复审查员意见。专利申请通过审查之后，在规定期限内办理登记手续并交纳规定费用，将获得专利权。如果专利申请被驳回，可向专利复审委员会请求复审；如对复审决定不服，还可向北京知识产权法院起诉。专利申请与审查的具体流程如图3-4所示。

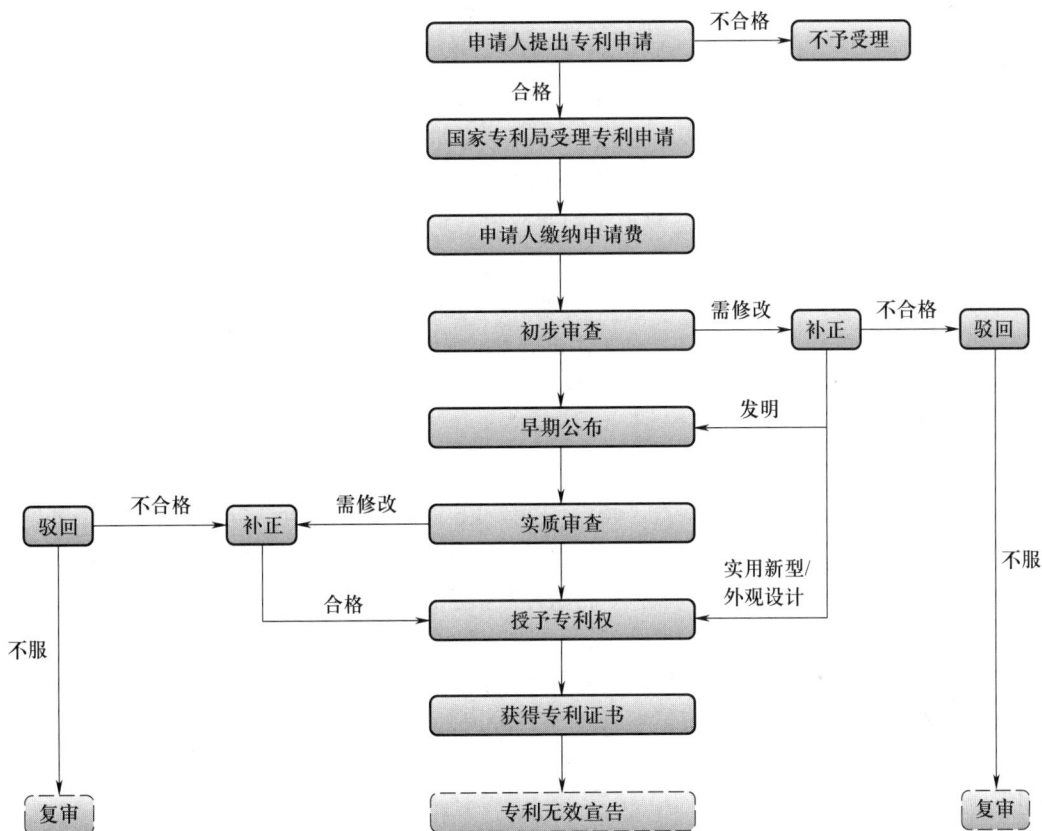

图3-4　专利申请与审查流程

4. 优惠政策的收集与利用

国家及各地政府为鼓励专利申请，制定了一系列优惠政策，如减免申请费、代理费，专利申请资助，专利奖励，重要专利项目扶持等。企业知识产权管理部门应该积极收集并充分利用，在一定程度上可节约专利成本。

3.3.4　专利的审查和授权

根据我国《专利法》的规定，发明专利的申请与实用新型和外观设计的申请程序有所不同，后两者的申请程序基本相同，即没有实质审查这一环节。

1. 发明专利申请的审查

（1）初步审查。初步审查是国务院专利行政部门在受理发明专利申请后、公布申请以前的一个必要程序。其主要任务是：审查申请人提交的申请文件是否符合《专利法》及其实施条例的规定；审查申请人在提出专利申请的同时或者随后提交的与专利申请有关的其他文件是否符合《专利法》及其实施条例的规定。

（2）公布申请。国务院专利行政部门收到发明专利申请后，经初步审查认为符合《专利法》要求的，自申请日起满十八个月，即行公布。国务院专利行政部门可以根据申请人的请求早日公布其申请。

（3）实质审查。实质审查是国务院专利行政部门对申请专利的发明的新颖性、创造性和实用性等依法进行审查的法定程序。《专利法》第 35 条规定：发明专利申请自申请日起三年内，国务院专利行政部门可以根据申请人随时提出的请求，对其申请进行实质审查；申请人无正当理由逾期不请求实质审查的，该申请即被视为撤回。国务院专利行政部门认为必要的时候，可以自行对发明专利申请进行实质审查。

2．实用新型或者外观设计专利申请的审查

《专利法》第 40 条规定：实用新型和外观设计专利申请经初步审查没有发现驳回理由的，由国务院专利行政部门作出授予实用新型专利权或者外观设计专利权的决定，发给相应的专利证书，同时予以登记和公告。由此可知，对实用新型和外观设计专利申请只进行初步审查，不进行实质审查。实用新型和外观设计的初步审查和发明的初步审查程序基本一致。

3．专利的授权

对于发明专利，经过实质审查，符合专利授权实质性要件和形式要件的即授予其发明专利权，发给发明专利证书，同时予以登记和公告；对于实用新型和外观设计经过初步审查，没有发现驳回理由的，即可授予专利权，发给相应的专利证书，同时予以登记和公告。专利权自授权公告之日起生效。值得注意的是，专利权生效时间和专利权期限的计算时间是不一致的。在我国，专利权的期限自申请日起计算。对于发明专利而言，发明专利申请公布后、专利授权前，申请人可以要求实施其发明的单位或者个人支付适当的费用。

3.3.5　专利无效

1．专利权无效宣告的程序

我国《专利法》设立无效宣告程序，是为了纠正国务院专利行政部门给不符合专利法规定条件的发明创造授予专利权的现象，使公众或者利害关系人通过这个程序来请求专利复审委员会宣告其无效，从而维护社会公众的合法利益，保证专利法的正确执行。我国《专利法》第 45、46、47 条规定了专利权的无效宣告程序。根据我国《专利法》的规定，有下列情形之一的，应当宣告专利无效。

（1）发明创造违反法律、社会公德、妨害公共利益。《专利法》第 5 条规定，对违反法律、社会公德或者妨害公共利益的发明创造，不授予专利权。对违反法律、行政法规的规定获取或者利用遗传资源，并依赖该遗传资源完成的发明创造，不授予专利权。因此，对于已授权的专利，如果发现其存在违反国家法律、社会公德或者妨害公共利益的情形的，应当宣告其无效。

（2）属于不可专利主题。《专利法》第 25 条规定，对下列各项，不授予专利权，包括：科学发现、智力活动的规则和方法、疾病的诊断和治疗方法、动物和植物品种、原子核变换方法以及用原子核变换方法获得的物质、对平面印刷品的图案、色彩或者二者的结合作出的主要起标识作用的设计。

（3）不具备专利法规定的"新颖性""创造性"和"实用性"三性要求。《专利法》第22条规定，授予专利权的发明和实用新型，应当具备新颖性、创造性和实用性。不具备上述三性的已授权专利，应当被宣告无效。

（4）《专利法》第23条规定：授予专利权的外观设计，应当不属于现有设计；也没有任何单位或者个人就同样的外观设计在申请日以前向国务院专利行政部门提出过申请，并记载在申请日以后公告的专利文件中。授予专利权的外观设计与现有设计或者现有设计特征的组合相比，应当具有明显区别。授予专利权的外观设计不得与他人在申请日以前已经取得的合法权利相冲突。

（5）专利技术没有充分公开。申请发明或者实用新型专利的，应当提交请求书、说明书及其摘要和权利要求书等文件。说明书应当对发明或者实用新型作出清楚、完整的说明，以所属技术领域的技术人员能够实现为准。当专利的说明书没有清楚完整地对专利技术作出说明，所属领域的技术人员无法依照说明书实施该专利技术的，则该专利应当被宣告无效。

（6）修改专利文件时超出了原专利保护的范围。我国《专利法》第33条规定，申请人可以对其专利申请文件进行修改，但是，对发明和实用新型专利申请文件的修改不得超出原说明书和权利要求书记载的范围，对外观设计专利申请文件的修改不得超出原图片或者照片表示的范围。在专利授权后，如果发现在专利申请中修改后的内容超出原说明书和权利要求书记载的范围，或超出原图片或者照片表示的范围的，应当宣告该专利无效。

（7）重复授权。同样的发明创造只能授予一项专利权。但是，同一申请人同日对同样的发明创造既申请实用新型专利又申请发明专利，先获得的实用新型专利权尚未终止，且申请人声明放弃该实用新型专利权的，可以授予发明专利权。两个以上的申请人分别就同样的发明创造申请专利的，专利权授予最先申请的人。因此，对于同样的发明创造如果发现有重复授权的，应当宣告在后专利无效。

2. 无效宣告的法律后果

（1）对世效力。专利复审委员会或者人民法院作出的宣告专利权全部无效或者部分无效的生效决定或判决，不仅对双方当事人（即无效宣告请求人和专利权人）具有法律约束力，而且对任何第三人和一般公众都具有约束力，具体表现为：① 自此以后，任何第三人都可以自由使用该项被宣告专利权无效的发明创造；② 宣告专利权无效的决定，对在宣告专利权无效前人民法院作出并已执行的专利侵权的判决、调解书，已经履行或者强制执行的专利侵权纠纷处理决定，以及已经履行的专利实施许可合同和专利权转让合同，不具有追溯力。但是因专利权人的恶意给他人造成的损失，应当给予赔偿。如不返还专利侵权赔偿金、专利使用费、专利权转让费，明显违反公平原则的，应当全部或者部分返还。

（2）追溯力。专利复审委员会或者人民法院作出宣告专利权全部无效或者部分无效的终局决定或者终审判决后，被宣告无效的专利权的全部或者部分即视为自始不存在。当然，就部分无效的情况而言，其专利权中的有效部分依然存在并受保护。

（3）一事不再理的效力。专利复审委员会作出宣告专利权无效、部分无效或者维持发明创造专利权的决定，当事人服从的，产生法律效力；如当事人不服，可以自收到通知之日起三个月内向人民法院起诉,经人民法院作出终审判决后,也产生法律效力。从此以后,任何人不得以同样的理由再对该项专利权提出无效宣告请求。

案例 我国低速柴油机技术取得丰硕成果

3.4 商标注册

我国乃至世界大多数国家都采用商标注册取得制度。也就是说,企业通过注册才能取得商标权,才能排斥他人使用;否则,辛辛苦苦培育一个商标,最后被人抢注,也只是为他人作嫁衣。而且,对驰名商标来说,注册与否会直接影响商标权的保护范围。注册为驰名商标的所有人可以禁止他人在不同类别的商品上使用与其相同和近似的商标,未注册为驰名商标的所有人只可以禁止他人在相同和类似商品上使用与其相同和近似的商标。因此,商标注册是企业获取商标权的必要条件。商标注册证形式如图3-5所示。

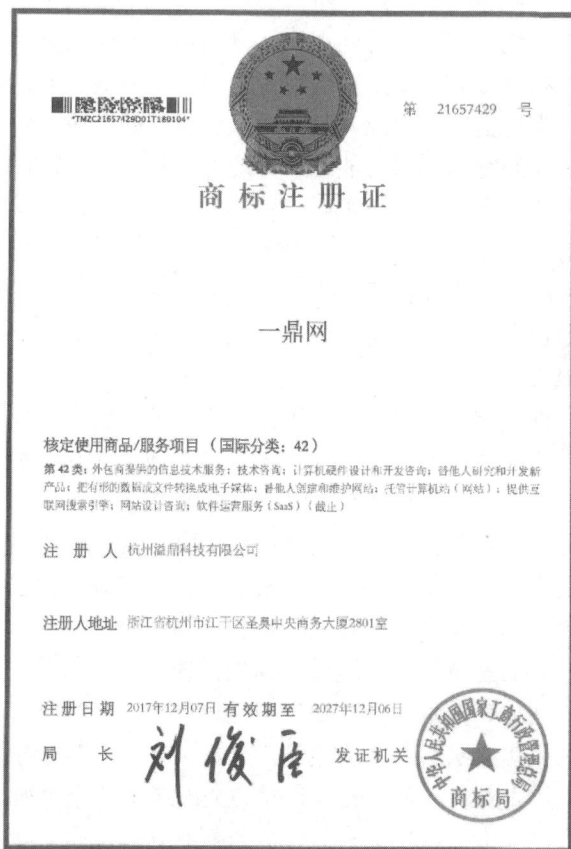

图3-5 商标注册证

案例　疯狂抢注商标的背后

3.4.1　注册时间选择

企业设计好商标以后决定注册，需要先确定注册的时间和地域，然后选择注册类别。对于注册时间的选择，应当越早越好，因为采取商标注册取得制度的国家基本都实行"先申请"原则，即谁先申请，谁就有机会获得商标。我国很多中小企业的商标注册意识不强，使用很长时间以后发现商标被别人抢注，最后商品无法销售，只得花重金回购商标。例如，广东省万家乐集团公司的"万家乐"商标，由于企业缺乏商标注册意识，曾被浙江省某企业抢注，最后不得已花 38 万元的代价回购商标，而当时的注册费仅需几百元。

通常而言，商标设计和注册应该与产品开发同步进行，甚至更早。即所谓"产品未动，商标先行"。如果产品已经推出市场，而商标却未被核准注册，企业便会陷入窘境。

3.4.2　注册地域选择

商标权具有地域性，即在一个国家注册获取的商标权仅在该国有效。如果企业现在已经或者将来打算进军国际市场，就必须提前在国外申请注册商标，否则一旦被抢注，后悔莫及。最典型的例子莫过于海信的英文商标"Hisense"被西门子在德国抢注，海信不得不将该商标购回，否则商品无法销售到德国。结果，西门子要价 4 000 万欧元，海信只能作罢。最终，在有关部门的斡旋下，双方才达成转让协议。由此可见商标国际注册对外向型企业的重要性。这一点，国外知名企业的商标意识就非常强。例如，世界驰名商标"可口可乐""奔驰""雀巢"等同时在 150 多个国家注册；英国联合利华公司在世界各国注册商标达 7 万件，在中国注册的商标就超过 1 000 件。

通常情况下，企业应该根据自己的实际情况选择注册地，选择时可以考虑以下因素：① 企业目前的市场范围；② 企业未来打算开拓的市场范围；③ 企业的规模和经济状况。比如，中兴通讯的选择标准是 10 万人口以上的国家均进行商标注册。可见，商标注册地域的选择跟企业经营战略是紧密联系在一起的。

3.4.3　注册类别选择

注册商标专用权一般限定在核定的商品或服务上，因此，申请注册商标应该确定商标所使用的商品类别。根据《商标注册用商品和服务国际分类尼斯协定》，商品和服务总共分为 45 大类，其中商品 34 大类，服务 11 大类，类下面还细分"类似群"。企业在填报商标注册申请表时，必须首先确定商品大类，再确定"类似群"中具体的商品或服务项目。在我国，商标注册费是按商品类别收费，一件商标每注册一个商品大类需要缴纳注册费 300元（电子申请每件 300 元）；每个大类里可以任选"类似群"，而所选"类似群"中的商品或服务项目总共可任选 10 个，超过 10 个的每个增收官费 30 元。我国商标法第三次修改后，允许一份申请就多个商品类别注册同一商标，即"一表多类"。但是，注册费标准仍按照商品类别收费。企业应该根据实际经营状况，或者未来的发展空间选择商标注册的商品类别，并考虑商标注册的成本。

在选择具体的商品或服务项目时也有一些技巧。首先，选择范围比较大的商品，再根据主营商品对范围小的商品项目进行选择，以求用最小成本达到最大的保护效果。其次，如果小的商品项目中没有确切的商品描述，则可以选择与主营商品功能相近的商品项目，或者将主营商品的主要组成部分进行选择，以达到对商品的保护。最后，对于非主营商品，只是为了类别整体保护的商标来说，在选择商品时，只要看好类似群，在大类里的每个类似群里随意选择一项商品，就可以比较好的对商标进行全面的保护，以达到在所有行业都不被他人使用的效果。

> 案例　"王一博"商标

3.5　著作权登记

在实施著作权自动获取的国家，著作权登记是自愿选择的。虽然著作权登记不是权利获取的必要条件，仅仅是权利归属的初步证据；但是经过登记的著作权公信力较高，除非对方提供足够的证据予以推翻（而事实上要做到这一点非常困难）。因此，对于重要的作品，选择著作权登记不失为一种好的证据保存。同时，著作权登记还有其他好处，尤其是对计算机软件而言。① 有利于著作权交易。经过登记的著作权具有较高的公信力，能够得到购买方或被许可人的信任。② 经过著作权登记的计算机软件可以得到国家的重点保护。③ 经过著作权登记的计算机软件可以享受一定的税收优惠。财政部、国家税务总局制定的政策曾明确规定，经过著作权登记的计算机软件一并转让著作权、所有权的，不征收增值税。④ 可以借助登记平台更好地宣传和推广自己的作品。当然，如果企业欲将作品信息同时作为商业秘密保护，则不能选择登记。计算机软件著作权登记证形式如图 3-6 所示。

3.5.1　一般作品的登记

一般作品的著作权登记机构是国家版权局和各省（自治区、直辖市）版权局。国家版权局委托中国版权保护中心办理登记；各省（自治区、直辖市）办理登记的具体机构各不相同，有的是在省版权局版权处，有的是省版权局委托版权协会受理审核，有的是省版权局委托版权中介机构受理审核，有的是委托到地市一级机构受理审核。因此，在各省办理著作权登记，需要具体了解当地的办事规则。

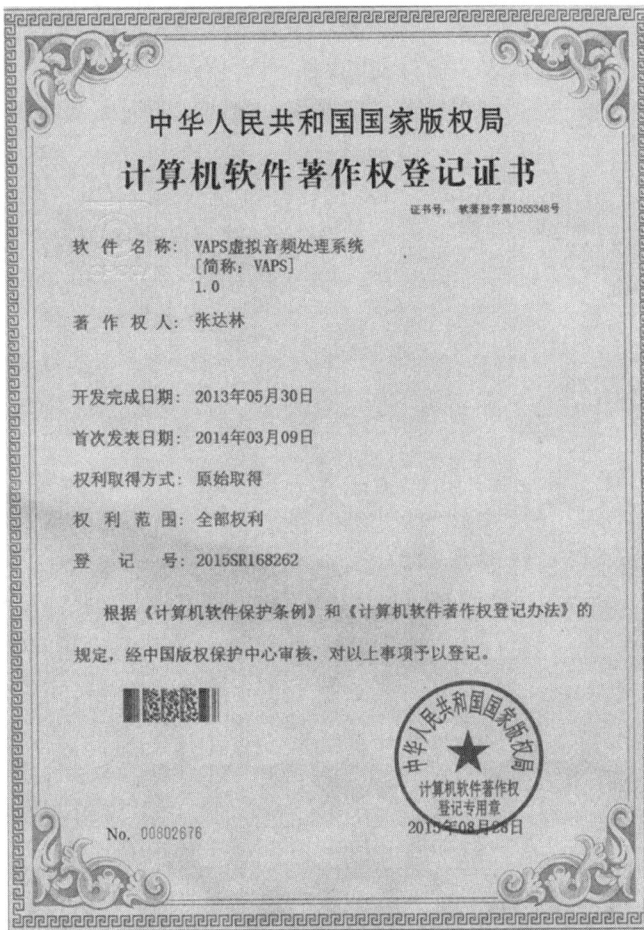

图3-6　软件著作权登记证书

各地关于一般作品的著作权登记流程大同小异，现以中国版权保护中心的登记流程为例予以说明。办理著作权登记的基本步骤是：申请人提交登记申请材料→登记机构核查接收材料→通知缴费→申请人缴纳登记费用→登记机构受理申请→审查→制作发放登记证书→公告。申请人需要提交的材料包括：① 按要求填写完整的作品著作权登记申请表；② 申请人身份证明；③ 权利归属证明；④ 作品样本（可以提交纸介质或者电子介质作品样本）；⑤ 作品说明书（请从创作意图、创作过程、独创性三方面表述，并由作者签字）；⑥ 委托他人代为申请时，代理人应提交申请人的授权书；⑦ 代理人的身份证明。

3.5.2　计算机软件的登记

计算机软件的著作权登记机构为国家版权局。国家版权局认定中国版权保护中心为唯一的计算机软件著作权登记机构，负责全国的登记工作。申请人可线上办理，也可到中国版权保护中心的登记大厅现场办理，也可使用挂号信函或特快专递邮寄到中国版权保护中心软件登记部。

办理计算机软件著作权登记的基本流程是：填写申请表→提交申请文件→缴纳申请费→

登记机构受理申请→补正申请文件（非必需程序）→取得登记证书。申请人需要提交的材料包括：软件著作权登记申请表、软件的鉴别材料、申请人身份证明、联系人身份证明和相关的证明文件各一式一份。如在登记大厅现场办理的，还需出示办理人身份证明原件，否则将不予办理。

案例　字节音乐 App 汽水音乐软件著作权

3.5.3　商业秘密认定

按照我国《反不正当竞争法》第 10 条第 3 款的规定，商业秘密是指"不为公众所知悉、能为权利人带来经济利益、具有实用性并经权利人采取保密措施的技术信息和经营信息"。因此，秘密的、有价值的信息都有可能成为企业的商业秘密，成为一种知识产权。有的企业认为到处都是商业秘密，而有的企业认为没什么商业秘密，这是两种极端的认识。未公开的有经济价值的信息固然可以成为商业秘密，但是还必须采取必要的保密措施付出相应的成本，才能真正成为商业秘密。认为到处都是商业秘密的企业，可能对信息的重要性认识不清，会导致商业秘密维护成本过高，但获取的经济利益有限。认为没什么商业秘密的企业，可能对信息的经济价值要求过高，以至于疏于对商业秘密进行保护。事实上，商业秘密的范围非常宽泛，甚至可以包括企业的一切信息或知识，尤其是其他知识产权开发时形成的重要创新成果。但是，无论是从权利保护出发，还是从成本角度考虑，企业都应该根据自己的实际情况，厘清哪些信息应该纳入商业秘密保护的范畴，应该如何分级管理和更新，应该采取哪些适当的保密措施。同时，企业还应该将商业秘密与其他类型的知识产权进行协同保护。

1. 认定范围

商业秘密的范围十分广泛，甚至可以囊括企业所有的信息或知识。这些信息的表现形式复杂多样，逐一认定商业秘密的难度很大。从法律概念来讲，商业秘密可以分为技术信息和经营信息。我国《禁止侵犯商业秘密行为的若干规定》第 2 条将技术信息和经营信息具体描述为：产品、设计、程序、产品配方、制作工艺、制作方法、管理决策、客户名单、货源情报、营销策略、招投标中的标底及标书等。不管怎样，这种列举仅仅是起指导作用，难以囊括所有的重要信息。而且，每个企业所关注的重要信息是不同的。因此，对于企业而言，较好的做法是：采用概括式和列举式相结合的方法确定本企业商业秘密的范围。概括式划分商业秘密的范围，用于防止遗漏重要信息，同时又可以加强企业员工的保密意识。列举式划分商业秘密的范围，用于明确具体的保密信息，使企业员工方便操作。例如，企业可以列举以下几种典型的商业秘密。

（1）产品。企业新开发的产品，以及新产品的组成成分或制造方法。新产品在未申请专利以前，或者专利申请未公布以前，都应作为商业秘密进行保护。

（2）配方。主要是食品、药品、化妆品、化工产品等的组成成分及其含量。工业配方是一种常见的商业秘密，例如，可口可乐饮料配方就是一项世界知名的商业秘密，至今已保密 120 多年。

（3）工艺流程。将若干设备进行特定组合，用以完成优质高效的生产。好的工艺流程可以减少消耗，降低成本，提高效率，对企业的经济价值非常大，理应作为企业重要的信息资源。工艺流程在未获得专利保护以前，应该进行商业秘密保护。

（4）机器设备及其改进。企业根据新产品的需要设计或定制的机器设备，或者对现有设备的改进。对于制造型企业而言，特殊的生产设备是比较重要的信息，应该作为商业秘密进行保护。

（5）研究与开发的文件。详细记录研究与开发活动的文件，如研究计划、设计蓝图、图样、计算机数据、实验结果以及具体研发过程等。这些都是比较敏感的信息，即使是实验失败的文件和记录也不可落入竞争对手的手中，否则将给对方可乘之机。

（6）通信。普通信件的经济价值不大，但是有些特定通信与企业经营活动有关，不可落入竞争对手的手中，这样的通信应视为商业秘密。

（7）企业内部文件。与企业经营活动有重要关系的内部文件，应尽可能纳入商业秘密的范畴。例如，某企业采购文件中记录了该企业购买关键物资或服务的实际费用，如果竞争对手看到此文件，就可推算出该企业对某些产品的定价，这将不利于该企业在市场上进行价格竞争。即便是一张打印用纸，若上面印有企业某一个时间的存货情况，也应该成为商业秘密的保护对象。

（8）客户名单。企业根据自身交易的需要拟定的交易对象，包括原料供应商和产品购买者。竞争对手很容易从公开渠道获取的客户名单，这很难成为商业秘密，只有那些经济价值大的特殊客户名单，或者附有其他重要关联信息的名单，才可能成为商业秘密。

（9）财务会计报表。财务会计信息可以反映企业的财务状况、经营状况，是企业非常重要的信息，不对外公开的财务会计报表应该属于商业秘密的范畴。在发达国家，与企业有业务联系的银行信息也可算作商业秘密。

（10）诉讼情况。尚未公开的诉讼事实、进展和结果都应作为商业秘密保护。因为涉诉的任何情况以及结果都有可能给企业带来极大的影响。

（11）企业规划。企业近期或长远规划、各部门的规划、内部运作计划或营销战略计划等，关系到企业的经营策略和未来发展，切不可落入竞争对手的手中，应该作为重要的商业秘密进行保护。

2. 认定标准

虽然商业秘密保护的范围比较广泛，但是能够被认定为商业秘密的信息并不多。企业所拥有的技术信息和经营信息必须符合秘密性、价值性、保密性三个条件，才能被认定为商业秘密。

（1）秘密性。也叫非公开性，是指技术信息和经营信息必须"不为公众所知"。"不为公众所知"并非不为一切人所知，而是需要使用信息的特定人员应该知道，包括企业内部人员和企业外部的合作人员，但是仅限于此范围，且特定人员都负有明示或默示的保密义务。除此以外的不特定人员一旦获知信息，该信息即被公开，秘密性被破坏。秘密性是商业秘密最基本的特征，也是区别于其他知识产权的特征。

（2）价值性。即技术信息和经营信息能为企业带来经济利益，具有实用性。因此，价值性包括经济性和实用性两个方面。所谓经济性，是指企业依赖商业秘密可以获得竞争优势，已经或将来可以获得一定的经济收益。所谓的实用性，是指商业秘密必须是一种现在或者将来能够应用于生产经营或者对生产经营有用的具体的技术方案和经营策略。

（3）保密性。是指企业对技术信息和经营信息采取适当的保密措施，防止信息公开。保密性要求企业实施保密行为即可，而不是要求万无一失的保密结果。企业只需根据信息的特点采取适当的保密措施就好，如制定保密制度、与公司员工签订保密合同、进行物理装置的保密等。

3. 认定程序

每个企业所拥有的技术信息和经营信息存在差异，对商业秘密的具体认定也是不同的。但是，各企业对商业秘密的认定程序大同小异，一般包括摸底、定级和更新三个环节。

（1）摸清企业商业秘密的范围。企业应该根据商业秘密的认定标准以及自身的实际情况，认真调查所有的技术信息和经营信息，将那些具备秘密性、价值性和保密性的重要信息纳入商业秘密的保护范畴，并将这些信息进行标记和归档，方便日常管理。

（2）确定企业商业秘密的密级。企业应该根据商业秘密的重要性对其定级，并确定相应的保密措施、保密期限以及泄密者的法律责任。商业秘密的密级通常定为三级：绝密、机密和秘密。其中，绝密级商业秘密是最重要的商业秘密，泄露会使企业的利益遭受特别严重的损害；机密级商业秘密是重要的商业秘密，泄露会使企业利益遭受严重的损害；秘密级是一般的商业秘密，泄露会使企业的利益遭受损害。当然，企业也可以根据自己的情况进行定级，只要能实现分级管理即可。商业秘密定级的考虑因素很多，如果是技术信息，通常考虑技术秘密的生命周期长短、技术成熟程度、潜在的价值大小、市场需求度等。

确定商业秘密的密级以后，应该用显著的标志进行标识，一方面提醒保密者履行保密义务，另一方面警示不法分子窃取商业秘密要承担法律责任。

（3）定期对企业商业秘密进行更新。企业商业秘密管理应该是动态的。一方面，商业秘密的范围需要不断更新，新的重要信息要不断纳入，老的废旧信息要不断排除；另一方面，商业秘密的密级应该定期调整，密级定期降低或者直接解密。定期更新商业秘密不仅可以减轻企业的管理成本和压力，还可以更好地保护有价值的信息。

> **案例　黄浦区首例商业秘密案**

3.6　知识产权维护

知识产权不仅有期限限制，而且部分知识产权在法定保护期内还必须履行一定的法律手续才能维持其效力，否则该知识产权将提前终止。例如，专利需要每年缴纳年费，商标需要每十年续展一次，商业秘密需要采取必要的保密措施。因此，企业获取知识产权以后并非高枕无忧，后期的权利维护同样重要，否则将前功尽弃。例如，苏州某公司"专利门"事件该公司在核准上市前夜被发现专利因未维护而终止，失去了上市机会，由此掀起了中国 A 股 IPO 发行人专利大核查。当然，知识产权维护的过程实际上也是知识产权筛选的过程。企业应该根据实际需要，以及知识产权本身的价值，选择是否继续维护其效力，以降低成本。

3.6.1 专利维护

专利获得授权以后，企业必须定期缴纳维持费用以维持其效力，否则专利将失效，不再为企业拥有。对于专利数量较大的企业而言，维持费是一笔不小的开支。技术的生命周期、企业的发展战略、市场因素等都在不断变化，企业的专利布局和专利战略也应该随之变化。基于专利成本和专利战略两方面的原因，企业有必要积极地进行专利维护管理，即通过评估专利的价值，合理选择维持或放弃专利，以节约成本，提升专利整体质量，实现企业价值最大化。例如，美国某公司对专利进行分类管理，放弃不再使用的专利，为公司节省专利费 4 000 多万美元。

专利评估是专利维护决策的基础，一般由企业知识产权管理部门负责，研发部、市场部等部门参与。如果企业设有专利评审委员，可由其负责。专利评估工作应该定期举行，最好每年一次，与专利维持缴费的频率保持一致。专利评估所要考虑的主要因素包括：① 技术价值，体现在专利的技术创新度、技术含量、技术成熟度、技术应用范围、技术可替代程度。② 权利价值，体现在专利的独立性、保护范围、许可实施状况、专利族规模、剩余有效期、法律稳定性。③ 市场价值，体现在专利的市场化能力、市场需求度、市场垄断程度、市场竞争能力、利润分成率、剩余经济寿命等。评估结果最好用等级表示，以区分专利的重要程度或价值大小，既方便当前作出维护决策，又方便为其他专利管理工作提供参考。一般而言，最低等级的专利即为当前需要放弃的专利。

此外，评估专利时还需要考虑一些特殊情况。如发明人或设计人离职，尤其是到竞争对手就业，容易将专利技术带走并实施，可考虑优先维护相关专利；但从职务发明创造的奖酬费用支出而言，也可考虑优先放弃。企业也可以综合考虑主要竞争对手的专利布局、行业特点、政府对专利的保护力度和奖励措施等，对专利数量设定战略指标，每次根据实际状况决定维持专利的比例。

> **案例 隆基专利无效案件获得了全面胜利**

3.6.2 商标维护

商标的基本功能是区分商标和服务的来源，因此，商标只有使用才有价值。对于那些长期不使用或使用不当的注册商标，法律也对其加以规制，情况严重的将予以撤销。注册商标也是有期限的，自核准注册之日起保护 10 年。每 10 年可以续展 1 次，续展次数不限；如果不续展，商标权将归于消灭。可见，商标维护不仅仅是续费的问题，还包括使用的正当性问题。

（1）商标使用。商标首先必须正确使用，即在核定的商品上使用核准注册的商标。如果企业自行改变注册商标、注册人名义、地址或者其他注册事项，地方工商行政管理部门将有权责令其限期改正；期满不改正的，商标局将撤销其注册商标。如果企业确实要改变注册商标，应该重新提出注册申请。如果企业在工商局的登记信息，包括企业名称、地址等已经改变，需要向商标局提交变更申请。使用注册商标，可以在商品、商品包装、说明书或者其他附着物上标明"注册商标"或者注册标记。注册标记包括Ⓡ和®，应当标注在商标的右上角或者右下角。虽然标注标记不是强制性规定，但是企业应该充分利用这些标记宣示商标权。一方面可以提醒他人尊重企业的商标权；另一方面还可以防止商标被用作商品名称而丧失显著性，例如"优盘"商标因被认为退化成商品通用名，曾经被撤销。后经深圳市朗科科技股份有限公司多方努力，商标评审委员会于2015年8月裁定维持"优盘"商标注册。

商标还必须有效使用，即连续地、以识别商品或服务来源为目的的使用。倘若注册商标没有正当理由连续3年不使用，任何人都可以向商标局申请撤销该注册商标。因此，企业必须实际、有效使用注册商标以维护其效力。商标的有效使用方式，除了通常在商品或包装上使用以外，还包括在商品交易文书、广告宣传、展览以及其他商业活动中使用。对于联合商标而言，只要"正商标"有效使用，视为全体联合商标有效使用，因此不受连续3年不使用被撤销的规定之限。事实上，因为3年连续不使用而被撤销的商标非常少，除非竞争对手故意发难，或者有人需要夺取该商标资源，才会以此提出撤销申请。

（2）商标续展。注册商标有效期满，如果企业认为该商标还有存续的价值，应当办理续展手续。企业可以自行到商标局的注册大厅办理，也可以委托商标代理机构办理。具体流程是：在期满前的12个月内提出续展申请，缴纳续展注册费500元；在此期间未提出续展申请的，还可以在期满后6个月的宽限期内补办，但需另行缴纳滞纳金250元；如果宽展期内仍未提出续展申请，商标将被注销。因此，企业必须注意商标续展的时间节点。商标续展申请经商标局审查合格后，核发商标续展证明，并予以公告。

3.6.3　商业秘密保密

技术信息和经营信息只需满足秘密性、价值性和保密性即可成为商业秘密，不需要履行其他法定手续。这也是商业秘密与其他知识产权（尤其是专利权和商标权）最大的区别，它的获权成本比较低，而且限制条件比较少。但是，商业秘密保密最难的地方在于，必须采取保密措施保护信息的秘密性，一旦信息被披露，商业秘密也就不复存在。因此，企业维护商业秘密的关键在于采取适当的保密措施。企业内部的保密措施大致可以分为两类：制度性保密措施和物理性保密措施。制度性保密措施主要通过规章制度和合同条款来加强保密工作，物理性保密措施主要通过限制物理接触防止秘密泄露。

案例　数据安全与商业秘密

【本章重要专业词汇】

著作权登记—Copyright Registration　　　　　权利要求—Rights Request

国际注册—International Registration　　著录项—Bibliography
知识产权创造—Intellectual Property Creation　　专利—Patent
商标—Trademark　　商业秘密—Trade Secret

【本章小结】

1. 专利文献的特点：数量巨大，定期连续公布；涉及所有技术领域，内容翔实，能传播最新科技情报；集多种信息于一体；形式统一；便于检索。

2. 专利申请是企业专利管理工作的关键环节，只有及时、准确地将企业研发的技术成果申请专利，才能真正提升企业的专利数量和质量，为企业进军市场保驾护航。

3. 我国与世界大多数国家都采用商标注册取得制度，企业通过注册才能取得商标权，才能排斥他人使用。

4. 著作权登记不是权利获取的必要条件，仅仅是权利归属的初步证据。

5. 知识产权创造是知识产权运营、保护、组织的基础和前提，是企业知识产权管理活动的开始。市场未动，知识产权先行。

6. 知识产权开发主要包括专利研发、商标设计、作品创作和商业秘密认定。

7. 专利权需通过申请、经审查合格后才能获取；仅有发明专利申请需要进行实质审查；由于专利申请将会导致技术公开，因此企业应该考虑周全。

8. 知识产权不仅有期限限制，而且部分知识产权在法定保护期内还必须履行一定的法律手续才能维持其效力，否则该知识产权将提前终止。例如，专利需要每年缴纳年费。

【思考题】

1. 简述专利说明书和权利要求书有哪些区别。

2. 请尝试谈一下专利申请代理机构会对专利内容产生哪些有利影响。

3. 我国专利申请量连续多年保持全球第一，但高价值专利数量少，针对这一现象请谈谈你的看法。

4. 如何看待抢注商标用于勒索的现象，谈谈如何减少这种情况。

即测即评

【案例作业】

怎样保护企业"不能说的秘密"？

该怎样保护企业"不能说的秘密"。商业秘密是指不为公众所知悉、具有商业价值并经权利人采取相应保密措施的技术信息、经营信息等商业信息。在知识产权保护格局中，商业秘密是企业核心且具竞争力的无形财富。"我之前去了一趟景德镇，景德镇烧瓷主要有72道工序，但这72道工序中隐藏的技术秘密可能是72乘以10甚至20都不止。比如瓷器送进窑里的时间、火候的掌握等，每一种都涉及工艺，反映不同的技术秘密。"2021年4

月 25 日，在最高人民检察院举行的第 38 次检察开放日暨商业秘密司法保护检察论坛上，中国人民大学知识产权学院院长、中国法学会知识产权法学研究会会长举出上述例子。"现行商业秘密立法必须完善和加强。"全国人大代表、中国科学院大学公管学院、知识产权学院教授表示，我国应尽快整理现行商业秘密保护相关内容，制定一部专门的《中华人民共和国商业秘密法》。

资料来源：唐青林，黄民欣. 商业秘密保护实务精解与百案评析［M］. 北京：中国法制出版社，2017.

案例讨论：

1. 阅读上述案例，结合商业秘密，谈谈应怎样保护企业"不能说的秘密"。

2. 云南白药公司曾以配方为商业秘密为由拒绝公布配方，请谈谈你对这一事件的理解。

第四章　专利检索

开篇案例　西安电子科技大学让专利变成"真金白银"

恰当运用专利检索服务，有助于研发人员提升专利质量。西安电子科技大学科学研究院科技成果管理处处长介绍，通过开展专利申请前评估，严格执行专利申请前审查标准，不断加强专利申请前审查能力建设，提高专利检索水平，强化对明显不具备新颖性专利申请的审查，严把专利审查质量关，突出了专利申请质量导向，在校内营造了注重专利申请质量的良好氛围，极大地提升了校内科研人员专利申请的质量意识。其中，专利检索是获取最新技术信息的重要手段，充分掌握现有技术信息，是保障专利质量的前提。研发人员应充分重视专利的检索。

资料来源：让专利变成"真金白银"，西安电子科技大学怎么做到的？中国知识产权报，2022-06-14.

4.1　专利检索流程

在专利检索前往往需要充分的准备工作，包括技术调研、技术分解等。检索时一般要依据在准备工作时的技术调研以及技术分解表来选择数据库、制定检索策略，并提取相应的检索要素。从初步检索开始，逐步完善检索要素，逐步得到最终的检索结果，然后对检索结果进行评估。如果达到既定要求则中止检索，否则还要进行补充检索或者去噪的工作。

1. 技术调研和技术分解

技术调研一般是通过研究行业的技术发展动态、规模结构、竞争格局等信息，了解行业的发展历程、掌握行业的发展现状和未来发展趋势，为专利分析的项目立项、技术分解和报告撰写提供情报支撑。技术分解是专利分析中的关键环节，技术分解是否合理，直接决定了专利分析的研究方向和专利数据的准确性。

2. 制定检索策略

专利量检索的目的是获取与技术主题相关的文献集合。常用的检索策略包括分总式检索和总分式检索两种策略。分总式检索策略可以概括为：分别对技术分解表中的各个技术分支展开检索，获得该技术分支之下的检索结果，而后将各技术分支的检索结果进行合并，得到总的检索结果。总分式检索策略是指：在对各个分支进行检索时，如果其下一级分支不易于检索，则先对该分支进行整体检索，然后对检索结果进行批量或人工标引，获取其下一级分支的文献量。

3. 选择数据库

检索系统及数据库的选取一般需要考虑如下因素：待检索技术方案所属的技术领域；专利文献的国别、年份；检索时拟采用的特定字段和需要检索系统所提供的特定功能等。

4. 提取检索要素

在专利检索系统中进行技术方案检索时，需要通过系统可识别的检索要素来进行，因此，针对每一个体现发明构思的检索要素需要用该检索要素来表达。可通过关键词、分类号等内容做出限定。

5. 初步检索

在提取基本检索要素后可以进行初步检索，进而扩展新的检索要素，来补充检索要素表。

6. 制作检索要素表

检索要素表是整个检索工作的核心，是检索过程的重要成果和执行检索的依据。检索要素表的核心作用在于检索过程中，每一次的新发现和反思都可以通过检索要素表记录下来，从而对检索要素表逐步地调整和完善，并反馈到下一步的检索中，直至得到相对全面和准确的检索结果。

7. 执行检索

根据检索要素表，在选定的数据库中执行检索。这个环节往往是循序渐进的，需要根据检索结果来增减检索要素从而完善检索要素表，随着检索要素表的不断完善，检索结果也趋于全面、准确。

8. 检索结果评估

对初步检索结果进行查全率和查准率的验证。在专利分析中，过多的漏检和误检都会导致得出错误的分析结果，而全面准确的检索结果是后续各种研究分析、结论获得的基础。因此，评估检索结果，对调整检索过程、获得符合预期要求的检索结果集起着至关重要的作用。专利分析的检索结果一般用查全率与查准率进行评估。查全率用来评估检索结果的全面性，即评估检索结果涵盖检索主题下的所有专利文献的程度；查准率用来衡量检索结果的准确性，即评估检索结果是否与检索主题密切相关。

9 补充检索和噪声去除

检索者通过对检索结果的初步浏览，可能会发现该技术主题下新的检索要素，或者纯噪声检索要素，此时可以增加、改变或减少检索要素。当评估结果不甚理想时，可以视情况进行补充检索或者噪声去除，但均应重新验证新的检索结果。

10. 中止检索

当检索结果满足既定的查全率和查准率后，即可中止检索。

综上，专利检索流程如图 4-1 所示：

```
                        ┌──────────┐
                        │ 技术调研 │
                        └──────────┘
              ┌──────────────┴──────────────┐
              ↓                              ↓
        ┌──────────┐                  ┌──────────────┐
        │ 技术分解 │←─────────────────│ 制定检索策略 │
        └──────────┘                  └──────────────┘
              │                  ┌───────────┘
              │                  ↓
              │            ┌──────────┐
              │            │ 选择数据库│
              │            └──────────┘
              │                  │
              │                  ↓
        ┌──────────────┐     ┌──────────┐
        │ 提取检索要素 │     │ 初步检索 │
        └──────────────┘     └──────────┘
              │                    ↓
        ┌──────────────┐     ┌──────────────┐
        │ 检索要素表   │←────│ 增减检索要素 │
        └──────────────┘     └──────────────┘
              │           浏览发现        ↑
              │           噪声过多        │
        ┌──────────┐                      │
        │ 专利检索 │                      │
        └──────────┘                      │
              │          不达标    ┌──────────┐
              ↓         ──────────→│ 补充检索 │
        ┌──────────┐               └──────────┘
        │ 查全验证 │                    │
        └──────────┘                    │
              │ 达标                     │
              ↓          不达标    ┌──────────┐
        ┌──────────┐  ──────────→ │ 噪声去除 │
        │ 查准验证 │               └──────────┘
        └──────────┘
              │ 达标
              ↓
        ┌──────────┐
        │ 中止检索 │
        └──────────┘
```

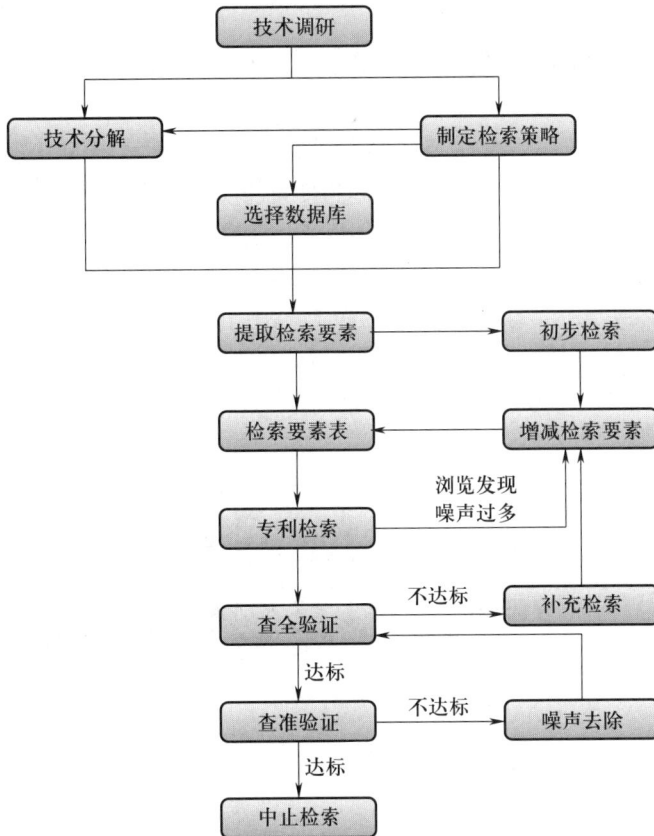

图 4-1　专利检索流程

4.2　检索资源

4.2.1　国家知识产权局专利检索与服务系统

专利检索及分析（Patent Search and Analysis，PSS）系统是国家知识产权局面向公众提供的集专利检索与专利分析于一体的综合性专利服务系统。

PSS 系统共收集了 103 个国家、地区或组织的专利数据，同时收录了引文、同族、法律状态等数据信息。其中"培训视频"对于初学者颇有助益。"其他国家、地区、组织常用信息"中给出了各个国家电子申请系统、检索系统、案卷查询系统的链接网址，能够满足用户对于各国专利数据检索的需求。

页面上方提供了常规检索、高级检索、命令行检索、药物检索、导航检索、专题库检索、分析、热门工具等入口。对于通信领域而言，通过高级检索、命令行检索构建专业的检索式往往更为便利。

4.2.2　欧洲专利局专利检索系统

　　欧洲专利局提供的网络平台主要包括用于查询专利文献法律状态及审查过程文档的 European Patent Register，以及用于专利文献检索的 Espacenet。

　　European Patent Register 提供了 1978 年以来所有在欧洲专利局提交的专利文献的法律状态数据及审查过程文档。European Patent Register 页面如图 4−2 所示，高级检索支持以公开号、申请号、发明人、申请人、分类号等 14 个字段对专利文献进行查询。为了获取专利文献的审查过程文档，通常使用公开号进行查询。"Learning"则提供了多种帮助文档以帮助用户更好地使用 European Patent Register。

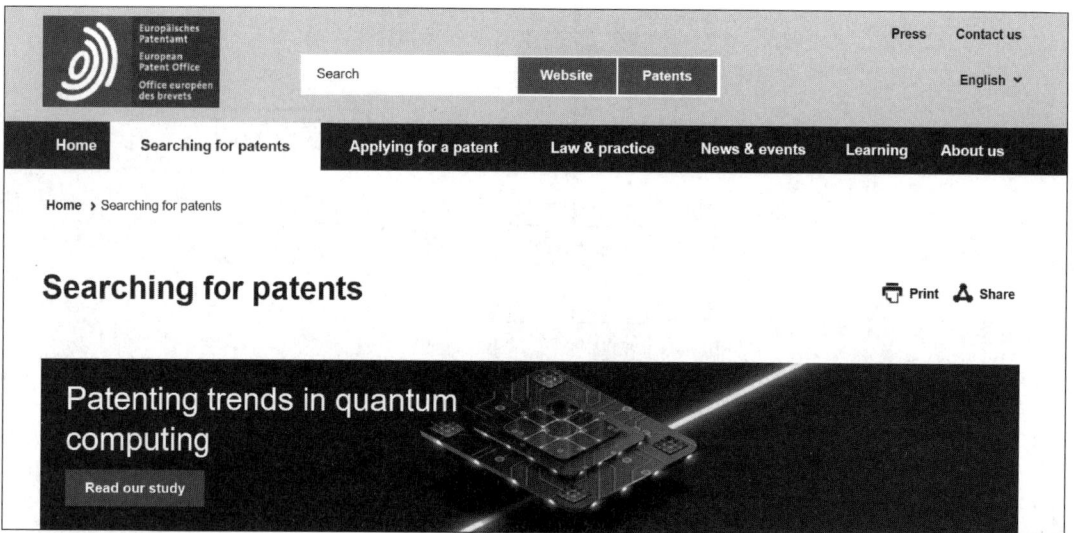

图 4−2　European Patent Register 官网界面

4.2.3　Patentics

　　Patentics 是由索意互动（北京）信息技术有限公司开发的智能语义专利检索系统，集专利信息检索、下载、分析与管理为一体。

　　Patentics 为付费应用，它整合了全球各大专利局专利数据库，共收录了全球 112 个国家、地区和组织的专利数据，同时还收录了引文、同族、法律状态等数据信息。与传统的专利检索方式相比，Patentics 检索系统的最大特点是具有智能语义检索功能，只需输入一个专利号码、一段技术内容甚至一个关键词，系统即自动理解输入内容，将与之相关的文献按照语义相关度从高到低输出检索结果。

　　注册登录后，可以看到如图 4−3 所示的检索页面。在页面左侧处可选择在哪些库进行语义检索，数据库包括了全球专利、中文全文库和英文全文库等。页面上方处为主搜索框，在搜索框内可根据检索需求构建检索式，点击"搜索"便可得到检索结果。

图 4-3　Patentics 检索界面

4.2.4　智慧芽

　　智慧芽（PatSnap）是一家科技创新情报服务提供商，聚焦科技创新情报和知识产权信息化服务两大板块。通过机器学习、计算机视觉、自然语言处理（NLP）等人工智能技术，智慧芽为全球领先的科技公司、高校和科研机构、金融机构等提供大数据情报服务。凭借自身的技术能力和强大的产品能力，智慧芽已经服务全球 50 多个国家的超 1 万家客户，涵盖了高校和科研院所、生物医药、化学、汽车、新能源、通信、电子等 50 多个高科技行业。国内客户包括清华大学、北京大学、中科院、中国石化、海尔、美的、小米、宁德时代、小鹏汽车、大疆、药明康德、商汤科技等；国际客户包括麻省理工学院、牛津大学、陶氏化学、戴森等。数据库涵盖美国、中国、欧洲、日本、韩国等 116 个国家及地区的专利数据，总数超过 1.7 亿余条；支持中、英、日、法、德等多语言全文搜索。

　　智慧芽全球专利数据库具有以下优势：① 数据库全面性；② 中英文双语检索；③ 全文检索；④ 实时在线翻译；⑤ 批量搜索；⑥ 批量下载全文和著录项目；⑦ 图表分析表工具；⑧ 自建库功能；⑨ 功能易用性能好；⑩ 速度快、稳定性好。

　　智慧芽检索主界面如图 4-4 所示。

图4-4　智慧芽检索主界面

案例　全球声明的 5G 标准必要专利超过 6.49 万件

4.3　检索对象的特点以及检索策略

4.3.1　检索对象的特点

1. 抽象性

专利分析的技术主题一般来说仅是一个抽象的概念，如"无人机"的技术主题，不能直接对此进行检索，需要针对技术主题进行分解，从而得到具体的可检索对象，即检索要素。

2. 层次性

为实现不同的检索目的，检索对象往往包括宏观、中观、微观三个层次。除了从技术角度出发对整个技术相关信息做全面检索外，还可能需要针对重点申请人、重点专利等检索其他相关信息。

3. 时效性

由于专利文献的公开公布及其相关信息具有动态变化性，因此进行专利技术主题检索也是具有时间期限的，要注意文献量的变化和所能使用的文献截止期限。一般需要考虑的有：专利文献申请日和公开日的差异、数据库收录文献的延迟、数据库文献的持续更新等。

4.3.2 检索策略

专利技术主题检索目的是获取与技术主题相关的文献集合。常用的检索策略包括分总式检索和总分式检索两种策略。

1. 分总式检索策略

分总式检索策略是指：分别对技术分解表中的各技术分支展开检索，获得该技术分支之下的检索结果，而后将各技术分支的检索结果进行合并，得到总的检索结果。

一般而言，分总式中的各技术分支指的是一级技术分支，对每一个一级技术分支可以继续选择分总式或者总分式检索策略。分总式检索策略适用于技术领域和分类领域等涵盖范围好且较为准确，或者各技术分支之间的相似度不高（即各技术分支的检索结果之间的交集较小）的情形。

采用分总式检索策略可多人并行检索各技术分支，以提高检索效率。例如，在燃烧设备技术主题检索中，采用分总形式，分别检索层燃炉、室燃炉和沸腾炉 3 个一级分支，最后组合来得到想要的结果。

2. 总分式检索策略

总分式检索策略是指：在对各个分支进行检索时，如果其下一级分支不易于检索，则先对该分支进行整体检索，然后对检索结果进行批量或人工标引，获取其下一级分支的文献量。

例如，在对低功耗设计分支进行检索时，由于其下级分支（结构设计、操作模式、通信流程、系统进程以及应用场景）不易于检索，因此，先对低功耗设计进行整体检索，然后通过人工标引的方式获取其下一级分支的文献量。

4.4 检索要素

4.4.1 关键词

关键词是专利文献内容最直观的表现。通过关键词尤其是通过对专利文献摘要信息的解读，可以直接区分专利文献的技术主题、技术内容的重要信息。

关键词是获得专利信息的基础，直接影响专利检索的全面性和准确性，决定着专利分析结果的质量。在专利分析中，划定检索范围、制定检索策略、数据清理、标引等工作都离不开关键词，关键词不仅用于确定相关的专利文献，也常用于排除噪声文献。

1. 关键词的确定

（1）结合技术调研与技术分解确定关键词。在技术调研的过程中，可以从科技文献、教科书等技术资料中挖掘相关关键词，还可以根据行业标准、专利分类表等的记载，来确定关键词的表达。在与技术专家、企业技术人员沟通研讨时，还可以向他们收集相关的行业惯用技术术语作为关键词。另外，技术分解表作为检索前期准备工作的重要产物，应当重点关注表中技术主题和各级技术分支，并依据它们来确定关键词。

（2）结合检索策略确定关键词。在检索时，并非每个确定的关键词都会被用于执行检索任务，关键词的具体使用还依赖于检索策略。

（3）结合检索工具基于语义与相关性所提示的高频词确定关键词。现有的数据库中，部分具有对检索式中的技术特征进行智能语义识别、语义联想等功能，在检索时可以参考给出的相关技术特征来确定关键词。部分数据库还提供对检索结果某一字段中所出现的关键词进行统计分析的功能，并按照频次呈现出来，在检索时也可以参考这些内容来确定关键词。

（4）基于文献阅读确定关键词。随着检索的进行，在对初步检索结果中专利文献进行阅读，有可能发现更多更准确的关键词，或去除一些会引入大量噪声的关键词。

2. 关键词的扩展

关键词扩展一般有如下方法。

（1）语意扩展。可以通过同义词、近义词进行扩展，通过不同语言之间的翻译、同种语言不同的表达习惯、名称的缩写以及反义词表达进行扩展。

（2）适当的上下位扩展。当某上位技术特征的含义过于抽象，直接用于检索会导致准确性不足时，可以通过上下位概念使抽象的特征具体化，得到适当的关键词来提高检索精度，但是要结合本领域专利文献中的表达特点来考虑其是否会影响检索的完整性；同样地，当使用某一单一关键词不足以概括技术主题范围时，除了可以通过对该关键词进行语意上的扩展外，还可以直接进行一个上位的概括，但是需要结合该领域的专利文献中的表达特点来充分考虑其可能带来噪声量的大小。

（3）用中心词进行概括。关键词应该尽量采用其中心字或词。由于中文的表达习惯，有许多定语很长的名词，从这些关键词中截取出核心词，可以提高检索的全面性和检索效率。例如，要表达"散热器"这一关键词，其同义词或近义词很多，如"散热片""散热块""散热板""散热装置"等，可以使用"散热"这一核心词来代表以上所有的这些同义词。

（4）译文多样性的考虑。由于语言翻译时的一词多义或多词同义，导致部分关键词扩展后无法准确命中相关文献以及扩展不充分会遗漏相关文献的情况。例如，cell 这个单词翻译成中文有"细胞""（单个）电池"等含义，因此，当扩展 cell 作为关键词表达某层含义时，要考虑到其可能引入另外一层含义的噪声文献。这些词汇除了通过日常的积累之外，还可以通过借鉴已有专利的相关同族、引证与被引证、同领域专利的外文翻译来获取关键词的常规表达，进而保障检索结果的准确性。

（5）常见的错误表达方式。一些数据库中的数据是未经过加工的，因此，一些不规范的词语甚至是错别字就在申请文件中保留了下来，为了全面，需要将这些错误的拼写形式也扩展为关键词的表达方式。

4.4.2 IPC 分类号

1. IPC 分类号的概念和范畴

IPC（International Patent Classification）是根据 1971 年签订的《国际专利分类斯特拉斯堡协定》建立的，是国际通用的专利分类和检索工具。在分类体系中，采用分级的形式逐级分类并予以注明技术内容。

"部"是 IPC 分类号的第一个层级。在国际专利分类体系中，将与专利有关的全部技术领域划分为 A 至 H 共 8 个部，分别涉及：

A 部：人类生活必需

B 部：作业、运输

C 部：化学、冶金

D 部：纺织、造纸

E 部：固定建筑物

F 部：机械工程、照明、加热、武器、爆破

G 部：物理

H 部：电学

部内有由信息性标题构成的分部，分部有类名，没有类号。例如，H 部（电学）包括基本电气元件、发电和应用电学分部。

在每个部下，按照等级由高到低又依次设置"大类""小类""大组"和"小组"。大类：每个部被细分成"大类"，大类是 IPC 的第二层级分类。每个大类的类号由部的号及其后的两位数字组成。每个大类的类名表明该大类包括的内容。例如，H04 表示电通信技术。

小类：每个大类分为一个或者多个"小类"，小类是 IPC 的第三层级分类。小类的类号是由大类号加一个字母组成，例如，H04B 涉及传输的技术领域。

组：每一个小类被细分成若干"组"，可以是大组，大组是 IPC 的第四层级分类；也可以是小组（比大组等级更低的等级）。每个组的类号由小类类号加上用斜线分开的两个数组成。

2. IPC 分类号的确定

（1）查阅分类表来确定分类号。查阅分类表来确定分类号是比较安全的方式，但是要求检索人员了解专利分类体系并熟悉相关技术领域的分类号。在正确理解技术方案的基础上，运用专利分类体系相关知识在专利分类表中进行分类号的查询，应注意在分类表中进行上下级浏览和彼此交叉指引，以获取准确和全面的分类位置。

（2）结合技术调研和技术分解确定分类号。不同的技术领域，其分类标准是不同的。专利分析时，通常以产业结构、专利分类系统或者以产业分类标准为主、专利分析系统为辅等分类标准，对所分析的技术领域进行技术分解。通常，对于一份确定的技术分类表，其中的某一项技术分支可能涵盖多个分类号下的专利文献，而一个分类号下的专利文献有可能分别归属于多个不同的技术分支。

（3）结合检索策略确定分类号。如前所述，检索时可以根据情况选择不同的检索策略，

在不同的检索策略中，分类号的确定方法也不尽相同。在进行总分式检索时，先通过关键词或分类号圈定一个较大的检索范围，然后使用已有的分类号和关键词检索属于不同级别的技术分支中的专利文献。在获得分类号检索结果后，通过阅览相关文献的分类号，来核对所需的分类号并对已有的分类号进行修正和补充。

> **案例**　福建省首家国家知识产权局专利检索咨询中心代办处揭牌运营

4.4.3　检索类型

根据实际检索需求或检索时机的不同，检索可以分为以下几种类型。

1. 专利法律状态检索

法律状态是指在某一特定时间点，某项专利申请或者授权专利在某一国家或地区的权利类型、权利维持、权利范围、权利归属等状态。专利法律状态检索是指对某一项专利或者专利申请当前所处的法律状态进行的检索，其目的是了解专利申请授权与否、授权后的专利是否有效、专利权人是否变更，以及与专利法律状态相关的其他信息。

2. 技术主题检索

在进行科技创新或课题立项前，需要对拟研究的技术主题进行全面检索，将所涉及技术主题的相关技术文献以及专利数据全部检索出来。技术主题检索可以分为技术现状检索和针对性检索两种。技术现状检索侧重了解技术主题涉及技术的概况；针对性检索则目的更为明确，更有针对性，例如，对竞争对手进行检索。

3. 查新检索

查新检索是指在专利申请前或发明创造成果鉴定时，对各种公开出版物上的有关现有技术进行的检索，其目的是从现有技术文献中查找出与发明创造最相关的文献，并按照新颖性和创造性的判断标准对发明创造进行评价。

4. 防侵权检索

为了避免发生专利纠纷而主动对某一新技术、新产品进行专利检索，了解新技术或新产品是否侵犯他人专利，找出可能受到其侵害的专利。

5. 无效检索

在专利授权后，公众如果发现专利权授予不当，则可以启动无效宣告程序，通过检索专利文献、非专利文献来找出破坏该授权专利新颖性和创造性的文件，或者通过检索抵触申请文件及导致重复授权的文件来请求宣告专利无效，避免专利权人不当获利。其中，伴随着侵权诉讼而提起的无效宣告程序占绝大多数。

在以上几种检索类型中，除了专利法律状态检索外，技术主题检索、查新检索、防侵权检索、无效检索都是将某一技术内容作为检索主题，力求获得与该技术内容相关或最为相关的文献，其基本检索方法是一致的，区别是检索过程中确定目标文献的方法不同。例如，在技术主题检索中，主要为了全面了解技术主题现状，需要获得尽可能多的与技术主题相关的文献；在查新检索和无效检索中，主要是为了获得可以破坏检索对象新颖性和创造性的证据，证据应该符合专利法对于新颖性和创造性评判中对比文件的要求，对目标文献的准确度要求较高；在防侵权检索中，则需要目标专利能够满足侵权判定的规则，使得产品或技术能够落在其专利权的范围内。

虽然不同检索类型的目的不同，但检索的基本步骤是大致相同的，只是筛选目标文献的方法不同。

4.4.4　构建检索式

构建检索式就是将表达后的检索要素进行组合，组合为其可能在目标文献中出现的形式。在各数据库中构建检索式时需选择"检索入口"。所谓"检索入口"，即检索数据库提供的可供检索的字段。检索入口可为单个字段或由多个字段组成。现在，无论是通用搜索引擎、期刊数据库还是专利数据库，都有很多可供检索的字段，例如，"名称""摘要"等。

不同的检索要素在不同检索字段中存在的可能性是不同的，在实际检索时，需要选择检索要素出现可能性较大的字段进行检索。例如，多个检索要素分别出现在专利文献的权利要求书和说明书中，则可以将检索要素放在对应的检索字段进行检索。构建检索式时还可利用数据库提供的各种运算符。例如，多个检索要素在同一句话中出现，则可以利用运算符连接多个检索要素，构建多个检索要素在同一句中的检索式。

实际检索中，在利用各种运算符构建检索式时，同一检索要素的不同表达用"OR"（或）连接以构造检索"块"，不同检索要素间用"AND"（与）连接以对"块"进行组合。

针对一个检索要素构建检索式时，完整的块构造模式为：

关键词 OR 分类号 OR 其他表达方式

既可以分别将检索要素的不同表达形式用"OR"连接起来，然后查找与该检索要素相关的所有文献；也可以先对一个检索要素的一个表达形式进行检索，最后再将该检索要素不同表达形式的检索结果合并在一起，作为该检索要素的一个块构造。

在构造了每个块之后，结合被检索技术方案的技术特点和检索结果情况对块进行组合，可以进行全要素组合检索（即要素 1 AND 要素 2 AND 要素 3 AND 要素 4）或部分要素组合分别检索。

例如，针对"手机中的来电提醒技术"，在中文专利库进行检索时可采用块检索策略如下：

（IPC 分类号＝H04M1/725 OR 摘要＝（手机 OR 移动终端 OR 电话 OR iPhone））AND 摘要＝（来电提醒 OR 来电通知 OR 响铃 OR 振动）

4.4.5　检索结果评估

在专利分析中，过多的漏检和误检都会导致得出错误的分析结果，而全面准确的检索结果是后续各种研究分析、结论获得的基础。因此，检索结果的评估，对调整检索过程、获得符合预期要求的检索结果集起着至关重要的作用。

专利分析的检索结果一般用查全率与查准率进行评估。查全率（Recall）用来评估检索结果的全面性，即评估检索结果涵盖检索主题下的所有专利文献的程度；查准率（Precision）用来衡量检索结果的准确性，即评估检索结果是否与检索主题密切相关。

其中：

$$查全率 = \frac{被检出相关文献数量}{总文献中所有相关文献数量} \times 100\%$$

$$查准率 = \frac{被检出相关文献数量}{被检出文献总数量} \times 100\%$$

虽然检索结果的评估决定着是否可以中止检索，但是对检索结果的评估不是仅在即将完成检索前才执行的步骤，而应当贯穿于整个检索过程的始终，不断对检索过程进行调整，以获得符合预期的检索结果。

在初步检索阶段，对查全率和查准率评估的主要目的是通过阅读遗漏文献积累关键词和分类号，以及通过噪声文献积累噪声关键词和分类号。这一阶段，查全率和查准率主要是为初步检索做引导和辅助，其具体的指标并不是关注的重点。在检索的中期阶段，对查全率和查准率评估的主要目的是对检索作进一步的完善，进行补充检索和去噪处理。此时需要开始关注查全率和查准率指标，并在每一步补充检索之后关注查准率，以及在去噪之后关注查全率，这是一个不断重复的过程。在检索后期，查全率和查准率成为评估检索结果是否全面准确的重要指标，并以此评判是否可以中止检索过程。

实际操作中，对于母语检索结果的查全率和查准率一般需要达到90%以上，对于外语检索结果的查全率和查准率一般达到80%即可。

4.4.6　检索去噪

1. 噪声的分类

根据噪声与技术主题边界的关系将噪声划分为绝对噪声与相对噪声。

（1）绝对噪声。绝对噪声是与技术主题边界明显不相关的噪声。绝对噪声的去除可选用针对性较强的分类号或者关键词作为噪声检索要素。相较而言，绝对噪声比较容易去除。

（2）相对噪声。相对噪声则是与技术主题研究边界不相关，但是有可能包含有效检索要素的噪声。相较而言，相对噪声很难通过单一手段去除。

2. 噪声的来源

（1）专利数据库的加工质量。专利检索数据库一般根据专利文献的主题词进行加工标引，该加工质量直接影响检索结果的全面性和准确性。由于不同数据库的加工规则、加工质量不尽相同，即便使用同样的检索要素也可能得到不同的检索结果，进而导致噪声的不同。

（2）分类号的使用。利用分类号进行检索时，会引入一定的噪声文献。由分类号引入噪声文献的原因主要有以下几方面：检索确定的分类号所包括的专利文献超出了专利分析所需的覆盖范围；检索过程中扩展的上位分类号或者功能应用分类号下与技术主题无关的文献过多；在分类号版本变动时，未根据分类号对已有文献进行动态的修订和再分类；分类员赋予某篇专利文献过多的分类号时，其中存在与技术内容不紧密相关的分类号。

（3）关键词的使用。由于关键词检索的准确性往往低于分类号，因此，在确定关键词以及检索过程中，对于每个用关键词表达的检索要素的引入，都要结合本领域的专利文献中的表达特点来考虑其是否会影响检索的完整性，以及其可能带来的噪声的大小。

（4）检索运算的选择。检索过程中，检索运算符使用不当也会导致噪声的产生，例如，同样的两个检索要素，使用布尔逻辑运算符 AND 和使用某种位置算符来进行运算所得到的检索结果可能在准确性上有着较大的差异，进而导致噪声的不同。

3. 去噪方式

（1）检索批量去噪。通过对去噪检索要素集的各关键词、分类号及其组合进行检索，将检索到的噪声文献从总的检索结果集中除去，即可完成批量去噪处理。检索批量去噪的特点是效率高，可以批量除去噪声文献。但在某些情况下准确率不高，因而还需要将检索除去的噪声文献进行再清理。

检索批量去噪用检索式表达为：

$$A' = A \, not \, m$$

其中 A 为含噪声的检索结果，m 为去噪使用的检索要素，A' 为去除噪声检索要素 m 后的检索结果。

具体来说，首先确定去噪手段，构建去噪检索式，在检索结果中进行噪声去除；其次，浏览去除的文献，评估去噪的效果，如果去除的文献中含有较多和技术主题相关的文献，则需要对去除的相关文献进行统计分析，对去噪检索式进行调整，并通过特定的检索要素将误除的文献找回；最后利用调整后的去噪检索式继续去噪，重复上述步骤，直至达到满意的去噪效果。需要注意的是，在调整的过程中，调整的分类号或者关键词不宜过多，否则无法准确判断每个分类号或者关键词的去噪效果。

（2）人工阅读去噪。人工阅读去噪是指通过人工阅读每篇文献的技术信息（一般通过阅读标题、摘要等，必要时浏览全文）来逐篇对噪声文献进行去除。人工阅读去噪的特点是准确率高，可以准确地去除相对噪声，但是缺点是效率低，只能单篇去噪。

在人工阅读文献时，为了提高阅读效率，一般通过阅读标题、摘要等著录项目来获取文献技术信息，并且尽可能地使用关键词高亮功能。但是对于那些专利文献的摘要撰写得较为笼统的，仅仅通过阅读摘要难以判定是否为有用文献，此时就需要浏览其全文。

由于噪声的产生原因多种多样，通常很难明确噪声来源，在条件允许的情况下，尽可能地采用人工去噪的方式会使得处理结果更加准确。在采用人工阅读方式进行去噪时，应将阅读的文献量控制在一定范围，否则会消耗大量的时间和精力，影响检索进程。对于数量庞大的检索结果，一般可以先进行检索批量去噪，当通过批量去噪很难提升准确率时再引入人工阅读去噪。

【本章重要专业词汇】

专利检索—Patent Search　　　　　IPC 分类号—IPC Classification Number

检索要素—Search Elements　　　　专利检索表达式—Patent Search Expressions

专利公开—Patent Disclosure　　　　专利时间跨度—Patent Time Span

技术调研—Technical Research　　　　检索去噪—Search Denoising

【本章小结】

1. 在专利技术主题检索前往往需要充分的准备工作，包括技术调研、技术分解等。检索时一般要依据在准备工作时的技术调研以及技术分解表来选择数据库、制定检索策略，并表达相应的检索要素。

2. 检索对象的特点主要有抽象性、层次性、时效性。

3. IPC 是根据 1971 年签订的《国际专利分类斯特拉斯堡协定》建立的，是国际通用的专利分类和检索工具。

【思考题】

1. 请试用国内外的主要专利检索网站，思考它们之间的区别有哪些。

2. 谈一谈专利中 IPC 分类号的主要功能有哪些。

即测即评

【案例作业】

方太发明专利授权率行业第一

行业第一！方太发明专利授权率高达 94.7%。近日，基于全球专利智能检索分析平台检索数据统计的《2021 年发明专利结案量前 100 企业——授权率排行榜》显示，厨电科技领军品牌方太在一众通信科技、互联网科技企业中脱颖而出，以 94.7%的发明专利授权率高居全榜第二，行业第一。据国家知识产权局发布的数据显示，2021 年我国发明专利授权率为 55.0%，方太的专利授权率更是远超于此。据悉，相比于其他专利的类型申请，发明专利对技术价值的要求较高，要求具备新颖性、创造性与实用性；同时还需要进行形式审查与实质审查，审查流程更长、更复杂。可以说，发明专利的授权率，直接印证了企业的自主研发和创新能力。

资料来源：慈溪市人民政府网。

案例讨论：

1. 结合案例内容，尝试检索出 5 条方太的发明专利。

2. 查看你周围家电产品的专利信息，并尝试判断该产品是否使用了这些专利。

3. 结合所学知识，谈谈发明专利授权率与企业创新能力之间的关系。

第五章　专利分析

开篇案例　做好知识产权分析　帮助企业防范投资风险

忽视知识产权分析会对企业造成重大的财产损失。在某汽车厂与外商进行合资谈判过程中，外方提出采用技术入股的合作方式，具体方案是以外方的 97 件专利技术，共折合 1 600 万美元入股。由于该汽车厂缺乏专利意识，并在没有了解这些专利技术的法律状态下就草草签约。后来才得知，外方的 97 件专利技术中有 23 件专利是过期的，还有 29 件专利已临近到期，13 件则刚刚递交申请，没有授权，真正有价值的专利只有 32 件，占总专利数的 33%。此次合作最终导致该汽车厂的股权价值大打折扣，公司损失惨重。

资料来源：作者根据相关信息整理。

5.1　专利信息分析方法

分析方法是进行信息分析的基础，是实现信息分析工作的手段。对专利信息进行分析的方法有许多种，通常按定量分析、定性分析、拟定量分析和图表分析来划分专利信息分析方法。本书主要对专利信息分析方法的实际应用进行重点描述。

5.1.1　定量分析

定量分析是通过量和量之间的变化，反映事物之间的相互关系。随着科学技术的不断发展，事物之间的联系呈现出高度复杂化的特点，定量分析已成为专利信息分析中一种重要的方法，具有不可替代的作用。

对专利信息进行定量分析是研究专利文献的重要方法之一，它是建立在数学、统计、运筹学、计量学和计算机科学等学科的基础上，通过数学模型和图表等方式，从不同角度研究专利文献中记载的技术、法律和经济等信息。这种分析方法能提高专利信息质量，很好地分析和预测技术发展趋势，科学地反映发明创造的技术水平和商业价值，科学地评估某一国家或地区的技术研究与发展重点，用量化的形式揭示国家或地区在某一技术领域的实力，从而获得市场热点产品及技术竞争领域等方面的情报，及时发现潜在的竞争对手，判断竞争对手的技术开发动态。

定量分析首先要对专利文献的有关外部特征进行统计。这些外部特征有专利分类、申请人、发明人、申请人所在国家、专利引文等，它们能够从不同的角度体现专利信息的本质。在专利信息分析中应用的定量分析方法主要有技术生命周期分析法、统计频次排序法和时间序列法。

1. 专利技术生命周期分析法

专利技术生命周期分析法是定量分析中最常用的方法之一。它是通过分析专利技术所处的发展阶段，推测未来技术的发展方向。它所研究的对象可以是某件专利文献中某项代表性技术的生命周期，也可以是某一技术领域整体技术生命周期。

人们通过对专利申请数量或获得专利权的数量与时间的序列关系、专利申请企业数与时间的序列关系等分析研究，发现专利技术在理论上遵循技术引入期、技术发展期、技术成熟期和技术淘汰期4个阶段的周期性变化。

其中，专利权的数量测算法是通过计算技术生长率（v），技术成熟系数（α），技术衰老系数（β）和新技术特征系数（N）的值测算专利技术生命周期。

（1）技术生长率（v）。技术生长率是指某技术领域发明专利申请或授权量占过去5年该技术领域发明专利申请或授权总量的比率，公式为

$$v = a/A \tag{5-1}$$

其中，a 为该技术领域当年发明专利申请量或授权量；A 为过去5年该技术领域的发明专利申请累积量或授权累积量。如果连续几年技术生长率持续增长，则说明该技术处于发展期。

（2）技术成熟系数（α）。技术成熟系数是指某技术领域发明专利申请或授权量占该技术领域发明专利和实用新型专利申请或授权总量的比率，用公式表示为：

$$\alpha = a/(a+b) \tag{5-2}$$

其中，a 为该技术领域当年发明专利申请量或授权量；b 为该技术领域当年实用新型申请量或授权量。如果技术成熟系数逐年变小，说明该技术处于成熟期。

（3）技术衰老系数（β）。技术衰老系数是指某技术领域发明和实用新型专利申请或授权量占该技术领域发明专利、实用新型和外观设计专利申请或授权总量的比率。用公式表示为：

$$\beta = (a+b)/(a+b+c) \tag{5-3}$$

其中，c 为该技术领域当年外观设计专利申请量或授权量。如果 β 逐年变小，说明该技术处于衰老期。

（4）新技术特征系数（N）。新技术特征系数由技术生长率和技术成熟系数推算而来。在某一技术领域中，如果 N 值越大，说明新技术的特征越强。新技术特征系数的公式为：

$$N = \sqrt{v^2 + \alpha^2} \tag{5-4}$$

2. 统计频次排序法

对专利数据进行统计和频次排序分析是定量分析专利信息中的一项最为基础和重要的工作。专利分类号、专利申请人、专利发明人、专利申请人所在国家或专利申请的国别、专利申请或授权的地区分布、专利种类比率、专利引文等特征数据是进行统计和频次排序的对象。

（1）统计和频次排序的基本做法。在对专利信息进行分析时，首先要对专利分类号、专利申请人等特征数据进行统计分析。其次，在完成数据统计的基础工作后，要对统计数

据进行频次—排序分析。频次—排序分布模型是科学计量学中的重要模型，主要用来探讨不同计量元素频度值随其排序位次而变化的规律。这一模型用于专利文献的计量分析是非常合适的。因为不同专利分类所包含的专利数量的变化，以及不同专利权人所申请的专利数量的变化等，是科学地评价和预测专利技术，发现专利权人动态的极具价值的信息。它们能够从不同角度体现专利中包含的技术、经济和法律信息。专利信息定量分析的统计对象一般是以专利数为单位，而频次—排序分布模型对于展示这些专利信息是非常直观和有效的。最后，根据专利信息分析的目的，进行相关的专利检索，并对检索结果中的特征数据进行升序或降序排列。

（2）数量统计。专利信息分析中专利申请或授权量统计是基础工作，统计方法因分析目的而异，如逐年统计某一技术领域专利申请量，以便进行时序分析或统计某一技术领域3 种专利类型，以便研判该技术领域的特征等。

（3）分类号统计排序。在前面的章节中，已经介绍过一些国家的专利局有自己的专利分类法，由于各国的专利分类法指导思想存在差异，任何国家在利用其他国家的专利文献时都会因分类体系的不同而遇到困难。因此，在这种情况下，国际专利分类法应运而生。在专利信息分析中比较常见的是利用国际专利分类号进行统计和频次排序分析，简称 IPC分析。此外美国专利分类体系因其类目详细、主题功能较多等特点被专利信息分析人员广泛使用。下面主要介绍国际专利分类的统计研究。

统计时，根据各个 IPC 号对应技术领域内专利数量的多少进行频次排序分析，从而找到研究发明创造活动最为活跃的技术领域。例如，利用 IPC 号与时间序列的组合研究，可以探讨技术的发展趋势；利用某一技术领域内对应 IPC 号最近几年的专利授权量与过去 10年的授权量之比，统计专利技术增长率，发现和分析"热门"技术。

（4）国别统计分析。国别统计分析是指按专利申请人或专利优先权的国别统计其专利申请量或授权量，研究相关国家的科技发展战略及其在各个技术领域中所处的地位。应该注意的是，国别统计分析方法也可以用于地区间对比研究。科研院所在做竞争情报分析时，应该对相关技术领域中主要国家或地区的技术活动做进一步深入的分析，专门针对主要国家申请人在中国申请的相关专利和企业产品出口地申请的国际专利做深入研究。

（5）申请人统计排序。申请人统计排序是指按申请人或权利人的专利申请量或专利授权量进行统计和排序，研究相关技术领域的主要竞争对手。

在进行专利申请人统计排序时，如果涉及的专利申请被批准，统计中的专利申请人即为专利权人。因为各国专利法都规定专利申请权或者专利权可以依法进行转让，有些国家将经过合法转让获得专利申请权或者专利权的个人或单位称为专利受让人。在使用美国专利数据库、德温特世界专利索引数据库数据进行专利信息分析时常常会使用专利受让人做统计分析。值得注意的是，专利申请人统计排序后，根据分析目标，应当对重点申请人的专利活动做深入研究。

专利申请人分析实际上是竞争对手分析。应当在专利申请人排序的基础上，针对本企业的具体情况，将排名在本企业之前的申请人作为主要竞争对手，对这些申请人做进一步的专利检索，并关注竞争对手的技术特点和申请专利的技术领域变化。同时，对于排名在本企业之后的申请人，应当关注那些申请量逐年增加的企业，因为这些申请人很可能是本企业的主要潜在竞争对手。

3. 时间序列法

所谓时间序列法，就是在均匀的时间间隔中对研究对象的同一变量进行统计分析的方法，其目的在于掌握这些统计数据依时间变化的规律。它是进行定量分析时经常选择的数学模型之一。

在专利信息分析中，时间序列法也是被经常选择的一种方法。其变量可以是专利分类、申请人、专利被引用次数和申请人所在国家等。例如，通过对专利申请量或授权量随时间变化的分析，研究特定技术领域的技术现状；通过研究专利申请人、专利申请数量与时间的对应关系，揭示特定技术领域在一定时间跨度内参与技术竞争的竞争者数量，从而揭示相关技术领域的技术生命周期。在时间序列分析的基础上，进一步展开线性回归趋势分析，预测该技术领域未来的发展趋势。

在应用时间序列法进行技术趋势的分析和预测时，需要具备一个基本条件：要有足够的历史统计数据，以构成一个合理长度的时间序列。专利文献是一个数量庞大、年代跨度长的信息集合，它恰好能满足时间序列法所要求的条件。因此，在利用专利信息进行技术预测时，选择时间序列法是比较合适且实用的。

> **案例**　中国在"数字通信技术"等领域专利数量超越美国

5.1.2　定性分析

定性分析是指运用归纳和演绎、分析与综合以及抽象与概括等方法，对获得的各种材料进行思维加工，从而去粗取精、去伪存真、由此及彼、由表及里，达到认识事物本质，揭示内在规律的目的。定性分析方法的本质是对研究对象在"质"的方面进行分析。要对研究对象进行"质"的分析，首先就要认识这个对象所具有的性质或特征，以便把它与其他的对象区别开来。定性分析有两种层次：一种是研究结果本身就是定性的描述，没有数量化或者数量化水平较低；另一种是建立在严格的定量分析基础上的定性分析。从科学认识的过程看，任何研究或分析一般都是从研究事物的量的差别开始，然后再去研究它们质的规律，在对量进行分析的基础上，做最后的定性分析，得出更加可靠的分析。

专利信息的定性分析是指通过对专利文献的内在特征（即专利技术内容）进行归纳、演绎、分析、综合、抽象和概括等工作，达到把握某一技术发展状况的目的。具体地说，根据专利文献提供的技术主题、专利国别、专利发明人、专利受让人、专利分类号、专利申请日、专利授权日和专利引证文献等内容，广泛进行信息搜集，对搜集的内容进行阅读和摘记等工作，在此基础上进一步进行分类、比较、分析等研究活动，形成有机的信息集合，进而有重点地研究那些有代表性、关键性和典型性的专利文献，最终找出专利信息之间内在的甚至是潜在的相互关系，形成一个比较完整的认识。专利信息的定性分析的特点是对技术内容进行分析，是一种基础的分析方法，在专利信息分析中具有重要作用，处于不可替代的地位。

1. **专利技术的定性描述**

在专利信息分析中，一种行之有效的方法是通过对专利技术的研究，从多视角进行定性描述，形成各种图表，辨别专利分布态势，常用的有专利技术功效矩阵分析、技术角度分析法和技术发展图等。

（1）专利技术功效矩阵分析。专利技术功效矩阵分析是通过对专利文献的主题技术内容和技术方案反映的主要技术功能的特征进行研究，揭示彼此之间的相互关系。这种研究方法的结果常常用功效矩阵图表形式表示。

专利技术功效矩阵分析的步骤是先对专利的技术内容进行分类，然后再按照技术功能分类，最后进行归纳、推理、分析与综合。这种方法可以用来挖掘和研究现有技术的发展重点以及尚未开发的技术空白点。

（2）技术角度分析法。技术角度分析法是专利功效矩阵分析方法的延伸。在专利信息定性分析中，分析人员常常会将采集的专利文献集合，按材料（Material）、特性（Personality）、动力（Energy）、结构（Structure）和时间（Time）这 5 个方面进行加工、整理和分类，构造 MPEST 技术角度图，从技术分类入手，将研究对象进行分类来揭示被研究的技术领域的专利特征。

技术角度分析法所反映的技术特征有时并不是专利文献中直接提及的，在加工过程中，现阶段尚需一定的人工干预。但是从分析结果看，该方法的分析结果较为直观，能揭示专利文献潜在技术特征，是专利信息分析中的一种深层次的定性分析方法。

由于技术角度分析法需要一定的人工干预，在不少专利分析软件的使用过程中，需要一定的技术专家或分析人员对相关的专利文献进行二次加工和分类。随着信息处理技术的迅猛发展和自然语言技术的广泛应用，这种人工干预的现象有望得以解决。

（3）技术发展图。在专利信息定性分析中，分析人员常常会按照技术发展的时间先后，将分析结果中专利文献的简要内容用图示的方式直接展示给客户。在技术发展图中，根据研究目的的不同，用户可以自行设计展示的技术内容，以便为决策者提供简洁、直观的技术信息。

2. **对比文献分析中新颖性判定**

本书已对专利新颖性概念以及相应的判断标准做了详细的理论描述。这里重点介绍在对比文献新颖性分析中如何理解现有技术和抵触申请的含义，以及判定原则的应用。

（1）现有技术。《专利法》意义上的现有技术是指申请日以前在国内外为公众所知的技术。现有技术应当是在申请日以前公众能够得知的技术内容。换句话说，现有技术应当在申请日以前处于能够为公众获得的状态，并包含能够使公众从中得知实质性技术知识的内容。

应当注意，处于保密状态的技术内容由于公众不能得知，不属于现有技术。所谓保密状态，不仅包括受保密规定或协议约束的情形，还包括社会观念或者商业习惯上被认为应当承担保密义务的情形，即默契保密的情形。

现有技术与时间界限和公开方式有关。① 时间界限。现有技术的时间界限是申请日，享有优先权则指的是优先权日。从广义上说，申请日以前公开的技术内容都属于现有技术，但申请日当天公开的技术内容不包括在现有技术范围内。② 公开方式。现有技术公开方式包括出版物公开、使用公开和以其他方式公开三种，均无地域限制。

（2）抵触申请。根据《专利法》第 22 条第 2 款规定，在发明或者实用新型新颖性的判断中，由任何单位或者个人就同样的发明或者实用新型在申请日以前向专利局提出并且记载在申请日以后（含申请日）公布的专利申请文件或者公告的专利文件中的申请，损害该申请日提出的专利申请的新颖性。为了简便，在判断新颖性时，将这种损害新颖性的专利申请称为抵触申请。

抵触申请只有在判定发明或者实用新型的新颖性时才予以考虑；在判定发明或实用新型的创造性时不予考虑。

（3）新颖性的判定原则。在参照对比文献判断新颖性时，应当根据以下原则进行。

① 同样的发明或者实用新型。同样的发明或者实用新型，是指技术领域、所解决的技术问题、技术方案和预期效果实质上相同。也就是说，发明与实用新型的权利要求所限定的技术内容与对比文献所公开的技术方案实质上相同，或者仅仅是简单的文字变换，则该发明或者实用新型不具备新颖性。

② 单独对比。判断新颖性时，应当将发明或者实用新型的各项权利要求与每一份对比文献中公开的相关技术内容单独进行比较，不得将其与几份对比文献内容的组合进行对比，也不得将其与一份对比文献中的多项技术方案的组合进行对比。就是说，判断专利申请的新颖性适用单独对比的原则。

③ 下位概念与上位概念。如果要求保护的发明或者实用新型与对比文献相比，区别仅在于前者采用一般（上位）概念，而后者采用具体（下位）概念限定同类性质的技术特征，则具体（下位）概念的公开使一般（上位）概念限定的发明或者实用新型丧失新颖性。例如，对比文献公开某产品是"用铜制成的"，就使"用金属制成的同一产品"的发明或者实用新型丧失新颖性。但是，该铜制品的公开并不使铜之外的其他金属制成的同一产品的发明或者实用新型丧失新颖性。

反之，一般（上位）概念的公开并不影响采用具体（下位）概念限定的发明或者实用新型的新颖性。例如，对比文献公开的某产品是"用金属制成的"，并不能使"用铜制成的同一产品"的发明或者实用新型丧失新颖性。又如，要求保护的发明或者实用新型与对比文献的区别仅在于发明或者实用新型中选用了"氯"来代替对比文献中的"卤素"或者另一种具体的卤素"氟"，则对比文献中"卤素"的公开或者"氟"的公开并不导致用氯对其做限定的发明或者实用新型丧失新颖性。

④ 惯用手段的直接置换。如果要求保护的发明或者实用新型与对比文献的区别仅在于所属技术领域惯用手段的直接置换，则该发明或者实用新型不具备新颖性。例如，对比文件公开了采用螺钉固定的装置，而要求保护的发明或者实用新型仅将该装置的螺钉固定方式改换为螺栓固定方式，则该发明或者实用新型不具备新颖性。

当要求保护的发明和实用新型与抵触申请的区别仅仅是惯用手段的直接置换时，应当应用新颖性标准评价；而当要求保护的发明与现有技术的区别仅仅是惯用手段的直接置换时，应当应用创造性标准评价。

5.2 专利数据可视化

5.2.1 可视化形式

1. 从信息属性看专利信息与可视化图表的对应

从信息属性来看，专利信息可分为数据信息和抽象信息。数据信息包括申请量态势、申请人排名、技术构成等，描述的是变化趋势、份额构成、地理分布等统计数据，一般可用折线图、柱形图/条形图、面积图、饼图/环图、散点图、矩阵表/气泡图、矩形树图、地图等常规图表来表示。这类图表多置于明确的直角坐标系或极坐标系中，比较注重制图规范。抽象信息包括申请人合作、企业并购、技术领域分解等，描述的是关联关系、流程发展、层次布局等抽象概念，一般需要用进程图、泳道图、实物图、弦图、力导布局图、地铁图等示意性图表来表示，这类图表多无明确坐标系，比较讲究结构布局。表 5-1 对不同属性的专利信息与图表的对应进行了简单分析。

表 5-1 专利信息的属性与图表的对应分析

项目	数据信息	抽象信息
涵盖范围	申请量态势、申请量排名、技术构成等	申请人合作、企业并购、技术领域分解等
描述内容	统计数据，如变化趋势、份额构成、地理分布等	抽象概念，如关联关系、流程发展、层次布局等
图表类型	常规图表，如折线图、柱形图/条形图、面积图、饼图/环图、散点图、矩阵表/气泡图、矩形树图、地图等	示意性图表，如进程图、泳道图、实物图、弦图、力导布局图、地铁图等

2. 从数据关系看专利信息与可视化图表的对应

从数据关系来看，可以将专利信息分为以下几种：一是趋势类信息，如申请量态势等，表现的是数据按时间的变化；二是比较类信息，如申请人排名等，表现的是一类数据与另一类数据的对比；三是份额类信息，如技术构成等，表现的是整体数据与部分数据的关系；四是关联类信息，如申请人合作申请等，表现的是不同数据之间的关联关系；五是空间类信息，如申请数量地域分布等，表现的是不同空间位置的数据差异；六是流程类信息，如技术发展路线等，表现的是信息的递进、推移关系，通常是按时间轴递进和推移；七是层次类信息，如技术领域分解等，表现的是信息的上下、总分等层级关系。

接下来汇总分析一下前文所述图表类型和适于表现的信息，以便与数据关系进行对应。

（1）折线图。适于表现一个或多个指标的数据变化趋势，如申请量随时间的变化。数据点一般是连续的，在少量数据和大量数据情况下都可以使用，更强调趋势变化而不是数据点之间的差异。

（2）面积图。适于表现一个指标的数据变化趋势，同时可通过面积反映该指标累计情况。数据点也是连续的，在少量数据和大量数据情况下都可以使用，同样更强调趋势变化而不是数据点之间的差异；对于多个指标的数据变化而言，前后面积色块的遮挡使面积图不如折线图有优势。此外，面积图有堆积变形，可反映多个指标的总量变化趋势和百分比构成情况。

（3）柱形图/条形图。适于表现多个指标的对比、排名等，如不同申请人的申请数量排名等；也可表现一个指标的数据变化趋势，一般来说数据点是离散的，更强调数据点之间的差异而不是趋势；对于多个指标的数据变化而言，要注意指标数量不宜过多，否则会导致多个柱形或条形不易分辨；这种图也有堆积变形，可反映多个指标的总量变化趋势和百分比构成情况。

（4）饼图/环图。适于表现部分指标与总体指标之间的关系，可反映多个指标的百分比构成情况，这一点与百分比堆积柱形图/条形图用法类似。

（5）散点图。可在多维空间（如四个象限）内把相似的散点归类到一起，进行多维尺度分析，如发明人实力对比等；也可表现一个指标随时间的变化趋势，这一点与折线图、面积图、柱形图/条形图用法类似。

（6）矩形树图。适于表现多个层级的数据关系，如不同层级技术分支的申请数量分析等；也可用于分析单个层级不同指标的对比，这一点与柱形图/条形图表现对比时的用法类似。

另外，地图、进程图、泳道图、实物图、弦图、力导布局图、地铁图等与数据关系的对应比较明确，此处不再详细分析。

5.2.2　选择最优可视化形式

仅仅了解图表与数据关系的对应还不够，同一类数据关系可能对应多种图表类型，同一图表类型也可能要区分不同细节，强调不同重点。例如，表现申请数量的变化趋势时，可选折线图、面积图、条形图、柱形图，表现申请人排名时可选柱形图和矩形树图，饼图/环图与百分比堆积柱形图/条形图则可以用于反映各个技术分支的百分比构成。如果选定折线图表现申请数量的变化趋势，还要进一步考虑是否需要为每个数据点都添加数据标记等细节。

对于可视化这一将信息图形化并传递给用户的过程而言，"用户"和"信息"是其中的关键所在，用户需求是可视化的中心，信息属性则是可视化的基础。最优的可视化设计是综合考虑用户对可视化的需求、信息的具象抽象属性、数据的时空关系、可视化的展示媒介等因素的结果。

在用户需求方面，应当考虑用户希望把握变化趋势还是判断关键节点，希望研究数据细节还是体会直观感受，希望了解极端情况还是一览全貌？例如，如果是展示较长时间段内的专利申请数量变化趋势，可以不标注具体数据点；如果是想突出申请数量变化的关键年份，就应当标出明显变化的数据点。在信息属性方面，应当考虑信息是数据信息还是抽象概念，信息关系是时序性的还是空间性的。此外，可视化的展示媒介也很关键，如果是黑白纸质出版物，就要注意黑白印刷效果在图形的明暗对比展示时是否便于读者分辨；如果是幻灯片，在展示时可以提供更多动态效果，另外，要注意远处的观众是否能看清细节；如果是网页，则可以提供更多交互，展示更多信息。

（1）表现多个指标的趋势变化。优选折线图。在表现多个指标的趋势变化时，折线图中每个指标用一根线条表示，在线条交叉不太严重的情况下，数据的交叉对比清晰可见。而对于柱形图来说，三个以上指标的趋势变化会使每个时间点上对应的并列图形过多，难以观察各个指标的走势，也无法实现交叉对比。

（2）表现多个指标对比。优选柱形图/条形图。在表现多个指标的对比时，柱形图/条形图中分隔的柱条很容易被认知为离散的个体，不易产生误解。而用折线图表现时，连续不断的线条容易让人误解为是单个指标的走势，而不是多个指标的对比。

（3）表现多系列数据构成比较。优选堆积柱形图。在表现多系列数据的构成比较时，竖直堆积的柱形图辅以连线，使读者很容易观察出每个指标的百分比变化。而在饼图中，由于读者对扇区角度变化不如柱形长度变化那样敏感，视线需要在左右两个圆形来回跳跃，难以直观感受到每个指标的百分比变化。

> **案例　全球特高压设备行业技术竞争格局**

5.3　专利分析报告撰写实战

5.3.1　专利分析报告

专利分析报告没有一个系统的分类方式。根据分析对象、分析目的、分析内容、分析规模、分析的深度和广度、面向的阅读群体等不同角度，会有不同分类。

为方便区分类型和厘清差异，专利分析报告可以从以下不同的维度进行分类。首先，从专利分析报告的规模考虑，可以分为宏观专利分析报告、中观专利分析报告和微观专利分析报告；其次，按照专利分析的应用群体考虑，可以分为面向政府、面向行业和产业、面向创新主体（如企业、高校、科研院所、个人）、面向机构（如金融机构、服务机构等）的专利分析报告；再次，按照专利分析的应用场景，可以分为管理类专利分析报告、技术类专利分析报告和市场类专利分析报告；最后，按照分析内容考虑，可以分为综合专利分析报告、专题专利分析报告等。

1. 分析报告类型与应用群体

按照分析报告的应用群体以及分析的信息数据量可分为宏观专利分析报告、中观专利分析报告和微观专利分析报告，或称"面、线、点"的分析，如表5-2所示。

表5-2　应用群体与报告类型

应用群体	宏观	中观	微观
政府	区域专利布局分析报告	重大科技专项知识产权分析评议报告	
产业/行业	产业导航分析报告	知识产权分析评议报告	
创新主体		专利预警分析、企业专利微导航、专利尽职调查报告	专利侵权分析、专利价值评估报告、专利稳定性分析报告
机构		围绕企业并购、投融资活动的尽职调查报告	

（1）宏观分析。宏观分析的特点是分析的信息数据量庞大，分析的对象通常是一个地理区域或一段时间内各类产业和多项技术，以及大量申请人的整体情况。专利数据量通常达到十万甚至百万件，分析模型多采用定量分析的方法，如国家与省市、地区的专利分析、多产业的发展趋势等。常见的报告如区域专利布局分析报告。

（2）中观分析。中观分析的对象是某一产业和行业的相关申请人，也可以是某项重点技术发展过程中各阶段的专利。分析模型按照项目任务的需要可以选取定量分析也可以选取拟定量分析，分析数据量通常在数千至数万件。例如，某产业专利分析、特定技术专利分析、主要竞争对手专利分析等。

（3）微观分析。微观分析的对象是某一关键技术点或某一申请人或发明人的相关专利，也可以是某个专利包价值或最接近的对比文件，多采用定性分析和拟定量分析的方法进行研究。分析数据量在千件以内甚至少于十件。例如，专利尽职调查、价值评估、风险评估等。

2. 分析报告的应用群体

按照专利分析报告的应用群体，可将分析报告区分为政府类、产业和行业类、创新主体类和机构类。

（1）政府类。此类报告是围绕政府的政策需求开展的专利分析项目，它将分析结果作为政府的决策支撑，例如，定期的专利统计分析，围绕重大科技专项立项、产业发展规划、重大技术引进和成果转化、各技术领域人才引进、国有资产重组等开展的分析项目。

（2）产业和行业类。围绕某个具体产业和行业发展的需求，针对该产业和行业存在的切实问题和遇到的发展瓶颈，结合内部结构因素和外部环境因素，从国内外产业发展动向、产业链、技术链、市场竞争环境等角度进行分析，研究产业的发展定位和方向。如产业导航分析报告、知识产权分析评议报告等。

（3）创新主体类。此类报告主要为创新主体，如企业、高校、科研机构和独立发明人提供分析结果，作为创新活动和生产经营的决策建议。例如在技术研发立项、技术转移转化、人才引进、新产品上市、出口与参展、侵权应对、企业并购、上市等项目背景下开展专利分析形成的报告。

（4）机构类。此类报告为金融机构或服务机构在企业上市或并购、投融资、专利许可和转让、专利信息情报研究过程中，提供的专利尽职调查、价值评估、风险评估和情报分析等。

5.3.2　专利分析报告的种类

我国常见的专利分析报告可以概括划分为如下 4 类。

1. 产业专利分析报告

产业专利分析报告主要是从产业角度出发，针对与某一产业相关的技术进行深入的专利分析，形成产业上、中、下游的各企业和各种技术的分布状况。通过分析，摸清国内外同一产业中的技术发展状况，厘清与竞争对手相比所拥有的优势或存在的差距，同时根据我国的实际情况，为产业的转型升级和持续发展提供决策建议。

2. 知识产权区域布局报告

知识产权区域布局报告是通过对具体区域如国家、地区的专利状况进行分析和对比，形成区域整体专利布局状况，梳理区域创新资源、知识产权资源和产业资源，厘清区域性知识产权资源、创新资源和产业发展的协调匹配关系，建立支撑政府决策、监测市场信息、辅助政府管理的信息支撑系统。

3. 专利预警分析报告

专利预警分析报告是通过专利分析对正在发生或潜在的专利风险进行风险识别、风险评估、风险控制。在有专利风险时触发提前警告，并制定应对预案，以消除或控制风险，进而减少损失。风险识别是对风险发生的可能性和风险来源进行判断，风险评估是对风险危害程度进行评价，风险控制是提出解决和降低风险危害的具体措施。

4. 专利导航分析报告

专利导航分析报告是通过利用专利信息等数据资源，分析产业发展格局和技术创新方向，明晰产业发展和技术研发路径，整合各类资源以引导产业、企业发展，形成有导航指引作用的决策意见。专利导航分析报告可划分为产业规划类专利导航分析报告、企业运营类专利导航分析报告。

5.3.3　专利分析报告撰写的基本规范

专利分析报告是对专利信息的分析成果和分析价值的集中体现和归纳，无论是微观、中观还是宏观专利分析报告，都是以准确的专利信息为基础进行客观的分析，形成具有实用价值的结论和建议。因此，在撰写专利分析报告时应遵循如下规范。

1. 依据需求

专利分析报告的目的是通过对专利信息中的技术、法律和经济等信息进行科学分析以便为技术预测、政策制定、市场经营活动等决策提供重要的参考依据。专利分析根据委托人的具体项目需求有针对性地组织分析内容，并依托分析内容得到相应的分析结论。因此，专利分析报告所反映的内容是为项目需求服务，与项目需求无关的分析不需要出现在报告中。专利分析报告的目的性越明确，分析过程的针对性强，分析结果越具有指导意义，也越能够满足委托人的项目需求。

2. 数据准确

专利分析报告是以专利文献中的专利信息为基础，经过采集、整理、清理、标引等一系列处理得到的。为验证数据的准确性，要从查全率和查准率两方面来考量，对于宏观项目要在确保查全的前提下考虑查准，对于微观项目要在确保查准的前提下考虑查全。由于专利检索无法检索到未公开的专利文献，因此在分析报告中应说明检索的截止时间或更新时间，还需要说明选用的检索系统和软件，以及未公开的专利文献对统计分析结果的影响。

3. 结论客观

专利分析报告是将发现问题、分析问题、解决问题的思维过程通过图表及文字进行体现，是体现专利分析作用的载体。专利分析报告对于产业发展的应用、政策制定的指导、企业的研发和经营决策等具有重要的参考作用和现实意义。专利分析报告的结论应该是一个根据客观事实经过科学分析而得到的结果，是深思熟虑、综合分析后获得的信息。结论需要避免出现一些主观判断和没有根据的内容。应尽量保证是在一个客观中立的角度下作出判断。同时，报告中的结论应该是结合客观分析结果提出的具有针对性的建议和应对方案，且能够形成相应措施，加以实施。

4. 谨慎简练

专利分析报告的行文要谨慎，如对未来进行预测的内容，应避免出现"一定是""必然是"这类过于绝对的措辞。对于技术空白点，在没有经过技术专家审核的情况下，可能会武断地认为该技术空白点是可开发的技术点。

此外，专利分析报告行文语言要精练，尽量使用简练的语言来点明关注的重点，直指问题的核心。在各类专利分析报告中避免冗余的文字描述和图表堆砌。专利分析报告质量的高低首先取决于内容是否正确、结论是否准确，其次就是行文和措辞问题。如果用词烦琐、语言不通、词不达意，就不能较好地表述分析的结果。所以，完成一篇高质量的分析报告，应使用精准确凿的数据、简练生动的语言和恰当规范的图表。

由于专利分析报告的读者群体有可能是多样性的（包括技术人员、管理人员、行政人员等），所以行文尽量要使用通俗易懂的语言，让各类读者群体均能够正确地理解报告陈述的内容，准确无误地获得所需的信息。必要时，报告对于专业词汇应予以说明。

5. 完整有条理

专利分析报告的结构要完整，各章节的内容编排要有逻辑性、条理性。报告的内容编排如果不合理，就会使阅读者找不到重点内容，或者使前后内容衔接不上。在分析的过程中内容也需要前后呼应，例如，前后数据要保持一致，如果后文做了数据补充、调整，前文也要注意及时调整、修订。

结构能否有条理，首先取决于撰稿人的思想认识和分析思路是否清晰、严密。撰稿人只有充分认识和掌握事物发展的内在规律，才能把它顺理成章地表达出来。分析报告需要完整地体现分析过程，使阅读者能够通过分析报告充分了解事物的起因、经过和结果，这样才能提高分析报告的可信度。

6. 逻辑严谨

判断推理的过程要符合逻辑，首先是使用的分析数据要准确可靠，并且能够反映数据背后隐藏的关联和发展规律。这就要求撰写专利分析报告时，对采集的专利信息进行深入分析，运用推理和判断的逻辑方法。正确地判断和推理，从事物发展上说，就是要有理有据，符合客观的规律性；从思维发展上说，就是要实事求是，合乎事物的逻辑性。判断和推理的结果，前后不能矛盾，左右不能脱节，要如实反映客观事物的内在联系。

5.3.4　专利分析报告的框架与内容撰写

在撰写专利分析报告之前，应先建立报告框架。专利分析报告框架的搭建，是为研究分析做结构性支持。报告框架是课题研究报告的基本骨架，从程序上来讲，报告框架是撰写研究报告之前的必要准备，通常是在确定研究内容之后对报告框架进行相应的设计。从表现形式上来讲，报告框架是由序码和章节标题组成的逻辑图表；从内容上来讲，报告框架是把专利分析报告所要描述的内容，通过事先构思，以简要的语言分层次、有重点地有序罗列出来。专利分析报告需要经过课题项目组成员的反复修改和讨论，最后才能形成一份获得认可的专利分析报告。

1. 框架搭建

形成专利分析报告的流程如下。

撰写报告之前应有一个目的和目标。目的是引领整个报告的主线，而目标是用来圈定报告内容的范围。

主线和范围确定后进行的准备工作包括研究背景资料，了解与目的、目标相关的技术、市场、产业等信息；然后进行项目分解，进一步明确分析内容；进行数据采集，了解数据量，以便根据数据量等情况确定分析项目。在这些准备过程中，将会形成一个专利分析的总体思路，这个思路就是报告框架的雏形。

在基础的准备工作完成后，就是建立专利分析报告框架，如图 5-1 所示。搭建报告框架的好处在于能够总揽全局、把握报告的主线和范围，避免出现方向偏离，保证报告结构的完整性和逻辑性。

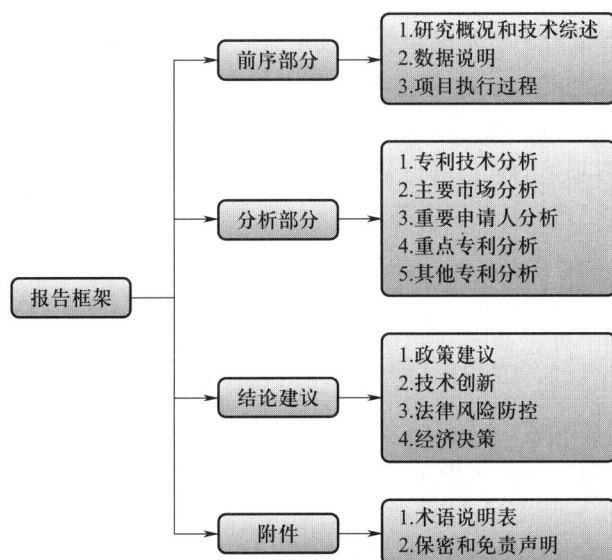

图 5-1　专利分析报告框架

框架搭建完成后，需要为框架准备内容即选择专利地图。框架搭建得越细致，后面准备内容的过程就越简单。例如，搭建框架考虑了需要分析哪些项，那么只需要对相应的数据进行图表制作即可。如果只有一些目的而没有建立相应的分析项目，那么后面在制作图表时，还需要考虑制作哪些图表来反映这些目的。

另外，在制作专利地图的过程中，如果发现一些新的问题，需要一些新的分析项目，那么可以灵活地调整框架内容。

内容准备完成后就可进入具体撰写，撰写的质量直接影响报告的质量。在撰写中也同样会做一些内容的增加和删减，一方面可能反馈到制作图表的过程中，另一方面也可能对框架做一些调整。无论是制图还是撰写都会对框架进行反馈和一些相应的调整，从总体上把握报告框架结构的完整性和逻辑性。

2. 报告内容

（1）前序部分。前序部分的内容是围绕项目的主题为后续分析提供背景信息，针对不同的阅读者，如政府机关人员、行业主管、企业管理者、技术主管等提供不同程度的基本背景信息，以使阅读群体更好地理解分析报告的项目背景和分析目的。

① 研究概况和技术综述。研究概况主要是为了说明专利分析的目的和意义、行业内的技术与市场发展概况，以及专利分析的数据基础和研究方法等，可以根据具体需要有选择地包括研究背景、技术概况、市场概况、项目调研对象的整体分析等，还可针对相关政策动向和市场环境的变化进行分析和说明。

技术综述通常是指专利分析所涉及的技术领域或行业的技术发展历史、现状和趋势，通常要介绍所涉及的背景技术的特征、被领域或行业普遍认可的技术热点以及技术发展趋势的基本情况。在撰写时，应当注意围绕分析的主题，考虑报告读者的情况，针对不同的读者提供不同程度的技术背景介绍，从而使读者对技术有大致的了解，清楚技术发展和技术重点，继而与分析研究的结论形成印证，保证结论的客观准确。

技术综述一般包括：a. 技术发展历史。梳理技术发展路线，关注核心技术出现的时间；关注技术热点和难点，它是确定重要技术分支的重要依据，以及为技术功效分析提供基础。b. 技术发展趋势。它对于全球和中国的专利发展趋势等分析所得的结论提供依据。

② 数据说明。对项目的数据进行整体介绍，包括技术分解表、检索要素和检索式、检索的截止时间、检索结果的整体情况等。对专利信息源和数据的说明，包括选用的数据库、分析软件工具、专利指标的定义、项目解析等内容。

例如，数据库包括中国、美国、欧洲专利局、世界知识产权局的数据，具体包括：中国的发明、实用新型、外观设计；美国申请、美国授权、美国外观设计；欧洲申请、欧洲授权；PCT 国际专利申请。提供摘要和全文，并对以上专利数据库进行标准化处理。时间范围：1985 年 1 月 1 日—2018 年 5 月 25 日。检索内容：公开号、公开日、申请号、申请日、国际主分类号、分类号、优先权、同族专利、申请人、发明人、国家代码、摘要、法律状态。

③ 项目执行过程。包括项目执行过程中各项目成员的分工、时间进度、阶段性要求等

安排。

（2）分析部分。专利分析的研究内容通常包括专利技术分析、主要市场分析、重要申请人分析、重点专利分析以及其他专利分析。

① 专利技术分析。通过对专利技术的分析和研究，可以得到技术水平、发展趋势等。通常包括专利申请历年分布趋势分析、专利技术集中度分析、技术发展路线分析、技术生命周期分析、技术功效矩阵分析等。

② 主要市场分析。对全球主要市场如中、美、欧、日、韩等国家和地区的专利分布情况进行分析，有助于企业了解全球各主要市场的专利风险大小和市场潜力。不同项目会选择对中国专利进行进一步的深入分析，也可以包括省、市、自治区的区域市场分析。还可以根据行业的不同，对行业比较关注的国外市场或新兴市场进行专利分析。对于主要市场的分析，通常包括在该区域的专利布局、重要市场主体分析、重点技术发展趋势分析、产品上市专利风险分析等。

③ 重要申请人分析。对行业内重要的竞争对手也就是申请人进行分析，关注竞争对手的专利分布状况，包括竞争对手的专利技术构成、专利技术的优劣势、在各技术分支上的专利技术发展趋势以及专利技术市场分布等。重要申请人分析还可以从竞争对手专利区域布局、重点技术、重点产品、研发团队、技术合作和专利诉讼案件等方面展开。

④ 重点专利分析。对项目筛选出的重点专利，着重分析专利的技术方案，梳理权利要求保护范围，形成该专利保护的关键技术点和相应的技术特征，如项目需要，还可以与其他技术或产品进行对比和分析判断。重点专利分析还可以从专利稳定程度、价值度或侵权风险等级等方面来进行。

⑤ 其他专利分析。某些行业和企业会对外观设计专利重点关注，或对标准相关的专利对应情况进行深入分析，对专利稳定性和保护范围进行分析，对诉讼赔偿和许可费率进行计算，或对专利包的价值进行分析。

（3）结论建议部分。结论建议部分是对之前分析内容的概括总结，是报告的重点内容之一。要根据项目目的和拟解决的问题，对政策决策、产业发展、企业研发和经营决策提出相应的建议，围绕政策、技术、法律、经济等方面总结形成结论。结论建议部分应当与分析目的相呼应，以专利分析为支撑，对研究成果进行汇总和提炼，通过精练的语言描述专利技术的历史、现状和趋势，其中重点是现状和趋势部分。报告应该具有清楚的分析结论，结论是对分析部分的结论加以总结和提炼而得到的，并非各小结内容的简单罗列。

结论的撰写需要注意从目的出发，聚焦专利现状和未来，体现专利差距和趋势，重点突出，观点鲜明，先总体后具体。要考虑阅读群体的兴趣点和关注点，尽量通过简单、易懂的语言使不同的阅读者能够理解和清楚结论内容。撰写时要思路清晰，内容完整，主线突出，角度全面。

① 政策建议方面。政策建议要围绕以下内容：国际上哪些国家在该产业专利方面具有优势，优势点在哪里，国内哪些区域在该产业专利方面具有优势，国内产业的相关专利是

否为外国申请人所控制，各自优势点和布局情况；主要国家、区域在目前发展阶段所处的地位；国际上重点专利申请人、专利权人，各自优势点和专利布局情况；国内重点专利申请人、专利权人是谁，各自优势点和布局情况，哪些具有扶持前景；从专利角度判断的目前产业竞争态势和我国产业的竞争机会情况；对政策的建议，如扶持政策、立项或引进重大科技项目、人才引进和评议、专利运营和运用等。

②　技术创新方面。总结技术在国际和国内的发展方向，梳理主要竞争对手的技术发展脉络、关键技术路线以及对应的重点专利和专利组合，提供给研发人员在创新活动中借鉴。研发人员通过关注可替代的技术方案和规避设计方向，形成技术热点和空白点的分析，为技术瓶颈的解决寻找不同的技术方案，实现技术上的突破和可专利化的保护。

③　法律风险防控方面。对于专利挖掘布局的策略和方向，以及研究竞争对手的重点专利保护方案的方向进行借鉴和学习，定期监控和调查潜在的风险，对风险来源和时机进行判断，形成风险防控和应对的措施。例如，加强内部管理、严格保密措施、筛选供应商、质量审核和分级管理等；采取对高风险专利的无效、许可、转让、反诉，申请布局外围专利、技术规避等措施。

④　经济决策方面。为生产经营和投融资活动如研发投入、新产品上市、公司上市、产品出口、并购等提供风险防控的措施和建议。对于寻找技术合作伙伴、引进和实施使用新技术、人才引进、许可转让等谈判活动形成分析报告和谈判材料，支撑决策。制定和实施整体的专利战略，规划长远发展方向，对外积极参与专利联盟、制定行业和技术标准等。

（4）附件。附件通常包括术语说明表、保密声明和免责声明。当需要对行业内的技术、市场发展状况进行补充说明时，可将部分进一步反映行业内技术和市场发展状况、行业内技术标准和规范、市场发展状况、国家和行业政策等内容收录在附件中。

报告内容主要包括上述四部分，有些内容并非必选项目。一般情况下，各部分内容的表现形式没有统一的模式要求，可根据实际情况参照一些报告的范本模板进行灵活调整。

案例　储能上市公司绿色创新力分析报告发布

【本章重要专业词汇】

专利分析—Patent Analysis　　　　　专利指标分析—Patent Index Analysis

定性分析—Qualitative Analysis　　　专利分析报告—Patent Analysis Report

定量分析—Quantitative Analysis　　　技术生命周期—Technology Life Cycle

专利信息分析—Analysis of Patent Information

技术发展图—Technology Development Map

【本章小结】

1. 专利信息是以专利文献为载体，以专利文献形式再现客观事物属性的信息总和。

2. 定量分析是通过量和量之间的变化反映事物之间的相互关系。随着科学技术的不断发展，事物之间的联系高度复杂化，它越来越成为专利信息分析中一种重要的方法，具有不可替代的作用。

3. 专利分析报告并没有一个系统的分类方式，根据分析对象、分析目的、分析内容、分析规模、分析的深度和广度、面向的阅读群体等不同的角度，会有不同的分类。

【思考题】

1. 请思考专利分析中定性分析和定量分析各自适用于哪种类型的分析内容。
2. 谈谈专利分析报告中可视化图形的功能有哪些。

即测即评

【案例作业】

黑龙江省知识产权创造量质齐升

截至 2022 年 7 月，黑龙江省有效发明专利达 36 649 件，同比增长 19.99%。建立哈大齐国家自主创新示范区知识产权一体化保护协作机制，建立数字经济核心产业企业融资担保贷款风险代偿补偿机制，实现生物产业、装备制造领域的专利快速授权……记者从 24 日在黑龙江省知识产权局召开的全省知识产权工作推进会议上获悉，今年以来黑龙江省知识产权工作亮点频现。

省知识产权局推广《专利导航指南》系列国家标准，依托高校、企业和知识产权服务机构建设 7 家专利导航服务基地。完成装备制造产业、生物产业专利导航项目及工业机器人产业专利预警分析报告，为黑龙江省重点产业发展提供决策参考。

依托专业服务机构挂牌成立黑龙江省生物产业、哈尔滨市装备制造产业知识产权运营中心。面向省内高校、院所、企业开展专利技术供需对接服务活动，促进高校院所优质专利向中小企业转化。推动建立数字经济核心产业企业融资担保贷款风险代偿补偿机制，支持融资担保机构为黑龙江省数字经济核心产业企业开展软件著作权、专利权、商标专用权等质押、抵押担保贷款提供融资担保。

黑龙江省持续优化知识产权公共服务，有力促进创业创新。中国（黑龙江）知识产权保护中心开展了主体备案、维权援助、协同保护、专利导航工作。专利预审工作已正式开通，实现了装备制造、生物产业领域的专利快速授权，截至 7 月末，共接收专利预审申请案件 99 件，经过预审合格进入快速审查通道的 54 件，目前有 17 件专利获得国家知识产权局授权。黑龙江省持续加快公共服务体系及市（地）知识产权公共服务节点建设，上半年建成市（地）级公共服务节点机构9个。依托中国知识产权培训中心远程教育资源，开展知识产权人才储备培训，截至目前线上培训人数已达3 637人。

资料来源：黑龙江新闻网，有修改。

案例讨论：

1. 结合案例内容，谈谈专利分析对黑龙江省重点领域的发展有哪些作用。

2. 请尝试针对你比较熟悉的领域，构思一份专利分析报告大纲。

第Ⅲ篇　知识产权运营篇

第六章　知识产权运营

开篇案例　百度与海尔达成专利交叉许可协议——人工智能让家居更"智能"

随着人工智能技术的成熟和规模化,企业在人工智能领域的专利布局也在不断加速。截至 2021 年 9 月,百度公司在人工智能领域的国内专利申请量已超过 1 万件,并且在专利质量方面取得了令人瞩目的成果,成为人工智能领域获得中国专利奖最多的公司。在加强人工智能专利布局、全面提升专利质量的同时,百度公司还非常注重与其他企业合作。2015 年 11 月 27 日,百度公司联合海尔集团、京东集团、中兴通讯、中国普天、北汽股份、京东方等 20 余家企业共同成立智能语音知识产权产业联盟。该联盟旨在通过专利合作的方式,促进语音专利相关技术跨行业实施和应用,推动语音相关产业发展。

为了将人工智能技术更好地应用于物联网领域,实现人工智能落地智慧家庭,百度公司开始与海尔集团谋求进一步合作。双方达成专利合作初步框架,并签署保密协议。随后,结合各自业务需求和合作技术领域,开始专利许可谈判。通过委托独立第三方知识产权评估机构对双方的专利包进行评估,确认专利的权属状态、有效性和专利价值。结合评估意见,双方确定了专利许可内容、许可期限等,并于 2019 年 6 月 24 日在北京举行了知识产权合作签约仪式。这是国内企业之间首次在人工智能和物联网领域开展专利合作,此次合作有利于推动人工智能、物联网领域专利的转化运用,将先进的人工智能专利技术应用于家电产品中,为用户带来更好的体验。

百度公司在人工智能领域技术优势明显,专利储备雄厚;海尔集团在物联网领域的技术创新能力和专利实力在业界具有一定优势,双方通过签署专利交叉许可协议可以实现优势互补。在双方看来,达成合作后,双方都可以获得所需的专利,推动人工智能在物联网领域尤其是智能家居方面的应用,避免了重复研发,提升了研发效率。专利交叉许可使得专利得到更大范围地应用,进而发挥更大的价值,有利于进一步促进人工智能专利运营模式的转变,从单打独斗走向合作共赢,从自我保护走向开放合作。

我国"十四五"规划和 2035 年远景目标纲要中提出"推动产业链上中下游、大中小企业融通创新"。现阶段,人工智能的发展,在技术和产业应用方面都呈现出融通创新的态势。百度公司在 2021 年的世界知识产权日发布了《百度人工智能专利白皮书》,以专利工作实践为基础,以"创新、开放、合作、生态"为主线,探索通过多样化的专利合作促进上下游生态链的开放协同创新,提升人工智能生态创新的整体效能。这是百度公司专利工作对时代主题的呼应。作为人工智能技术与专利的领先者,百度公司将以更大的担当作为，通过专利技术合作带动更多创新主体创新，助力中国智能经济的高质量发展。

资料来源：国家知识产权局网站，有修改。

6.1　知识产权运营的基本概念

知识产权运营的目的是获取经济价值。知识产权运营是知识产权价值经营活动的集合，即通过买卖（许可与转让）、产业化投资、作为资产投资、质押、证券化等获得财产收益的专业化管理。国家知识产权局在部署知识产权运营试点企业工作时，给出的知识产权运营的定义是："知识产权运营指以实现知识产权经济价值为直接目的的、促成知识产权流通和利用的商业活动行为。具体模式包括知识产权的许可、转让、融资、产业化、作价入股、专利池集成运作、专利标准化等，涵盖知识产权价值评估和交易经济，以及基于特定专利运用目标的专利分析服务"。知识产权运营简要示意图，如图6-1所示。从企业角度来看，知识产权运营是以实现企业知识产权价值最大化为目的，在知识产权创造、知识产权保护和知识产权资产经营等阶段完成知识产权的价值创造、价值提取和价值实现的过程，配合企业知识产权运营策略，提高企业的经济效益。在知识经济时代，知识产权运营是企业竞争的核心，企业基于市场环境、技术环境和社会环境的变化，灵活地选择知识产权实施策略，通过知识产权有效运营创造价值并实现企业知识产权的增值。

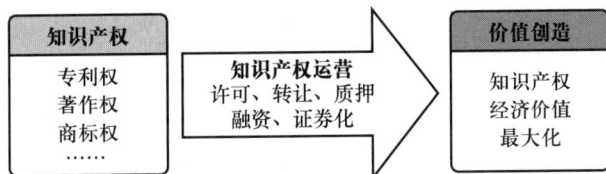

图6-1　知识产权运营简要示意图

知识产权包括专利权、著作权、商标权等，知识产权运营可以理解为权利人或相关市场主体通过采取一定的商业运营模式实现上述知识产权由"权"到"钱"的转变，其运营模式有知识产权的许可、转让、质押融资、证券化等。

我国知识产权运营起步较晚，始于2012年5月，以北京市政府倡导的北京知识产权运营管理公司成立为标志。2013年4月，国务院国有资产监督管理委员会发布《关于组织中央企业申报国家专利运营试点企业的通知》，这意味着全国层面从专利角度开始了知识产权运营。2015年，全国知识产权运营公共服务平台建设启动，同年由中国专利保护协会牵头的中国知识产权运营联盟成立。因此，有从业者将2015年称为中国知识产权运营元年。

6.2　知识产权运营核心要素

知识产权运营的三大核心要素包括：知识产权运营主体（知识产权运营方）、知识产权运营客体（知识产权本身）及知识产权运营环境，如图6-2所示。

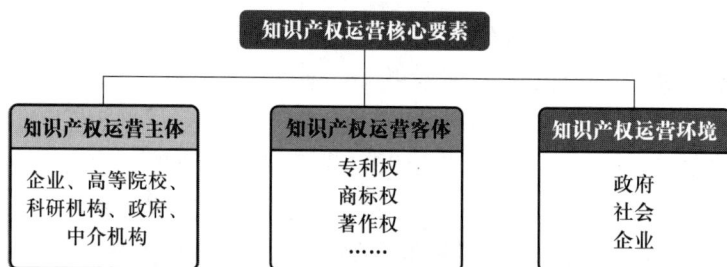

图6-2　知识产权运营核心要素

6.2.1　知识产权运营主体

知识产权主体是知识产权的权利所有人，包括著作权人、专利权人、商标权人等。知识产权运营主体是知识产权的权利所有人或相关市场主体，包括企业、高等院校、科研机构、政府和中介机构等。

企业、高等院校和科研机构既可以作为知识产权的权利所有者，又可以作为知识产权运营主体，具有双重性。因此，拥有政府和中介机构无法比拟的优势：一是作为知识产权的权利所有者，能够对研发成果有全方位的了解，在成果的研发难度、研发成本、应用领域的定位、实际价值与市场价值的估算等方面都掌握着最真实的资料，使其在知识产权运营过程中处于主导地位；二是作为知识产权的运营者，也是知识产权的供给方，在充分了解技术成果的基础上便于寻找需求方，提高交易效率，降低交易成本，也可针对不同的竞争者和需求方采取灵活的运营策略，以便实现经济价值最大化。政府和中介机构虽然不是知识产权的所有者，但作为知识产权的运营者，一方面可通过强大的经济实力汇集知识产权资源，形成规模效应，为知识产权运营建立坚实的后备基础；另一方面，知识产权运营的关键是"运营"，政府和中介机构拥有更优质的服务能力和更专业的运营模式，是其立足市场的有力武器。

1. 企业

企业在建设创新型国家、建设知识产权强国、实施知识产权战略中都处于主体地位，可以说企业是知识产权运营的第一主体。企业的规模不同、发展阶段不同所采取的知识产权运营策略也不同。对于发展初期的小微企业而言，其知识产权运营策略应当集中在知识产权的保护、许可和转让等简单的运营模式上，让知识产权运营逐步成为一种必要，并逐渐积累经验；对处于成熟期的大型企业而言，在具备了一定的实力后，其运营策略应当从简单的许可、转让向知识产权研发、知识产权质押融资、知识产权产业化及标准化等高层次的知识产权战略转变，以期实现知识产权资产价值的最大化运营。此外，不同行业，不同类型的企业所采取的知识产权运营模式千差万别，例如，文化创意企业进行知识产权运营的重点在于交易和价值评估，而产品制造企业的知识产权运营重点在于技术研发并将其转化为生产力。

2. 高等院校和科研机构

如果说企业进行知识产权运营的内在动力是谋求发展并获取经济价值，那么高等院校和科研机构进行知识产权运营的内在动力就是为了追求社会价值和自身价值的统一。正是在这种内在动力激励下，高等院校和科研机构成了中国知识产权重要的发明创造者，其发明创造的知识产权更是被企业所青睐。但是在很长一段时间内，高等院校和科研机构只是把研究成果简单地进行成果转化、转移和转让，对知识产权运营的了解也只是停留在表面。伴随着知识产权市场的逐步规范和国家对知识产权的日益重视，知识产权许可、转让、作价入股等知识产权运营模式才逐渐受到重视。

3. 政府

政府不仅是知识产权运营的主体，更是开展知识产权运营工作强有力的支持者和引导者。知识产权是企业核心竞争力的体现，更被国际社会普遍看作国家发展的战略性资源和国际竞争力的核心要素。但是中国目前存在的创新资源分散、科技成果模式单一、效率低下、市场分割等问题阻碍了中国的知识产权运营事业的发展，亟须知识产权运营的"扛旗者"来规划与指导中国知识产权运营工作的发展。知识产权运营是一项关乎国家经济命脉，庞大且长久的事业，具有投资大、见效慢、范围广、时间长、风险高、收益大的特性。正因如此，只有政府才能扛起知识产权运营的大旗，才能在立足实际、总揽全局的原则上推进中国知识产权运营工作健康有序的发展。此外，政府作为支持者和引导者，在制定政策和设立知识产权运营风险补偿金、知识产权运营基金等方面成绩斐然。尤其是2021年，中共中央、国务院相继印发《知识产权强国建设纲要（2021—2035年）》和《"十四五"国家知识产权保护和运用规划》，全面开启知识产权强国建设的新征程。虽然我国知识产权运营工作起步较晚，且面临着许多障碍，但在政府的统一规划与指导下，中国知识产权运营的各个主体都在有条不紊地开展工作，知识产权运营的综合能力不断提升。

4. 中介机构

知识产权运营并不只是简单地进行知识产权的许可、转让与买卖，还包含知识产权的评估、担保、服务、交易等配套业务或流程。传统的知识产权运营主体如企业、科研机构等很难满足知识产权运营市场的需要，所以知识产权运营的中介机构应运而生。知识产权运营的中介机构主要包括知识产权运营的专业组织、运营平台和服务机构三部分。其中，知识产权运营的专业组织是指由政府资金引导、社会资本参与的运营基金和主要由企业出资主导的市场化运营基金，二者均为专业化非实施知识产权运营实体。前者如北京市重点产业知识产权运营基金，后者如七星天海外专利运营基金。设立运营基金的实质是通过知识产权的股权融资来解决中小科技型企业融资难问题以及促进国内知识产权国际化。知识产权运营平台主要是为知识产权供需双方提供便利的交易信息、交易场所等在内的一站式服务的组织，有线上线下两种运营平台，主要有中国技术交易所、北方技术交易市场和中国浙江网上技术市场等。知识产权运营服务机构是为企业、高等院校和科研机构等主体提供知识产权运营服务的中介组织，如知识产权评估机构、知识产权质押融资机构、知识产权托管服务机构和知识产权运营咨询服务机构等，这些中介机构的从业人员具有专业的背景，其服务更加市场化，能针对知识产权主体的不同需要提供不同服务，是知识产权运营市场中不可或缺的一部分。

> **案例　上海盛知华知识产权服务有限公司**

> **案例　珠海横琴国际知识产权交易中心**

知识产权运营的各类主体并不是独立的，彼此之间是相互联系、密不可分的，如图 6−3 所示。中介机构为企业、高等院校、科研机构等提供知识产权运营服务平台，包括咨询、知识产权评估、评价、投融资等一系列运营服务从而实现自身的经济利益；高等院校、科研机构为企业提供技术成果以转化为生产力，企业为高等院校、科研机构提供研发资金等方面的支持。在此过程中，政府发挥引导和支持作用，共同构成知识产权运营的主体。

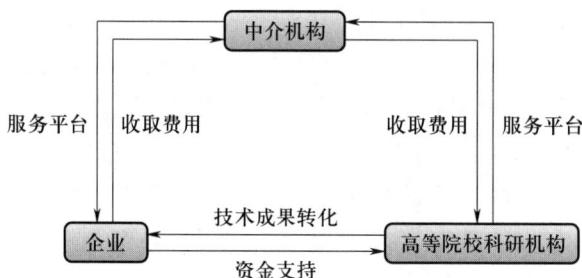

图 6−3　知识产权运营主体之间的联系

6.2.2　知识产权运营客体

知识产权类型包括专利、商标、著作权、商业秘密、集成电路布图设计、地理标志、植物新品种等。知识产权运营客体，即知识产权运营的具体对象，包括专利、商标、著作权、集成电路布图设计、地理标志等。

从数量来看，根据国家知识产权局发布的《国家知识产权局 2022 年度报告》，专利方面，2021 年授权发明专利 79.8 万件，同比增长 14.7%。其中国内发明专利授权 69.6 万件，占总量的 87.1%。每万人口高价值发明专利拥有量 9.4 件，较上年提高 1.9 件。截至 2022 年底，有效发明专利拥有量是 421.2 万件，同比增长 17.1%。商标方面，2022 年，我国商标注册申请量 751.6 万件，商标注册量为 617.7 万件，同比减少 20.2%；截至 2022 年底，有效注册商标量达到 4 267.2 万件，同比增长 14.6%；2022 年，中国申请人提交马德里商标国际注册申请 5 827 件，累计有效量达 5.2 万件。著作权方面，作品、计算机软件著作权登记量分别超过 451.7 万件、183.5 万件。

仅从知识产权数量来看，毫无疑问中国是知识产权大国，但离知识产权强国还有很长一段路要走，这也是实施知识产权运营的重要原因。在世界知识产权组织发布的《2022 年全球创新指数报告》中，中国排名位居全球第 11 位，连续 9 年稳步提升。

6.2.3　知识产权运营环境

经济发展离不开良好的外部环境，知识产权运营的发展也同样需要良好的知识产权运营环境。下面从政府、社会和企业三个角度阐述知识产权运营所涉及的外部环境。

1. 政府

政府方面，包括法律、制度和政策等环境。

（1）法律环境。在知识产权运营过程中，由于信息不对称等原因，存在逆向选择和道德风险，所以需要立法机关制定清楚明晰的法律法规来保障知识产权运营的顺利开展。如在知识产权许可和转让过程中，需要相关法律的约束来消除交易过程中可能发生的交易风险，同样在进行知识产权质押融资和担保等业务时也需要相关法律的支持。

（2）制度环境。知识产权制度是智力成果所有人在一定的期限内依法对其智力成果享有独占权，并受到保护的法律制度，属于法律环境的一种。没有权利人的许可，任何人都不得擅自使用其智力成果。知识产权运营也应遵循知识产权制度，不得侵犯他人合法的智力成果。中国在制度环境方面的主要工作包括建立了统一的知识产权登记制度，针对风险控制、资产评估与处置、知识产权管理等完善了相应的制度等，为知识产权运营提供了规范、统一的制度环境。

（3）政策环境。政策是经济发展的导向，而知识产权政策也影响了知识产权运营的发展，从《国家知识产权战略纲要》中提出"促进知识产权创造和运用"开始，到 2016 年，连续 8 年制定国家知识产权战略实施推进计划，明确建立全国知识产权运营公共服务平台，再到 2021 年先后印发的《知识产权强国建设纲要（2021—2035 年）》《"十四五"国家知识产权保护和运用规划》，强调到 2025 年，知识产权强国建设阶段性目标任务如期完成，知识产权领域治理能力和治理水平显著提高，知识产权事业实现高质量发展。知识产权运营的政策环境正在逐渐完善。总体来看，政府在法律制定、制度构建和政策护航等方面为知识产权运营提供了有利的政策环境。

2. 社会

社会方面，包括意识形态和市场等环境。

（1）意识形态环境。随着市场经济的发展和知识产权相关法律的普及，全社会对知识产权的法律法规已经有了较为全面的认识。最高人民法院 2023 年 3 月发布的《最高人民法院知识产权案件年度报告（2022）》显示，最高人民法院知识产权审判庭受理的各类知识产权案件数量持续增长。2022 年全年共新收技术类知识产权和垄断案件 4 405 件，比 2021 年增加 70 件。这说明随着中国知识产权保护力度的不断加大，有利于在全社会树立维护知识产权的法律意识，从而净化知识产权运营的意识形态环境。

（2）市场环境。自 2015 年以来，国家知识产权局同财政部以市场化方式开展知识产权运营服务试点，确立了在北京建设全国知识产权运营公共服务平台，在西安、珠海建设两大特色试点平台，并通过股权投资重点扶持 20 家知识产权运营机构，示范带动全国知识产权运营服务机构快速发展，初步形成了"1+2+20+N"的知识产权运营服务体系。这标志着中国知识产权运营市场开始走向规范标准的发展道路。

3. 企业

企业方面，包括人力环境和企业战略等环境。

（1）人力环境，知识产权的运营需要通过人来实现，人在运营过程中起到至关重要的作用，所以对人力的要求比较高。例如在进行知识产权投融资时，需要具备专业知识、熟悉投融资模式并有一定法律基础的复合型人才，以推动知识产权运营的发展。企业在引进人才或者培养人才时要有针对性的加大对复合型人才的培养及投入，从而为企业知识产权运营储备一批专业能力强和富有前瞻性的知识产权运营人才，完善企业知识产权运营的人力环境。

（2）企业战略环境。知识产权是企业之间竞争的有力武器，其发挥的价值效应难以估量，因此，企业应把知识产权提升到战略高度，通过知识产权赢得市场竞争优势并谋求自身的最佳经济收益。企业发展需要战略支持，而战略制定需要知识产权支撑。企业在以知识产权为核心的支撑下形成企业专利战略、企业著作权战略、企业商标战略、企业知识产权资本运营战略等企业知识产权战略，为企业战略环境奠定基础。

现阶段，中国的知识产权运营初步形成了以企业、高等院校、科研机构、政府和中介机构为主的知识产权运营主体，拥有庞大的以专利、商标和著作权为主的知识产权运营客体，以法律环境、制度环境、政策环境、意识形态环境、市场环境、人力环境和企业战略环境为主的知识产权运营环境。中国知识产权运营的核心要素在不断完善和发展，中国的知识产权运营也会不断向前进步。

6.3　知识产权运营的内容

知识产权运营的内容主要包括知识产权战略制定、知识产权管理、知识产权商品化、知识产权商业化和知识产权资本化。

1. 知识产权战略制定

知识产权战略是一个企业关于知识产权工作的目标、管理机制、实现路径等制定的总体规划。企业的知识产权战略是知识产权运营的根本遵循。知识产权战略的制定需分析企业面临的竞争形势、产业所处的政策和市场环境，结合自身情况，明确知识产权工作的目标、机构设置、管理策略和实现路径。知识产权战略的作用分为防御型、进攻型和攻防兼备型，企业应在知识产权战略目标中进行明确。

2. 知识产权管理

知识产权管理可以分为宏观和微观两个方面。宏观方面，知识产权管理是我国政府为保证知识产权法律制度的贯彻实施、维护知识产权权利人的合法权益而进行的行政及司法活动，以及知识产权权利人为使其合法拥有的知识产权发挥经济效益和社会效益而采取相应措施等一系列经营活动。微观方面，知识产权管理是各类创新主体围绕其组织层面制定的知识产权战略，对人员、知识产权等要素进行有机地组织协调、评价考核等行为。知识产权管理是知识产权运营的重要组成部分，也是知识产权运营的基础。知识产权的布局、产生、实施及维权均与知识产权管理相关联。随着互联网及信息技术的不断发展，企业、高等院校及科研机构应加强知识产权的信息管理，建立知识产权数据库，及时了解并跟踪国内外知识产权动态，提高自身知识产权运用能力，将知识产权转化为有形财富，推动知识经济社会的不断发展。

3. 知识产权商品化

知识产权商品化是通过生产行为将知识产权转变为对应的商品，使其可以被销售的过程。对专利而言，是将发明、实用新型、外观设计等技术方案或设计生产为产品的过程。对著作权而言，是将著作变为可供大众接受的形式，例如，纸媒出版、网络发布、拍摄视频等过程。知识产权商品化是知识产权运营最原始的形式，也是最常见的形式。这是实现其价值的基础，如果无法商品化，那么商业化、资本化等运营方式都将无从谈起。

4. 知识产权商业化

知识产权商业化是通过市场化的行为最大限度地发挥知识产权价值以获得财产收益的商业行为。知识产权商业化是以营利为目的，通过知识产权转让、许可、质押等知识产权运营模式实现知识产权的商业价值。知识产权商业化的发展不仅有利于企业将其自身知识产权变现，产生经济效益，而且可以通过知识产权商业化布局，突破竞争对手的技术垄断，整合产业技术资源，增强企业核心竞争力。知识产权商业化可以盘活我国知识产权存量，为我国经济的转型升级注入新活力，提高知识产权的经济效益及商业价值。

5. 知识产权资本化

知识产权资本化是充分利用知识产权，实现知识产权价值与资本的转换，极大地推动知识产权资产的流通与利用。知识产权资本化的典型代表是知识产权投融资。知识产权投资是指知识产权权利人依法将其持有的知识产权投资入股，以获得相应股权的行为。而知识产权融资则是指知识产权权利人依法将其持有的知识产权采用质押等方式，以获取现金流的行为，包括向银行贷款或发行债券。政府层面，相继发布《关于进一步推动知识产权金融服务工作的意见》《关于进一步加强知识产权质押融资工作的通知》等政策，有力地推动知识产权与金融市场相融合，促进知识产权资本化不断发展，从而发挥知识产权运营对实体经济的支撑作用。

6.4 中国知识产权运营的发展情况

6.4.1 专利权发展情况

根据国家知识产权局公布的统计年报,1985—2022 年,中国累计受理专利申请 4 992.19 万件,其中发明专利 1 672.27 万件,实用新型 2 285.96 万件,外观设计 1 033.96 万件;累计授权专利 3 164.03 万件,其中发明专利 564.49 万件,实用新型 1 820.88 万件,外观设计 778.66 万件。按年度来看,2011—2022 年间,中国专利申请量和授权量呈现逐年递增的趋势,如图 6-4 所示。只有在 2014 年出现微弱的下降。这是因为 2014 年国家出台政策,开始向发明专利倾斜。之后,连续 8 年,我国受理发明专利申请量居世界首位。申请量和授权量的持续增长作为一种数量支撑为我国知识产权运营创造了良好的发展前景。2022 年专利申请量相比 2021 年增长了 12.1 万件,但专利授权量出现了明显下降。这是因为实用新型专利授权量存在明显下滑,可见国家越来越重视专利的质量,更关注专利的创造性,可以预见实用新型与外观设计专利的授权量未来可能持续下滑。

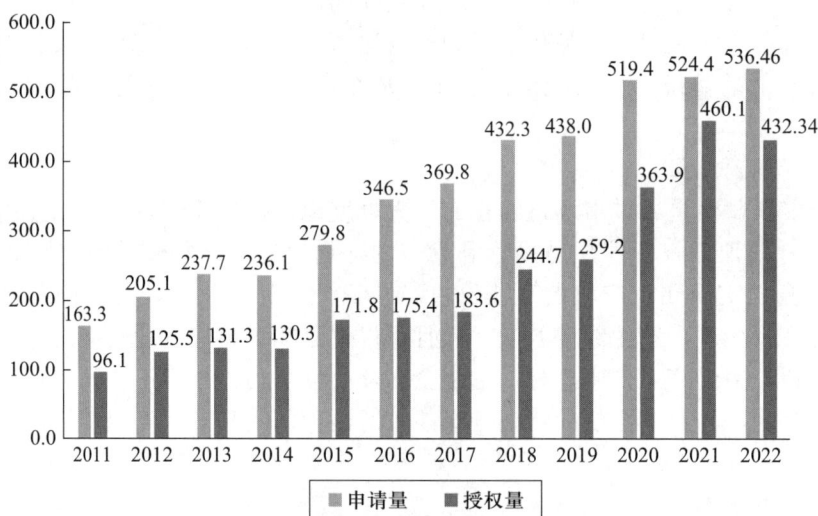

图 6-4 2011—2022 年中国专利申请量和授权量统计图(单位:万件)

随着国家政策的影响和权利人专利意识的提升,我国专利的质量正在逐渐提高。在我国的专利制度中,只有发明专利需要通过实质审查,所以某种程度上发明专利的数量可以反映我国专利质量的整体水平。

从图 6-5 可以看出,中国发明专利申请量在 2019 年首次出现了下降,申请量为 140.1 万件,相比 2018 年,下降了 10.8%。这主要是由于中国开展了整体监管转型,优化申请结构,提高申请质量。在优化专利申请结构和提升专利申请质量方面,国家知识产权局通过设立保护中心、优先审查等措施对重点产业关键领域给予审查政策倾斜，同时还在突出专利统计指标体系的质量导向、规范地方专利资助奖励政策、动态监测全国专利申请质量、打击无资质专利代理等方面开展了一系列工作。这些举措有效促进了市场主体规范专利申请行为，进一步优化我国专利申请结构。

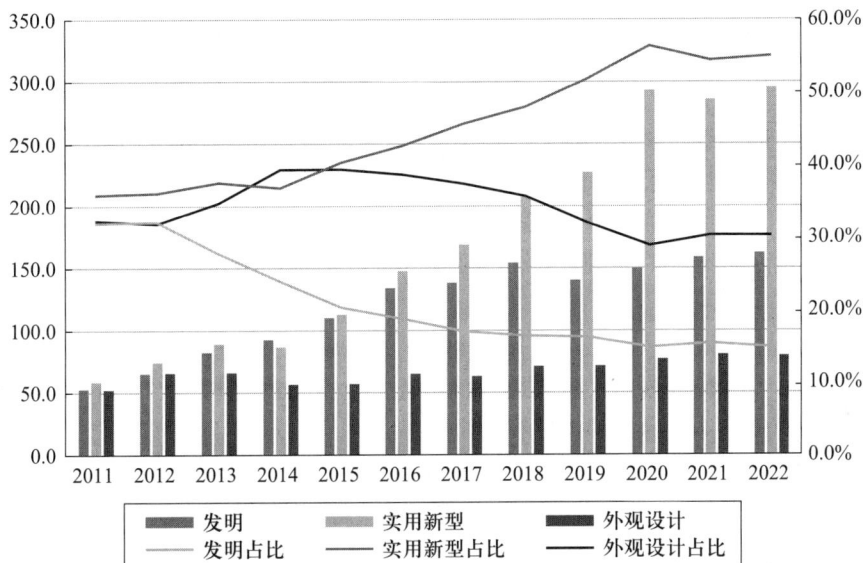

图 6-5 2011—2022 年中国各类专利申请量和占比统计图

能创造价值的专利才有意义。在专利运营方面，根据《2022 年中国专利调查报告》，我国国内有效专利产业化率呈稳步上升趋势，由 2018 年的 36.3% 提高至 2022 年的 45%。从专利权人来看，企业专利产业化率最高，为 49.3%；科研单位其次，为 14.3%；高等院校最低，仅有 3.5%。从专利类型来看，外观设计专利产业化率最高，为 58.7%；实用新型专利其次，为 44.9%；发明专利产业化率为 36.7%。从发明专利情况来看，我国发明专利产业化率近年来呈现稳步上升态势，2022 年为 36.7%，比 2021 年提高 1.3 个百分点。其中，中型企业的发明专利产业化率最高，为 55.4%；大型企业的发明专利产业化率，为 50.9%；国家高新技术企业发明专利产业化率达到 56.1%，显著高出其他企业近 25 个百分点。

从有效专利许可率来看，2017 年以来，我国有效专利许可率呈波动上升趋势。2017 年我国有效专利许可率为 6.8%，2018 年降至 5.5%，随后两年有所回升，分别是 6.1% 和 6.3%，2021 年下降至 5.3%，为近年来最低水平，2022 年升至 9.5%。从不同专利权人来看，如图 6-6 所示，2017—2021 年企业有效专利许可率总体呈下降态势，2017 年为 7.2%，2018 年降至 6.1%，随后两年稳中有升，2021 年降至 5.1%，为近五年最低水平，但在 2022 年迎来最大涨幅，增长了 4.8 个百分点。高等院校有效专利许可率近年则有较快提升，2021 年达到 7.0%，较 2017 年提高 4.5 个百分点，但 2022 年略有回落，为 6.5%。2022 年科研单位有效专利许可率为 5.3%，略低于 2021 年的水平。

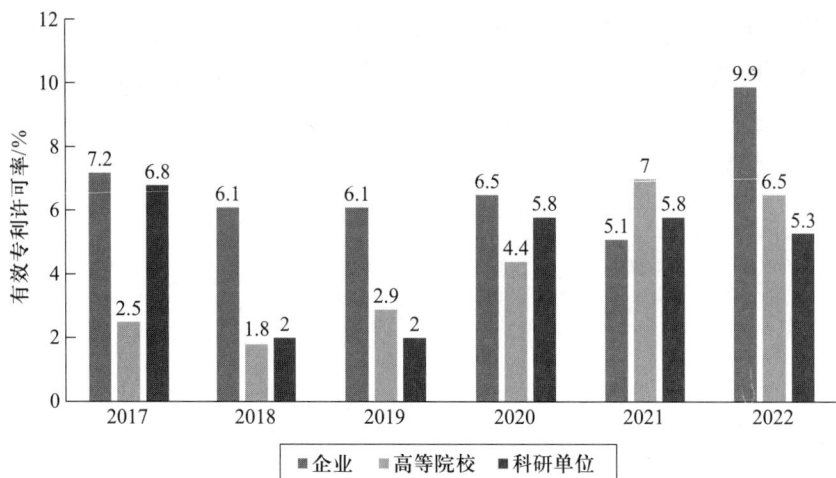

图 6-6　2017—2022 年不同专利权人有效专利许可率

6.4.2　商标权发展情况

随着我国经济的转型升级、商事登记制度的改革创新，市场主体自主创新活力不断增强，自主品牌意识不断提升，我国商标申请量和注册量持续快速增长。尤其是 2018 年，我国商标注册量出现井喷式增长，如图 6-7 所示。这与知识产权产权局商标局提出的"大幅缩短商标注册审查周期"的改革任务紧密相关。随着商标注册申请数量的快速增长，商标审查效率无法适应商标注册申请量飞速发展的需要，导致商标注册申请大量积压。因此，商标局以"大幅缩短商标注册审查周期"为目标，持续提升商标审查效率和质量，2018 年商标注册平均审查周期缩短至 6 个月以内，2023 年缩短至 4 个月，远远低于规定的 9 个月的审查期限，加快了商标审查进度。但受疫情及全球经济下滑等多种因素影响，2022 年的经济活力明显下降，再加上国家知识产权局商标局对《商品法》第四条第一款"不以使用

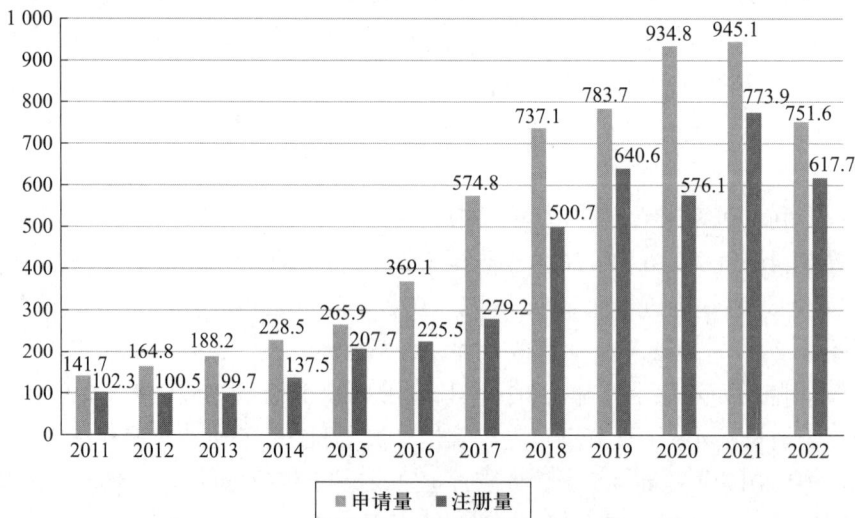

图 6-7　2011—2022 年中国商标申请和注册数量统计图

为目的的恶意商标注册申请，应当予以驳回"的放量性适用，限制了申请人提交商标申请的数量，从而导致了 2022 年商标申请数量的大幅下降。相比 2021 年，2022 年我国商标新申请总体数量下降了近 200 万件。

商标申请和注册数量增多，为商标运营打下了坚实的基础。以商标质押融资为例，我国商标质押融资工作在全国范围内广泛推行，融资规模不断扩大，融资金额逐年攀升，一定程度上缓解了中小微企业"融资难、融资贵"的难题，对实现商标价值、服务中小微企业、助力创新发展起到了重要作用。根据《浙江省商标品牌发展报告（2020 年）》，2020 年，浙江省商标质押登记数连续五年位居全国第一，为企业融资共计 200.54 亿元，同比增长 120.92%，融资额居全国第一，占全国融资总额近三分之一，拓宽了企业的融资渠道，畅通了经济高质量发展的"血脉"。

6.4.3　中国知识产权运营存在的问题

1. 知识产权运营环境欠佳

虽然当前我国知识产权数量处于前列，但是与瑞士等国家相比，我国知识产权环境仍然不理想。尽管已经有了相对有力的法律法规等制度，但研发投入强度等市场环境和知识产权意识等文化环境还亟待优化。

2. 专业性人才缺乏

知识产权服务是个系统性、复杂性、综合性的工作，对人才的要求是以复合型人才为主，涉及法律、技术、经济、市场等多个专业，而且人才培养的周期长、难度大，需要建立持续的培养机制，才能培养出专业、合格的技术型人才。当前，我国专业性人才严重缺乏，从事知识产权服务工作的人员多数以专利申报服务为主，缺乏对专利产业链的深度研究，而专业人才的缺乏将影响整个产业的发展。

3. 高质量专利技术不足

高质量专利是促进技术进步的基石，从有效专利产业化率来看，2021 年为 44.6%，2022 年为 45%，不足 50%。尤其是高等院校的有效专利产业化率长期停留在 3.0% 左右，大部分的专利都无法进行运营。可见，专利申报与市场需求存在严重脱节，专利成果转化严重滞后。

【本章重要专业词汇】

知识产权运营—Intellectual Property Operation

知识产权运营主体—Subject of Intellectual Property Operation

知识产权运营客体—Object of Intellectual Property Operation

知识产权运营环境—Intellectual Property Operating Environment

知识产权战略—Intellectual Property Strategy

知识产权管理—Intellectual Property Management

【本章小结】

1. 知识产权运营指以实现知识产权经济价值为直接目的的、促成知识产权流通和利用的商业活动行为。

2. 知识产权运营主体、知识产权运营客体和知识产权运营环境共同组成了知识产权运营的核心要素。

3. 知识产权运营内容包括知识产权战略制定、知识产权管理、知识产权商品化、知识产权商业化和知识产权资本化等。

【思考题】

1. 如何理解知识产权运营的内容？
2. 如何理解知识产权运营主体和运营客体的区别和联系？
3. 如何理解知识产权运营的意义？

即测即评

【案例作业】

新技术发展对知识产权制度的挑战

新技术新业态提出了对知识产权制度变革的新需求，然而，我国当前的知识产权制度在适应此变革方面存在一定的滞后性。新技术不断涌现推动知识产权保护客体的范围发生深刻变革，一些重大原创性突破正在开辟新方向，颠覆性技术创新正在催生新业态，而知识产权保护的客体范围也需要对科技创新的新内容做出快速反应。在 5G 的主要应用场景中，虚拟现实（VR）技术借助 5G 已经广泛运用于游戏、教育、旅游、医疗等产业，但对于 VR 空间中产生的创新成果应如何保护的争议很大，特别是在可版权性问题方面。"大数据"本身不具有独创性，不受《著作权法》保护，但对"大数据"的内容进行独创性的选择或编排后，在"数据存储和管理""处理和分析的数据形成成果之后进行数据的应用"这两方面内容实施了著作权保护，并通过专利、商标、不正当竞争和商业秘密等对大数据的其他环节进行了保护。但目前仍有大量数据不在知识产权保护的范围之内，围绕大数据的所有权，不断引发数据隐私、数据安全及数据权属等问题。此外，人工智能生成内容的出现，对版权制度的冲击是系统性的，涉及版权的客体、主体、权利属性、权利责任的归属等一系列问题。

对国际知识产权规范的适应问题及对规则制定话语权的争夺已经进入白热化。知识产权规则作为现代国际经贸体系中的重要组成部分，是发达国家在国际分工取得控制地位的核心要素。发展中国家要实现在国际分工阶梯中的攀升，就必须在知识产权国际规则制定中占据主动。发达国家持续推进知识产权规则的升级，对崛起中的中国既是机遇，也是挑战。因此，我国在适应国际知识产权规则、主动参与新一轮知识产权国际规则制定中还面临着诸多挑战。为此，必须把握好当前国际知识产权规则重构的机遇，有效化解可能的挑战，做知识产权规则制定的积极有为者。2021年，中国正式申请加入《数字经济伙伴关系协定》（DEPA），这既是中国进一步深化国内改革和扩大高水平对外开放的需要，也有助于中国在新发展格局下与世界各国加强数字经济领域合作，为参与相关领域知识产权规则的制定和完善提供了契机。

资料来源：中国发展研究基金会．面向未来的知识产权制度：大变局下的中国知识产权保护与发展．2022年1月．有修改．

案例讨论：

1. 谈谈新技术发展给我国知识产权运营带来了哪些挑战和机遇。
2. 我国应该如何应对新技术发展给知识产权运营带来的挑战。

第七章 知识产权价值评估

开篇案例 《赤道》电影放映权价值评估

电影《赤道》是由中韩两地明星主演的动作大片，于 2015 年 4 月 30 日全国上映。版权方（在我国一般是制片方）为估算该部电影在国内院线将获得的放映权价值收益，特进行评估。

评估方法：采用收益法中的许可费节省法，评估模型如下：

$$V = \sum_{t=1}^{n} \frac{K \times Pt}{(1+r)^t}$$

式中，V 为电影的放映权价值；Pt 为日均票房收入；K 为许可费用率；n 为收益期限；r 为折现率。

（1）日均票房预测。参考类似电影往年同档期的平均放映场次，预测该电影票房收入为 47 204.57 万元；扣除电影专项资金 5%和营业税 3.3%后为 43 286.59 万元；估计影片的放映时间为 40 天。那么《赤道》的日均票房收益 $Pt = 43\,286.59/40 = 1\,082.16$（万元）。

（2）许可费用率。目前在我国相当于制片方与院线的电影票房分账比例。除去各项分账和费用，制片方可获得的票房分账比例一般在 35%～43%。参考美国电影版权行业平均许可费用率 40%，和我国电影票房实际分账水平相近。因此，此次评估确定的许可费用率 $K = 40\%$。

（3）折现率。此次评估采用折现率＝无风险报酬率＋风险报酬率＋个别风险调整。无风险报酬率定为一年银行定期存款率 3%；风险报酬率采用 2010—2013 年华谊兄弟的风险报酬率 6.09%；个别风险调整定为 5%。故折现率＝3%＋6.09%＋5%＝14.09%；对应的日折现率 $r = (1+14.09\%)^{(1/365)} - 1 = 0.036\%$。

评估结果：将上述确定参数代入许可费节省法评估模型，计算得出电影《赤道》的影院放映权价值约为 17 188.87 万元。

资料来源：肖延高，范晓波，万小丽，等. 知识产权管理：理论与实践［M］. 2 版. 北京：科学出版社，2021.

7.1 知识产权价值评估概述

知识产权价值评估是知识产权运营系统中的关键环节。知识产权价值评估是指确定知识产权现在的价值和通过未来的使用所得到的价值，由评估机构考虑相关因素并依据一定的计算方法对知识产权价值所作的评价、估计或预测。由中国资产评估协会制定的《知识产权资产评估指南》提出了知识产权价值评估的五大应用场景：转让或许可使用（知识产权交易）、出资（作价入股）、诉讼（侵权赔偿）、质押（投融资）、财务报告。由于知识产权具有无形性、期限性、差异性、不稳定性、价值不确定性等诸多特性，影响知识产权的主客观因素也非常多，导致知识产权价值评估成为世界性难题。目前，知识产权价值评估的基本方法包括成本法、市场法和收益法，这是沿用传统的无形资产价值评估方法。此外，基于知识产权的特性，理论界和实务界研发了很多新型评估方法，如实物期权法、价值的收益区分法、利润的价值分割法等。由于不同类型的知识产权存在较大差异，价值评估目的和背景也各不相同，评估一项具体的知识产权价值时应该选择一种或多种适当的评估方法，以确保评估结果的相对准确性。

7.1.1 知识产权价值评估的意义

知识产权价值评估是一项基础而又复杂的工作。在知识产权交易中如何确定知识产权的对价，知识产权质押贷款数额如何确定，知识产权参股股份如何计算，以及在遭受知识产权侵权损害后如何核算损害赔偿额，这些疑难问题的出现归根结底是知识产权的价值难以确定。即便如此，相对科学、准确的知识产权价值评估，仍然是企业进行知识产权运营，甚至制定知识产权战略的重要依据，是知识产权实现经济价值不可或缺的环节，具有重要意义。

首先，知识产权价值评估有利于企业认识知识产权的真实价值，避免资产流失。例如，广东某饼干厂转让其商标时未进行商标价值评估，因此，商标转让未能获得任何收益。相反，浙江某企业转让其商标时，连同其 19 项专利，共估值 1 000 万元，获利颇丰。其次，知识产权价值评估可以促进知识产权交易，给交易双方提供可谈判的基础。如果没有第三方出具比较客观的价值评估结果，交易过程中一方漫天要价，或一方故意压价，则交易很难完成。再次，在非交易情况下，如质押、侵权赔偿，进行知识产权价值评估更能维护权利人的利益，使知识产权实现其应有的价值。最后，知识产权价值评估还能为企业投资发展提供战略依据，获得更好的市场效益。

> **案例 陶氏化学公司评估专利资产，有效降低维权成本**

7.1.2 知识产权价值评估的基本方法

知识产权是企业非常重要的一类无形资产。知识产权价值评估沿用传统的无形资产价值评估方法，如成本法、市场法和收益法三种基本方法。但知识产权有诸多特性，如期限性——知识产权保护通常具有时间限制；差异性——不同类型知识产权的保护客体差异很大，包括作品、技术方案、设计、标志、有价值的信息等；不稳定性——知识产权本身的法律效力不稳定，尤其是专利，被无效的可能性比较大，一旦无效即不存在价值；价值不确定性——知识产权价值是相对的，由于各项因素的影响，知识产权价值在不同时段浮动很大。因此，理论界和实务界针对知识产权的特性创设出许多新的评估方法，如实物期权法、减少价值法、价值的收益区分法、利润的价值分割法、价值的资产使用返还法等。甚至还针对不同的情形创设了特殊情况下专门的评估方法，如重要规则法、技术因素排列技巧法、VALCALC 分析法、品牌价值平等法、VALMARIX 分析法等。

以下将对成本法、市场法和收益法三种基本方法进行介绍。

1. 成本法

成本法是以重新建造或购置与被评估资产具有相同用途和功效的资产所需要的成本作为计价标准。成本法又具体分为历史成本法和重置成本法两种。历史成本法是指用历史成本并按照合理使用期限进行适当折旧来评估资产。重置成本法是指按当前的价格计算复制现有资产所需的成本。成本法的基本思路是重置原则，以重新开发或者购买专利技术所需的投入作为重置成本，然后扣除其贬值因素来确定知识产权的价值。用成本法评估的资产价值等于被评估资产的重置成本减去功能性贬值以及经济性贬值。其计算公式为：

$$被评估资产价值 = 被评估资产的重置成本 - 功能性贬值 - 经济性贬值$$

其中，被评估资产的重置成本是现时的条件和价格标准下按照过去开发该资产或相同用途资产所消耗的人力、物力、资金量、检验要求及活动宣传等进行计算。功能性贬值是指选用一个与被评估资产相适应的参照物，将被评估资产与应用参照物相比较，按成本、销售及利润总和分析，计算被评估资产与参照物之间的成本增加值或利润减少值，该值即被视为被评估资产的功能性贬值。经济性贬值是由国家宏观经济政策及市场环境因素变化所造成的被评估资产价值的减少。

成本法通常用于专利和商标的价值评估。如在专利技术评估中，成本法是以摊销为目的的专利技术评估方法，这种方法多用在收益额无法预测和市场无法比较情况下的技术转让，它的准确性较高。但是这种方法的起始点是对一种专利技术商品重置成本的估计，其方法是考察历史成本及趋势，并折成现值表示出来的，它没有考虑市场需求，不考虑与专利技术相关的产品的市场及经济效益的信息，因此缺乏对影响专利技术商品价值的市场因素及效益因素的考察。此外，企业开发专利的目的是获取垄断利润，不会只以研发申请成本作为交易价格，所以用成本法获得的评估结果往往会低于专利技术的真实价值。因此，成本法不能很好地反映知识产权在使用中带来的经济价值。但是，成本法所评估的价值至少可以看作知识产权在获权初期或未进入市场未获得收益之时的最小价值。

2. 市场法

市场法是参照相似资产的市场价格进行评估。该方法适用的前提是存在一个活跃的公开的市场，能够找到相似资产及其交易的详细信息。在这种情况下，市场法将是最简单、最直接的资产评估方法。其计算公式为：

$$被评估资产的价值 = 参照物的市场成交价格 \pm 各项价值因素差异的修正值$$

运用市场法进行评估时，所选取的参照物与被评估知识产权资产应满足形式相似、功能相似、载体相似以及交易条件相似等条件。形式相似是指参照物类型需与被评估知识产权类型一致，即同属专利、商标或者其他知识产权形式。功能相似指参照物与被评估知识产权具有基本一致的功能，例如，都是能够分析材料具体成分的仪器。载体相似是指参照物以及被评估知识产权所附着的产品或服务属于同一种类型，所附属的企业、行业和规模也基本一致。交易条件相似是指参照物与被评估知识产权的成交条件在外部经济环境等宏观层面，交易对象类型等微观层面都比较接近。

2022 年我国知识产权市场需求不断增加，流转活跃程度明显提升，但是，知识产权交易市场并不活跃，交易信息地获取十分困难；而且不同类型的知识产权之间，甚至相同类型的知识产权之间的差异非常大，并不具有可比性。因此，市场法并非知识产权价值评估的优选方法。

3. 收益法

收益法又称收益现值法、利润预测法，是估测资产未来的预期收益并以适当的折现率折算成现值，借以确定其价值的一种评估方法。该方法包括三个要素：预期收益、折现率和收益期限，其计算公式如下：

$$资产评估值 = \sum_{i=1}^{n} \frac{预期收益}{(1 + 折现率)^i}$$

其中，i 为未来某个收益年，n 为收益期限。

该公式主要涉及三个基本参数，一是被评估资产的预期收益；二是折现率或资本化率；三是被评估资产取得预期收益的持续时间。因此，能否清晰地把握这三个参数就成为能否应用收益法进行评估的基本前提。从这个意义来看，运用收益法必须具备的前提条件是：被评估资产的未来预期收益可以预测并可以用货币的形式来衡量，资产拥有者获得预期收益所承担的风险也可以预测并可以用货币来衡量以及被评估资产预期获利年限可以预测。

收益法是资产评估中应用最广泛的一种方法，也被认为是知识产权价值评估最适当的方法，因为这种方法与通常对知识产权价值的理解（实际上是知识产权交易价值）一致。在交易过程中，买卖双方更看重知识产权未来能够产生的经济利益。但是，预期收益存在极大的不确定性，应当考虑哪些因素，应该如何估测，又成为收益法需要解决的难题。预期收益通常有三种计算方式：① 节省的许可费，即权利人因拥有知识产权而不需要支付的许可费；② 增加的收益，即产品有知识产权比没有知识产权多获得的收益；③ 超额利润，即扣除其他资产对整体利润的贡献，剩余的便是知识产权带来的超额利润（或者直接计算一定的利润分成）。

> 案例　收益法评估知识产权价值案例

7.1.3　知识产权价值评估的原则

知识产权作为一种特殊的无形资产，其价值评估除了遵循一般资产评估的原则，即真实性、科学性、可行性原则，还应该遵循如下特有的原则。① 替代性原则。知识产权价值主要源于其垄断性，如果市场上出现了可以替代的类似资产，那么交易中的知识产权的价值就会受到影响。② 预期收益原则。知识产权价值主要在于其预期收益，因此评估时重在预测未来的收益，而非局限于现实状况。③ 变化性原则。知识产权价值受诸多主客观因素的影响，主观因素包括当事方经营状况、对知识产权的认识和预期、评估者的认识等；客观因素包括宏观经济状况、知识产权保护环境、知识产权本身的状况、知识产权的运用前景等。这些因素的不断变化，导致知识产权价值处于动态变化之中，因此，知识产权价值评估是某一时间点的评估，评估结果是相对的。④ 一致性原则。知识产权价值评估要考虑很多关联因素、变量，这些关联因素与变量之间要存在合理的一致性，否则就会影响评估结果的科学性、准确性。⑤ 供求原则。知识产权评估需要遵循供求规律，即在其他条件不变的前提下，供求关系对商品价格的影响。知识产权的供求关系会随着市场变化而变化，评估价值也随之发生变化。

7.1.4 知识产权价值评估的一般过程

1. 确定评估对象

知识产权评估是指由资产评估专业机构和人员对特定的知识产权某一时点的价值进行评定和估算的过程。在这一过程中，首先需要回答的问题便是"要评估什么？"。确定知识产权评估的对象是第一步。从知识产权的内涵来看，知识产权包含许多不同的分类。对不同类型的知识产权可能会采取不同的评估方法及评估程序，所以，接下来需要确定待评估资产的类别属性。一般来说，常见的知识产权价值评估类型包括以下几种：专利权价值评估、非专利技术价值评估、商标权价值评估、软件著作权价值评估、版权价值评估、特许经营权价值评估。知识产权评估对象的多样性还体现在不同行业与知识产权类型的多样性结合中。如 IT 行业的知识产权评估对象主要是软件著作权；餐饮业的知识产权评估对象主要包括商标权、字号和名称权。

2. 分析待评估知识产权的主要特征

分析待评估知识产权的主要特征事实上是解答"被评估的知识产权是什么样的？"这一问题。在确定待评估知识产权的类型之后，需要对该类型知识产权的主要特征进行分析。不同的知识产权类型，不仅在本身特性上有所差别，而且其承载的客体也呈现出不同特性，因此，评估时需要考虑不同知识产权类型量化评估的影响因素。知识产权具有价值和使用价值，从开发到投入实施再到给企业带来效益这一过程比较复杂，并且具有一定的风险性。除了知识产权自身的内在特性影响其价值外，还有许多外在因素也会对其价值产生影响。总的来说，知识产权价值的影响因素主要包括法律因素、技术因素、经济因素和风险因素四个方面。尽管这些因素是影响各种类型知识产权价值的主要方面，但不同类型的知识产权，在权利特征方面也表现出很大的差异性。例如，将专利资产作为待评估对象时，技术特征将是评估师们需要重点分析考察的对象；如果将版权为待评估对象，评估师们则需要更加关注影响版权的经济因素，毕竟版权的总体价值受市场的影响较大。

3. 确定评估目的

确定评估目的就是要考虑为什么要进行知识产权评估？这是进行评估方法选择的基础。知识产权评估，因评估目的不同，所选择的价值类型、采用的评估方法和得出的评估结果也不同。如知识产权转让、投资、股份制改造中的知识产权作价，企业合资合作中的知识产权计价，企业资产重组，贷款质押，法律诉讼涉及的知识产权定价等，因评估目的不同，评估结果便也有所不同。

4. 选择评估方法

评估知识产权比评估一般资产更加复杂，因此，方法选择将直接决定评估结果的科学性和可信度。根据国内外评估惯例，对知识产权评估的传统方法主要有成本法、市场法和收益法三种，这三种方法也是实际操作中较为常用的评估方法。除此之外，还有许多其他的方法可供选择，如实物期权法、经验法则法等。具体操作中，评估师应根据知识产权的特点、评估目的、市场环境以及资料收集情况，选用与之相匹配的评估方法。在条件允许的情况下采用两种以上的评估方法，不同程度的考虑不同评估方法的结果，使评估结果更具科学性。

5. 确定评估参数

对知识产权进行评估时，无论选择哪种评估方法，都有可能涉及评估参数的问题。确定评估参数的取值是决定评估结果的重要步骤，很多敏感性参数的取值会对评估的最终结果产生很大影响。例如，成本法中贬值率的计算、收益法中的折现率和分成率等，都会对评估结果产生很大影响。因此，评估时必须在科学的计算下合理选择评估方法中的各项参数，必要时，还可以利用敏感性参数的调整分析确定影响评估结果的主要因素。

6. 出具评估报告

评估报告，一般是指评估师根据相关评估准则的要求，在履行必要评估程序后，对评估对象在评估基准日特定目的下的价值发表的，由其所在评估机构出具的书面专业意见。评估报告正文应当包括以下内容：① 委托方、知识产权权利人和委托方以外的其他评估报告使用者；② 评估对象和评估范围；③ 价值类型及其定义；④ 评估目的；⑤ 评估基准日；⑥ 评估依据；⑦ 评估方法；⑧ 评估程序实施过程和情况；⑨ 评估假设；⑩ 评估结论；⑪ 特别事项说明；⑫ 评估报告使用限制说明；⑬ 评估报告日；⑭ 注册资产评估师签字盖章、评估机构盖章和法定代表人或者合伙人签字。

7.2 专利价值评估

专利是知识产权的核心部分，不仅数量大，而且参与企业运营的可能性最大。因此，专利价值评估是知识产权价值评估的核心部分。专利价值评估的方法层出不穷。除了基本的成本法、市场法和收益法，还有实物期权法、指标法、产业法、技术因素法等特殊方法。专利价值评估非常复杂，不可能用一种评估方法解决所有情境下的评估需求，实践中评估师会根据不同的评估背景、价值取向选择适当的一种或几种评估方法。

7.2.1 专利价值概述

专利价值就是专利对于权利主体表现出来的积极意义和有用性。从本质上讲，专利价值体现在专利技术的独占实施使权利主体获得超额利润，即为专利技术的使用价值。但是，随着专利运用的深化，专利行为变得复杂多样，权利主体对专利的价值取向呈现多元化：有的是为了自己实施，有的是为了通过交易直接获取利益，有的是为了获取战略价值，有的是为了个人精神上的满足等。因此，若要准确评估专利价值，首先应该确定评估什么价值。

专利价值可以分为专利的经济价值和专利的非经济价值。专利的经济价值是人们通常认为的价值，是指专利为权利主体带来的经济利益。但是，在我国市场环境下，仍然有为数不少的个人或单位是冲着专利的非经济价值而来的，如为了满足个人的成就感，为了评职称，为了完成任务指标，为了单纯的获奖等。这种非经济价值通常不需要评估，因个体需求而异。专利的经济价值又可以分为直接经济价值和间接经济价值。专利的直接经济价值是指权利主体通过利用专利直接获取的经济利益，例如，权利主体自己通过实施、许可、转让、质押、诉讼等方式直接获取经济利益。这是专利价值实现的主要途径。但是，随着专利战略的深入和推广，权利主体常常利用专利实现很多战略目标，如构筑技术壁垒、阻碍对手发展，增加谈判筹码、防范专利侵权，显示自身实力、吸引外来投资、博得用户好感、提高销售数量等，进而提高权利主体在市场上的竞争优势，并从中获取经济利益。这就是专利的间接经济价值，也可以叫战略价值。战略价值体现在权利主体内部，通常也不需要评估。

专利的直接经济价值是很多企业所追求的价值实现方式，通常可以用货币来测量，也是专利价值评估的主要对象。根据专利所发挥的作用不同，专利的直接经济价值可以分为使用价值、交易价值、清算价值、担保价值和公平价值（如表7-1所示）。① 专利的使用价值，是指专利技术可用于工业生产的价值。② 专利的交易价值，是指专利在交易市场上的价格，也可以叫市场价值，通常表现为专利许可、转让、出资、企业合并收购等交易行为产生的经济利益。③ 专利的清算价值，指专利处于被迫出售、快速变现或其他非正常市场条件为依据判断的资产价值。④ 专利的担保价值，是专利作为财产权为担保债务的履行而可变现的价值。⑤ 专利的公平价值，是指专利遭受侵害时，法院基于公平原则判处侵权人应该赔偿的基本金额，不包括惩罚性赔偿的部分。

表7-1　专利价值的分类与专利行为

专利价值分类			专利行为
经济价值	直接经济价值	使用价值	实施
		交易价值	许可、转让、出资、合并收购
		清算价值	破产清算
		担保价值	质押
		公平价值	侵权赔偿
	间接经济价值	战略价值	进攻、防御、谈判、广告
非经济价值	—	—	提高声誉、评职称、获奖

7.2.2　专利价值评估的基本方法

1. 专利交易价值评估

专利交易，即以专利使用权或所有权为客体的交易，主要体现为专利许可、转让、出资、以获取专利为目的的企业合并收购。专利交易价值最大的特点是以专利使用价值为基础，但受市场因素影响较大。支撑使用价值的是专利的法律特性和技术特性，这是专利的内在特性，也就是专利质量。专利质量决定专利的内在价值，相对比较客观；市场因素决定专利的外在价值，相对比较主观，专利交易价值的决定因素如图7-1所示。

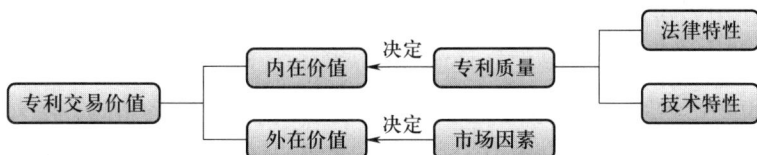

图7-1　专利交易价值的决定因素

法律特性是专利价值存在的前提，尤其是专利的权利归属和法律效力，可以"一票否决"专利的价值。技术特性是专利使用价值的核心，尤其是技术的先进性、可替代性和成熟度，决定专利现在或未来被使用的可能性，对专利价值的形成有重要影响。市场因素包括市场需求、市场占有率、市场竞争力、交易双方的具体情况等，这些因素直接影响专利交易的最终价格。最终价格是交易双方充分博弈的结果，可能偏高或偏低，但始终不会过分偏离专利的内在价值。

就评估方法而言，专利交易价值评估宜采用市场法和收益法。如果存在可参照的类似交易，市场法是最合适的评估方法。比较的因素同样包括专利质量和市场因素，比较越细致、越充分，所得到的评估价格越可靠。但是，目前中国尚无活跃的公开专利交易市场，该方法难以适用。收益法也是不错的选择，因为在专利交易过程中，买卖双方都会预测专利未来可能带来的经济利益，从而进行定价，此方法的关键在于如何估算预期利益。

2. 专利清算价值评估

专利清算价值是企业处于破产等非正常条件下，专利的可变现价值。这种价值不是在公平、自愿的原则下通过谈判实现的，往往远低于市场价值，是比较确定的最低价值。评估时，关键在于分析专利的变现能力，即专利的质量状况和市场的接受程度。评估专利清算价值在于确定专利的最低价值，以保障债权人的利益，因此建议采用"重置成本+浮动价格"的评估模式。专利的重置成本通常被认为是专利的最低价值，但是专利的实际价值可能高于或低于成本，因此应该在重置成本的基础上予以浮动，其依据是专利实际运用的状况或假定市场环境下的预期收益。

3. 专利担保价值评估

专利担保价值在专利权人和银行之间存在市场价值和清算价值的分歧。如果以市场价值作为担保价值，由于专利价值本身的不稳定性，会严重威胁银行的贷款安全，对银行极为不利。如果以清算价值作为担保价值，由于清算价值是专利的最低价值，专利权人只能获取极其有限的贷款额度，对专利权人明显不公，也不符合专利质押贷款的宗旨。从公平、公正的角度来讲，专利的担保价值应该介于市场价值和清算价值之间。至于这个平衡点应该如何把握，要充分考虑出质人（专利权人）的还款信用、还款能力、质押专利的市场前景、变现能力等因素，使银行对风险相对可控。这种思路与《欧洲评估准则》将市场价值进行风险折扣的评估方式有相似之处。需要说明的是，欧洲的风险折扣绝非我国目前惯用的粗犷比例。第三方评估机构在评估专利的担保价值时，应该明确给出专利的市场价值和清算价值，并基于相关因素考虑估算出居间的可贷款额度，为借贷双方提供可信度强的参考。

4. 专利公平价值评估

专利权作为民事权利的一种，其侵权损害赔偿的基本原则依然是填平原则。确定专利侵权损害赔偿金额的关键是计算权利人的损失，这是赔偿的基本额度，即专利的公平价值。之所以称为"公平价值"，是从填平原则的角度出发，将损害赔偿提升到维护专利权人和社会公众利益平衡的高度。

（1）权利人的损失。以权利人的损失确定赔偿数额最能体现也最符合填平原则。我国最高人民法院的司法解释规定，权利人的损失可根据专利权人的专利产品因侵权所造成销售量减少的总数乘以每件专利产品的合理利润所得之积计算；权利人销售量减少的总数难以确定的，侵权产品在市场上销售的总数乘以每件专利产品的合理利润所得之积可以视为权利人因被侵权所受到的损失。该规定采用"全部市场价值"规则。但是，一件产品中可能含有多件专利，即便只存在一件专利，专利为产品贡献的利润仅是总利润的一部分，因此，用销售量直接乘以产品总利润来确定因（部分）专利侵权所遭到的损失夸大了专利的作用，免不了有惩罚的嫌疑。如若普遍适用该规则，实际上违反了填平原则造成对侵权人的不公。理论上，应以侵权专利对产品贡献的实际价值作为依据来计算损失。不过，从产品总利润中分离某件专利所作出的贡献并非易事，这可能也是现行司法实践采用全部市场价值规则的根本原因，同时，该规则还可以起到威慑作用。现阶段，社会公众整体的知识产权意识相对较低，侵权现象比较严重，采用简单计算的方式具有其合理性，但从长远来看，以专利对产品的实际价值计算赔偿额度是追求公平正义的要求。

（2）专利许可费。专利权是一种独占权，未经许可，他人不可擅自实施。如果专利权人不愿意许可他人使用，那他可以独享市场，获得高额利润；如果专利权人许可他人使用，那他有权收取一定的许可费。如此一来，通过产品获取利益或者直接收取许可费是专利权人利用专利获利的两种基本方式。当专利权被侵犯时，权利人的损失要么是失去的利润，要么是专利许可费。按照填平原则，侵权人所支付的赔偿应该可以将权利人恢复到未侵权的状态。通常情况下，权利人失去的利润要大于专利许可费，以失去的利润计算赔偿数额是公平的。但是，如果权利人未实施专利，或通过专利产品获利甚微，那权利人失去的利润非常少，甚至是零，此时权利人理应有权获得不低于"合理许可费"（假定权利人和侵权人在公平谈判的条件下确定的许可费）的赔偿。因为在侵权尚未发生之前，权利人至少可以选择收取许可费。因此，专利侵权损害赔偿额度应该以权利人失去的利润来计算，但不得低于合理许可费。合理许可费的计算方法有多种，可以参考实际发生的许可费进行测算，也可以根据个案的实际情况进行评估。

7.2.3　专利价值评估的特殊方法

1. 实物期权法

期权又称为选择权，它赋予主体在一定的时间内以固定的价格购买或者出售某种客体的权利，该主体可根据条件变化作出选择，但不承担任何义务。早期的期权主要是以债权、股票、货币或者期货为客体的金融期权。实物期权是金融期权在实物领域的拓展，其客体主要是自然资源、战略投资、无形资产等。实物期权法是对收益法的补充，它认为预期收益的不确定性本身是有价值的，是否投资的选择权就是期权。因此，实物期权法是对未来投资机会的选择权进行估值，再加上传统收益法评估的资产价值，最后形成资产的总价值。该方法最早由迈尔斯（Myers）在 1977 年提出，经过多年的发展已经比较成熟，但由于期权定价模型的复杂性和评估人员理论水平的限制，广泛应用于实践还存在很大困难。知识产权预期收益的不确定性正好符合实物期权的特征，目前已有部分学者针对知识产权构建期权定价模型，甚至细分交易与不交易的情况，以及不同的知识产权类型。不过实物期权法在知识产权价值评估中的运用仍然处于理论阶段。

2. 指标法

中国技术交易所于 2011 年建立了一套专利价值分析指标体系，包括法律价值度、技术价值度和经济价值度三个层面共 18 个指标，旨在反映专利价值的总体特征。可由专家根据材料对各指标进行打分，分数加权汇总后形成专利价值度。专利价值度不是具体的评估价格，而是分析结果，方便使用者据此作出价值判断或谈判决策，具体指标如表 7-2 所示。专利价值度计算公式如下：

$$PVD = \alpha \times LVD + \beta \times TVD + \gamma \times EVD$$

式中，LVD 代表法律价值度，TVD 代表技术价值度，EVD 代表经济价值度；PVD 代表专利价值度，α 代表法律价值度的权重，β 代表技术价值度的权重，γ 代表经济价值度的权重，同时，$\alpha + \beta + \gamma = 100\%$。

表 7-2　专利价值度评价指标

维度	评价指标	评分标准
法律价值度（law value degree，LVD，权重α）	稳定性	非常稳定　比较稳定　稳定　不太稳定　很不稳定
	可规避性	很难规避　较难规避　可以规避
	依赖性	有　不好判断　无
	专利侵权可判定性	非常易于判定　比较易于判定　难于判定 比较难于判定　非常难于判定
	有效期	16 年以上　12～15 年　8～11 年 4～7 年　3 年以内
	多国申请	4 国以上　1～3 国　仅本国
	多专利许可状况	有许可　无许可

续表

维度	评价指标	评分标准
技术价值度（technology value degree，TVD，权重β）	先进性	非常先进　先进　一般　落后　非常落后
	行业发展趋势	朝阳　成长　成熟　夕阳　衰退
	适用范围	广泛　较宽　一般　较窄　受很大约束
	配套技术依存度	独立应用　依赖个别几项技术 依赖较少其他技术　比较依赖其他技术 非常依赖其他技术
	可替代性	不存在替代技术　存在替代技术，但本技术占优势　存在替代技术，且比本技术有优势
	成熟度	商业化　系统级　产品级　环境级　正样级 初样级　仿真级　功能级　方案级　报告级
经济价值度（economic value degree，EVD，权重γ）	市场应用	已应用　未应用，易于应用 未应用，难于应用
	市场规模	100亿以上　10亿～100亿　1亿～10亿　1 000万～1亿 1 000万以下
	市场占有率	很大　较大　一般　较小　很小
	竞争对手	几乎没有　竞争对手较弱　竞争对手一般 竞争对手较多　竞争对手很强
	政策适应性	政策鼓励　无明确要求　政策导向不一致

> 案例　专利许可中价值的评估方法

7.3　商标、著作权和商业秘密价值评估

7.3.1　商标价值评估

商标是企业的灵魂，商标集企业的信誉于一身。商标作为品牌的标志，是企业的宝贵财富，如果善于经营，它的价值会超乎想象。商标随着企业的使用，不断扩大地域范围和商品范围，有时也会出现"领地"纠纷（同一商标被注册在不同的商品类别或不同的国家）。因此，商标价值评估成为知识产权价值评估中最为复杂的部分。

商标价值包括商标的成本价值、信誉价值、权利价值、艺术价值等。中国和绝大部分国家一样,商标法以保护注册商标为主,同时,也保护未注册的驰名商标。商标价值评估对象是指受法律保护的注册商标权益。据中国资产评估协会于 2017 年 10 月 1 日修订实施的《商标资产评估指导意见》,评估商标价值时首先要明确注册商标的基本情况,包括:① 商标的文字、图形、字母、数字、三维标志和颜色组合及其说明,商标注册号、注册期限及核准的注册类别;② 商标的取得,包括原始取得和继受取得以及商标注册、转让和继承程序办理情况;③ 指定使用注册商标的商品或者服务项目;④ 在类似商品或者服务上注册的相同或者近似的商标情况。

评估商标价值时除了要明确注册商标的基本情况外,还要综合考虑以下各种情况:① 商标注册人和商标使用人的基本情况;② 商标的权属及登记情况;包括注册、变更、许可、续展、质押、纠纷及诉讼等;③ 对商标的知晓程度;④ 相关商品或者服务的销售渠道和销售网络等;⑤ 商标使用的持续时间;⑥ 商标宣传工作的持续时间、程度、费用和地理范围;⑦ 与使用该商标的商品或者服务相关的著作权、专利、专有技术等其他无形资产权利的情况;⑧ 宏观经济发展和相关行业政策与商标商品或者服务市场发展状况;⑨ 商标商品或者服务的使用范围、市场需求、同类商品或者服务的竞争状况;⑩ 商标使用、收益的可能性和方式,包括实施企业财务状况、行业竞争地位、未来发展规划等;⑪ 近似商标近期的市场交易情况;⑫ 商标以往的评估及交易情况;⑬ 商标权利维护方面的情况,包括权利维护方式、效果、成本费用等。

商标价值的评估方法同样沿用传统的三种方法:成本法、市场法、收益法,以市场法和收益法为主。

(1)成本法。成本法在商标价值评估中处于次要地位,因为商标的成本与价值并不直接相关。但是,在企业破产清算时,评估商标的最低价值则适合使用成本法。商标的成本主要包括商标设计成本、商标注册成本、商标宣传成本、商标维护成本、商标诉讼成本等。采用成本法进行商标资产评估时,应当考虑商标资产价值与成本的相关程度,恰当考虑成本法的适用性,同时关注评估对象的贬值情况。

(2)市场法。实践证明,市场法是商标价值评估中经常被采用的方法。虽然不同商标在所属企业、驰名度、所用商品、地域范围等方面都有较大差异,但是商标的本质属性是一致的,具有一定的可比性。此外,运用市场法不单单是确认商标交易价格,还可以确认商标许可费率,同时,结合收益法以最终确定商标价值。采用市场法进行商标资产评估时,应当对收集的可比交易案例与评估对象进行比较,分析时可以从交易时间、权利种类或形式、交易方的关系、获利能力、竞争能力、预计收益期限、商标维护费用、风险程度等方面进行差异比较。

(3)收益法。收益法是商标价值评估中最重要的方法,因为在多数情况下,人们更关注使用商标能够带来的额外收益。在商标价值评估领域,收益法又可细分为成本节约法、许可费免除法和额外收益法。成本节约法是指因为使用商标而节省的促销费、广告费、管理费等,这些费用应该核算为商标的价值。许可费免除法是指如果商标权人将商标许可给第三方应该收取许可使用费,而商标权人自己节省了这笔开支,节省的经费即是商标的价值。额外收益法是指使用商标与不使用商标相比额外获得的收益,这些额外收益可能是因为使用商标后获得的价格优势、数量优势、规模效应而增加的收益。

7.3.2　著作权价值评估

在我国，著作权保护的作品种类比较多，主要包括文字作品，口述作品，音乐、戏剧、曲艺、舞蹈、杂技等艺术作品，美术、建筑作品，摄影作品，影视作品，图形作品和模型作品，计算机软件程序等。著作权价值评估对象是指著作权中的财产权益以及与著作权有关的财产权益。著作权中的财产权利种类包括：复制权、发行权、出租权、展览权、表演权、放映权、广播权、信息网络传播权、摄制权、改编权、翻译权、汇编权以及著作权人享有的其他财产权利。这些权利是和特定作品（产品）相关联的。由于作品自身特性，并不是每一种作品都具有这些财产权利。不同的作品类型具有不同的财产权利，因此著作权价值评估必须根据作品的类型和特点选取适当方法。

根据中国资产评估协会于 2017 年 10 月 1 日修订实施的《著作权资产评估指导意见》，著作权价值评估时应该考虑以下因素：① 作品作者和著作权权利人的基本情况；② 作品基本情况，包括作品创作完成时间、首次发表时间、复制、发行、出租、展览、表演、放映、广播、信息网络传播、摄制、改编、翻译、汇编等使用情况；③ 作品的类别，包括文字作品，口述作品，音乐、戏剧、曲艺、舞蹈、杂技艺术作品，美术、建筑作品，摄影作品，电影作品和以类似摄制电影的方法创作的作品，工程设计图、产品设计图、地图、示意图等图形作品和模型作品，计算机软件，法律、行政法规规定的其他作品；④ 作品的创作形式，包括原创或者各种形式的改编、翻译、注释、整理等；⑤ 作品的题材类型、体裁特征等情况；⑥ 著作权和与著作权有关权利的情况及其登记情况；⑦ 各种权利限制情况，包括相关财产权利在时间、地域方面的限制以及质押、诉讼等方面的限制；⑧ 与作品相关的其他无形资产权利的情况；⑨ 作品的创作成本、费用支出；⑩ 著作权资产以往的评估和交易情况，包括转让、许可使用以及其他形式的交易情况；⑪ 著作权权利维护情况；⑫ 宏观经济发展和相关行业政策与作品市场发展状况；⑬ 作品的使用范围、市场需求、同类产品的竞争状况；⑭ 作品使用、收益的可能性和方式；⑮ 同类作品近期的市场交易及成交价格情况。

著作权价值评估方法仍然以传统的成本法、市场法、收益法为主，尤其是后两种方法。评估计算机软件适用成本法与市场法相结合的方法，因为一方面开发和维护计算机软件所需成本相对较高，需要着重考虑；另一方面计算机软件交易市场比较活跃，可参考的信息比较丰富。评估除计算机软件以外的其他作品，通常适用市场法和收益法。在使用收益法时需要注意，著作权的使用期限越长，其价值可能越高，这与专利有所不同。如果著作权遭受侵权，其损害赔偿额可以考虑侵权人本应支付的合理许可费。

7.3.3　商业秘密价值评估

商业秘密具备秘密性、价值性和保密性，才能成为一项真正的知识产权，否则不具备价值评估的前提。由于商业秘密是未公开的信息，被知晓的范围有限，因此，商业秘密的存在和边界处于不稳定状态，这给评估带来很大的困难。基于这个原因，商业秘密不能公开交易，市场法显然不适用评估其价值。某种程度上商业秘密的价值应该体现在诉讼中，其价值就等于其损失，即未来收益的损失。商业秘密的作用就是使企业获得竞争优势，从而赚取更多的经济利益。因此，收益法是商业秘密价值评估的首选方法。

评估思路可以考虑比较是否存在商业秘密时企业的竞争地位以及获利的差异。同时需要注意以下几个问题：首先，商业秘密与专利、商标、著作权相比，不具有绝对的排他性或垄断性，只要自己开发或合法途径获取相关信息，都可以成为这些信息的拥有者。就是说，商业秘密的拥有者可能不止一个，这会影响其价值判断。其次，商业秘密必须采取一定的保密措施，以维护其秘密性，也就是说，企业需要对商业秘密投入保密成本。当企业为某一商业秘密投入较多成本，进行高水平保密时，能够在一定程度上反映该商业秘密具有较高的经济价值。所以，成本因素也应考虑。再次，商业秘密往往是专利、商标、著作权等其他知识产权形成过程中的前期成果或部分成果，与其他知识产权混合在一起，并且处于动态变化的过程之中，因此，商业秘密价值评估既要考虑评估的时间点，也要考虑将商业秘密的价值剥离出来。

【本章重要专业词汇】

知识产权价值评估—Value Evaluation of Intellectual Property

专利价值评估—Value Evaluation of Patent　　成本法—Cost Method

专利交易价值—Commercial Value of Patent　　市场法—Market Approach

专利清算价值—Liquidating Value of Patent　　收益法—Income Approach

专利担保价值—Collateral Value of Patent　　专利公平价值—Fair Value of Patent

【本章小结】

1. 知识产权价值评估指确定知识产权现在的价值和通过未来的使用所得到的价值，由评估机构考虑相关因素并依据一定的计算方法对知识产权价值所作的评价、估计或预测。

2. 知识产权价值评估的基本方法包括成本法、市场法和收益法。

3. 成本法是以重新建造或购置与被评估资产具有相同用途和功效的资产现行需要的成本作为计价标准。

4. 市场法是参照相似资产的市场价格进行评估，适用于存在一个活跃的公开的市场，能够找到相似资产及其交易的详细信息。

5. 收益法是估测资产未来的预期收益并以适当的折现率折算成现值，借以确定其价值的一种评估方法，包括三个要素：预期收益、折现率和收益期限。

6. 专利的直接经济价值是指权利主体通过利用专利直接获取的经济利益。

7. 专利价值评估应该根据不同的评估背景、价值取向选择适当的一种或几种评估方法。

【思考题】

1. 知识产权价值评估的基本方法有哪些？这些方法的使用情况和选择策略是怎样的？

2. 专利价值评估的是专利的什么价值？应如何进行专利价值评估？

3. 为什么需要进行知识产权价值评估？

即测即评

【案例作业】

标准必要专利合理许可费的司法确定

原告无线星球公司拥有多项有关 2G/3G/4G 通信标准的全球性标准必要专利组合，其中大部分是从爱立信公司收购。2014 年 3 月，无线星球公司向英国高等法院起诉华为、三星和谷歌侵犯其专利组合中的六项英国专利，其中五项为标准必要专利。在审理过程中，谷歌、三星先后与无线星球达成和解，退出诉讼；而华为则质疑涉诉专利的有效性和标准必要性，认为无线星球要求其接受非英国标准必要专利，作为获得使用无线星球英国标准必要专利的条件，属于非法捆绑，并反诉无线星球公司的报价不符合 FRAND 原则，请求法院判决无线星球申请禁令的行为违反反垄断法。经法院审理，法院最终确定华为侵犯了无线星球两项标准必要专利，无线星球向华为所要求的全球性许可符合公平、合理和非歧视原则。

在诉讼过程中，当事人双方分别多次提出了要约和反要约，其分歧点不仅在于具体费率报价的差异，更集中在无线星球公司倾向于给予全球标准必要专利组合许可，而华为则坚持仅接受英国范围内的标准必要专利组合许可。法官支持了全球标准必要专利组合许可的主张，并依据双方提供的证据，具体计算了无线星球公司全球标准必要专利组合的合理许可费率，指出计算全球标准必要专利组合的合理许可费主要有两种方法。① 专利权人专利价值评估法：计算有关标准全部的标准专利许可费负担 T，再计算某一权利人标准必要专利组合在全部标准必要专利中的占比 S，则该权利人就其标准必要专利组合应获得的许可费为 T×S。② 参考可比较许可协议法：可以参考的协议包括经自由谈判达成的许可协议、有关费率的在先判决以及有关仲裁协议。其中，最直接的可比较许可协议为专利权人就涉诉专利组合已签订的许可协议，在欠缺该类可比较许可协议证据时，可以寻找与涉诉专利组合相关的第三方许可协议。例如，在该案中，涉案的无线星球标准必要专利组合均受让自爱立信，因此，可以参考爱立信签订的许可协议。如果爱立信签订的包含无线星球专利组合的许可协议许可费为 E，而受让前无线星球的专利组合在爱立信专利组合中的占比为 R，则无线星球公司应获得的许可费为 E×R。在该案中，法官以参考可比较许可协议法为基本的计算方法，同时，将专利价值评估法作为验证方法。

无线星球公司诉华为案中较为完整地展现了法官选取可比较许可协议的考察标准以及通过参考可比较许可协议计算专利组合许可费率的过程。特别是本案创设了在欠缺当事人许可协议的情况下如何根据许可标的关联性挑选可比较的、第三方的许可协议。其最大贡献在于，将受让人的专利组合许可与原权利人的专利组合许可相关联，计算拆包专利的占比并估算其专利组合价值。这不仅扩展了可比较许可协议的范围，也澄清了拆包专利组合应有的价值。这一方法对于法院处理涉及 NPE 的标准必要专利合理许可费纠纷具有借鉴意义。

资料来源：赵启杉. 标准必要专利合理许可费的司法确定问题研究［J］. 知识产权，2017（7）：10－23.

案例讨论：

1. 结合本案说明专利评估可以使用哪些评估方法。

2. 结合本案例谈谈知识产权评估中有哪些需要考虑的因素。

第八章 知识产权运营传统模式

开篇案例 加多宝集团和广药集团"王老吉"商标许可引发的争议案

加多宝集团的创办者陈鸿道早年在香港创立了鸿道集团。1990年，陈鸿道与王老吉后人王健仪达成合作协议，王老吉（国际）有限公司授权鸿道集团使用王老吉凉茶的秘方与商标生产饮料。由于历史原因，在中国大陆地区"王老吉"商标并不属于王老吉后人，而是由广药集团前身羊城制药厂取得。1992年鸿道集团到东莞开设凉茶生产厂。1994年陈鸿道与广药集团联系，希望获得"王老吉"商标的使用权。1995年3月，双方签订了第一份商标许可合同，约定鸿道集团子公司加多宝在大陆使用"王老吉"商标生产销售红色纸包装及红色易拉罐装凉茶饮料权，由香港王老吉后人王健仪提供配方。广药集团许可鸿道集团从即日起到2003年1月使用"王老吉"商标，双方不得使用对方产品的任何包装装潢。广药集团自己在后来则生产绿色利乐包装的王老吉凉茶，以示区别。鸿道集团旗下的广东东莞加多宝饮料有限公司开始生产红罐王老吉，并扩展至整个内地。1997年、2000年，鸿道集团和广药集团又两次重新签署合同，将使用期限延长到2010年5月2日。2002年和2003年，广药集团总经理李益民收受了鸿道集团总裁陈鸿道支付的总共300万港币的贿赂，其后与鸿道集团又签订了两份补充协议，将商标使用时间分别延长至2013年和2020年。2005年，李益民因受贿入狱。2006～2011年，加多宝投入大量经费打广告。加多宝的王老吉凉茶销售额大幅上升，2011年达到150亿元。这段时间，广药集团投入的广告经费比加多宝要少得多。尽管如此，随着"王老吉"商誉的提升，广药集团的销售额2011年也达到20亿。2011年4月，广药集团与鸿道集团打响商标争夺战，广药集团向中国国际经济贸易仲裁委员会提出关于"王老吉"商标的仲裁申请，主张2002年和2003年的补充协议因当事人行贿受贿而无效。2012年5月9日，中国国际经济贸易仲裁委员会作出［2012］中国贸仲京裁字第0240号裁决书，裁决确认广药集团与鸿道集团签订的《"王老吉"商标许可补充协议》和《关于"王老吉"商标使用许可合同的补充协议》无效，鸿道集团停止使用"王老吉"商标。2012年5月17日，加多宝公司向北京一中院提出撤销该仲裁裁决书。2012年7月13日，北京一中院终审裁定鸿道集团禁用"王老吉"商标。

资料来源：肖延高，范晓波，万小丽，等. 知识产权管理：理论与实践［M］. 2版. 北京：科学出版社，2021.

8.1　知识产权许可

8.1.1　知识产权许可的定义和类型

1. 知识产权许可的定义

知识产权许可，是指许可人授予被许可人在约定的期间和地域，按照约定方式使用其知识产权的行为。许可人是指有权授予被许可人按照约定使用所涉知识产权的权利人；被许可人是指与许可人协商并获得许可使用所涉知识产权的主体。知识产权许可是权利人将知识产权部分权利授予他人，允许被许可人按知识产权的性能和用途加以利用。因此，知识产权许可是许可人的一种授权行为，是知识产权使用的授权，即许可人授权被许可人使用知识产权的行为。知识产权许可源于法律赋予知识产权权利人的排他性权利，未经权利人许可（合理使用除外），任何人不得行使相应的权利。通过知识产权许可，许可人可以加快研究开发和市场拓展成本的回收，增加企业当期利润；同时，被许可人也可以获取新的技术，并借此进入新的市场。

专利许可也称专利许可证贸易，是指专利权人许可他人在一定期限内，在一定地域范围以一定方式实施其所拥有的专利，并向其收取使用费用。商标许可是指商标权人通过签订商标使用许可合同，许可他人使用其注册商标的行为。著作权许可是著作权人以某种条件许可他人以一定的方式，在一定的期间和地域范围内商业性行使其权利的一种法律行为。

2. 知识产权许可的类型

不同的知识产权许可类型中，知识产权许可合同主体享有的权利和义务存在较大差异，行为策略也不尽相同。根据知识产权许可实施的权利边界划分，知识产权许可分为普通许可（Non-exclusive License）、排他许可（Exclusive License）、独占许可（Sole License）、交叉许可（Cross License）等类型。

（1）普通许可。普通许可是指许可人（包括自然人和法人等）允许被许可人在许可合同约定的期间和地域范围内使用合同约定的知识产权权利，同时保留在该期限和地域范围内自己使用该知识产权的权利，以及再与第三方就该项知识产权签订许可合同的一种法律行为。知识产权的普通许可中，同一地域内被许可人可能同时有若干，许可人自己也可以使用该知识产权。一般来说，如许可合同中没有特别指明是独占许可、排他许可或其他特殊的许可形式，就推定此许可合同属于普通许可。在普通许可情形下，许可人保留了较多的权利，被许可人享有的知识产权使用权排他性弱，相应的许可费一般也比排他许可和独占许可低；同时，当发生知识产权侵权行为时，被许可人以利害关系人身份享有的诉权受到限制，需要得到知识产权人（即许可人）的明确授权。

（2）排他许可。排他许可是指在一定期间和地域范围内，被许可人对被许可使用的知识产权享有排他性使用权，许可人不得把该知识产权权利再许可给第三方使用，但许可人自己有权在该地域内使用该项知识产权权利的一种法律行为。也就是说，排他许可和独占许可都禁止许可人再与第三人签订许可协议，两者的区别在于许可人是否保留自行实施知识产权的权利。在知识产权排他许可情形下，在一定的期间和地域范围内存在两个合法使用知识产权的主体，即许可人和被许可人，任何对该知识产权的侵犯行为均会对许可人和被许可人造成直接损害。因此，当发生知识产权侵权行为时，在特定期间和地域范围内的被许可人以利害关系人身份享有的诉权受到的限制较少，可以与知识产权人（许可人）共同起诉，或在知识产权人不起诉的情况下自行起诉。

（3）独占许可。独占许可是指许可人授予被许可人在许可合同约定期间和地域范围内，对所许可的知识产权拥有独占使用权，包括许可人和其他第三方均无权使用该项知识产权的一种法律行为。与普通许可和排他许可相比，独占许可情形下被许可人在合同约定期间和地域范围内拥有更多权利，对许可的知识产权拥有垄断权，因此，许可费用更高。国际许可贸易工作协会（Licensing Executives Society，LES）统计数据表明，独占许可合同的许可费一般要比普通许可合同的许可费高出 66%～100%。由于独占许可情形下只有被许可人是合法使用者，假冒侵权产品挤占市场份额的最大受害者是被许可人，因此，各国原则上都规定被许可人以利害关系人身份独立享有诉权，即有权以自己的名义起诉知识产权侵权行为并获得赔偿。

（4）交叉许可。交叉许可是指交易双方或多方将各自拥有的知识产权相互许可使用，互为知识产权许可人和被许可人的一种法律行为。在交叉许可情形下，各方的许可权利可以是独占的，也可以是非独占的。在国际技术贸易中，交叉许可是商事主体在产品或产品生产过程中需要相互使用对方拥有的知识产权时，通过谈判达成有条件或无条件容许对方使用自己知识产权的行为。知识产权专利交叉许可在商业实践中的运用越来越广泛，这不仅可以降低知识产权许可使用费，而且可以避免企业在市场拓展过程中的知识产权风险。

案例　知识产权许可类型

8.1.2　许可费的确定

知识产权许可的核心问题是确定不同类型下的知识产权许可费（又称知识产权许可使用费，英文统称为 Royalty，具体又细分为表示数额的许可费 Royalty-fee 和表示比例的许可费率 Royalty Rate）。许可费的计算与支付方法是知识产权许可合同的重要条款，也是合同签订过程中各方博弈的重点。

1. 知识产权许可费的类型

按照计算和支付方式进行划分，知识产权许可费主要包括固定使用费、浮动使用费以及入门费加提成费三种类型。

（1）固定使用费。固定使用费是指当事人在许可合同中确定许可费的总额，即一次总算。在确定了许可费总额后，支付方式可以为一次总付，也可以分期支付。这种许可费的计算与交付相对较为简便。对于许可人而言，固定使用费与被许可人是否盈利无关，且不必关心被许可人如何实施被许可的知识产权（即不关心被许可人是否勤勉实施被许可的知识产权）、被许可人财务报表的真实性等。对于被许可人而言，如果实施被许可的知识产权所获得的利润超出许可费，超出部分完全归被许可人所有。同时，许可人无权对其账目进行查询，这样就减少了被许可人的财务状况及其他商业信息外泄的风险。

（2）浮动使用费。知识产权许可费最为常见的是浮动使用费，被许可人在许可合同有效期内，根据其使用的知识产权的种类及数量、产品的产量或销售量、销售额、使用次数等，按一定计算方式分期向许可人支付许可费。虽然固定使用费较易操作，但在大多数许可合同中，当事人仍坚持采用浮动使用费。在采用浮动使用费时，被许可人每次支付的使用费并不相同，这取决于两个浮动因素：一是提成费，二是提成年限。提成费的计算公式为：

$$提成费 = 提成基数 \times 提成比例$$

其中，提成基数是计算使用费的基数；提成比例即费率，是在提成基数上以什么样的比例进行提成，费率一般按百分比计算。

提成年限是指许可人收取提成费的期限。一般而言，提成年限止于知识产权许可合同的有效期满或知识产权的保护期届满。在知识产权许可合同有特别约定的情形下，提成年限可以在合同期满前结束。显然，提成费是被许可人每期支付的许可费，其并没有考虑提成年限。在实践中，也常把提成费与浮动使用费混用。

（3）入门费加提成费。在许可费确定过程中，当事人还经常约定提成费附加预付入门费的支付方式（简称入门费加提成费）。这一方式是固定使用费与浮动使用费相结合的一种计算方式。所谓入门费，是当事人在知识产权许可合同（特别是专利许可合同）中约定，由被许可人在许可合同特别约定的期间内（如合同生效或被许可人收到第一批资料后的一定时间内）向许可人所支付的费用，也称之为预付费或初付费。这就使入门费具有固定使用费的特点。但入门费不同于固定使用费，其仅仅是使用费的一部分，被许可人仍然需要支付浮动使用费。与完全浮动使用费相比，在浮动使用费与入门费加浮动费总额相当的前提下，入门费越高，提成越低；入门费越低，提成越高。从理论上讲，入门费加提成费具备了固定使用费与浮动使用费的双重优点，在实际操作中可行性强。然而，并不是所有的知识产权许可费都适合采用入门费加提成费方式，这与知识产权对象的完善程度、知识产权的可靠程度、当事人的经济能力、当事人之间的信任程度等诸多因素密切相关。

2. 知识产权许可费率的确定方法

一般而言，影响知识产权许可费率的变量很多，如被许可人的销售收入、边际利润与知识产权有关的利润率、技术发展阶段、产品类别（如是通用产品还是特定产品）、许可知识产权数量及其组合等。知识产权许可谈判各方需要特别注意被许可人的边际利润和不同技术发展阶段的产品商业化风险；许可费率不仅与知识产权相关的技术成熟度有关，更与未来预期的销售额以及知识产权在其中发挥的贡献有关。也就是说，一方面，知识产权许可费率的确定必须考虑技术发展阶段；另一方面，还必须考虑知识产权对最终商业化产品或技术的贡献。对于许可人来说，必须承受开发知识产权的成本无法得到市场回报的风险；对于被许可人来说，其目标在于评估和最小化使用该知识产权并将产品推向市场的风险。

关于知识产权许可费率在商业实践中的确定方法，比较典型的是"25%规则（25% Rule）"。该规则是 Goldscheider 和 Marshal 在 1971 年对大量知识产权许可案例进行统计分析后提出的，并在后续商业实践和司法判例研究中不断完善。该规则基于拇指规则（Rule of

The Thumb，即经验法则，凭经验较为通用的原则），以技术为基础的知识产权许可为例，发现制造商基于知识产权许可制造出的产品，在直接来源于许可产品或许可技术的营业利润中，大约25%的营业利润会回到许可人手中。然而，在商业实践中，许可费通常无法按照利润率来确定，原因是许可人一般无法获得产品的真实边际利润。因此，许可费通常按照产品销售价格的一定比例来确定。

"25%规则"在实际应用中的关键是如何将利润率转换为单位销售价格比例。为此，许可人在与被许可人开展知识产权许可费率谈判的过程中，需要落实预期成本，尽量获取预期市场规模、产品价格、制造成本和管理费用等方面的信息。通常情况下，如果许可人难以估计产品边际利润，则可以比较近似的知识产权许可交易，进而选择相应的许可费率。需要说明的是，在2011年美国联邦巡回上诉法院的Uniloc诉Microsoft判例中，明确表示不再接受依赖"25%规则"的证据。在商业实践中，知识产权特别是以技术为基础的知识产权许可费率的确定，还要考虑产品的特性，如应用该知识产权的产品是单一产品还是复杂产品。对于单一产品或工艺来说，许可费率可以基于该产品的单位价格、单位重量或单位销量；对于复杂产品或工艺来说，许可费率可以考虑该许可技术在最终产品总制造成本中的贡献比例，或者参照未使用该许可技术的相似产品（即未改进的产品），被许可制造商因该知识产权可以获得的溢价收益，不能轻易适用"全部市场价值规则"。此外，知识产权许可费率还有必要考虑通货膨胀率、利息和被许可人的先期投资等因素，随着销售收入的增加，采取差额累进递减的知识产权许可费率确定方式，从而激励被许可人扩大市场份额。

> 案例　订单华丽却仅赚1%？

8.1.3　专利许可

1. 专利许可费的影响因素

商业实践中的专利许可费影响因素可谓千差万别，即使是相同因素，其影响权重在不同许可人和被许可人之间的专利许可个案中也存在差异。在诸多专利侵权赔偿案件中，比较有代表性的是美国Georgia—Pacific诉United States Plywood一案。虽然后来联邦巡回上诉法院不认可此案的设置可作为计算合理专利许可费以及据此确定专利侵权赔偿数额的方法，但仍然认为这是进行可靠经济分析时可以考虑的因素。在该案中，纽约南区地方法院坦尼（Tenney）法官给出了专利侵权情形下确定专利许可费的相关要素，包括：① 专利权人在其他专利许可案中接受的既有许可费；② 被许可人在类似专利诉讼案中使用其他专利的许可费率；③ 许可的类别和范围，如排他性或非排他性许可，许可使用地域有限制或没有限制，许可制造的专利产品销售对象等；④ 专利权人为了保持专利垄断地位所采取的既有政策和市场措施，如不许可第三人使用该发明创造或授权许可的特定条件等；⑤ 许可人和被许可人的商业关系，如两者是否是同一地域范围内的相同业务的竞争者；⑥ 销售含有专利技术的产品对被许可人销售其他产品的促进作用；⑦ 专利有效期和许可期限；⑧ 专利产品的既有盈利和商业表现，以及受欢迎程度；⑨ 相对于先前的产品、方法或设计来说，被许可专利的实用性和优势；⑩ 获得专利保护的发明创造的商业表现，包括许可人或其他被许可人使用该专利的获利情况，侵权者对该发明创造的使用程度和价值；⑪ 在先前相同或等同业务中使用该发明创造或类似发明创造时，许可费在利润或销售价格中的占比；⑫ 考虑侵权者的非专利要素、制造工艺、商业风险或所做的显著改进以后，可归因于该发明创造的利润占比；⑬ 专家证词；⑭ 在侵权发生之初，许可人（如专利权人）和被许可人（如侵权者）本来可以自愿达成的合理许可费数额或费率。

2. FRAND 原则下的标准必要专利许可

FRAND 原则是指公平（Fair）、合理（Rational）和不歧视（Non-discrimination）原则。它是为实现专利标准化和专利保护之间的平衡而被采用的。标准必要专利（Standard Essential Patent，SEP）尚无统一定义，一般理解为要达到某一行业标准，必须使用的且无其他技术可替代的专利。我国 2023 年 3 月 1 日开始实施的《国家标准管理办法》第十一条规定，国家标准中涉及的专利应当是实施该标准必不可少的专利。对一个企业来讲，不按照标准必要专利生产产品就无法进入市场。反过来说，企业要生产能进入市场的符合标准的产品，必然要使用标准必要专利。事实上，标准必要专利权人与标准实施者在谈判时，既可能出现标准专利权人漫天要价的情形，也可能出现标准实施者压低实施许可费或许可条件的情形。为了防止标准必要专利权人利用标准必要专利优势实施"专利劫持"行为，也为了避免专利许可使用费不合理的叠加问题，FRAND 原则被各国国际标准组织作为一项准则，要求标准组织成员依此准则将标准必要专利授权他人使用。FRAND 原则要求标准专利权人在其专利纳入标准化体系时，必须对相关标准实施者一视同仁。标准必要专利许可最终结果取决于标准专利权人与标准专利实施人之间的谈判结果。这个谈判过程一般是由标准必要专利权人向标准必要专利实施人发出谈判磋商的意向，在双方签订保密协议后进入谈判程序。标准必要专利权人以清单列举的方式向标准必要专利实施人展示其所拥有的标准必要专利，并提出具体报价。标准专利实施人若质疑这些专利，则可就技术专利先谈判，然后再协商报价。对标准专利权人提出的报价，标准专利实施人可以在合理时间内考虑接受或拒绝，也可在拒绝的同时提出反报价，并说明理由。如果双方不能就许可条件和费用达成一致，则可协商交仲裁机构或司法机关裁决。

案例　华为诉美国交互数字公司滥用市场地位垄断案

8.2　知识产权转让

8.2.1　知识产权转让的含义

知识产权转让是指知识产权转让人（一般指知识产权权利主体）与知识产权受让人依

法订立合同，将知识产权权利人主体资格转移给受让人享有的法律行为。广义的知识产权转让还包括因继承、继受、司法裁判等发生的知识产权主体资格转移的法律行为。本书中的知识产权转让仅指合同转让，不包括因继承、继受、司法裁判等发生的知识产权转让。

知识产权转让包括专利权转让、商标权转让、著作权转让等形式。专利权转让是指专利权人作为转让方，将其发明创造专利的所有权转让给受让方的行为。通过专利权转让合同取得专利权的当事人，即成为新的专利权人。商标转让是指商标注册人在注册商标的有效期内，依法定程序，将商标专用权转让给另一方的行为。商标转让一般有以下几个形式：合同转让、继受转让、因行政命令而发生的转让。著作权转让是指著作权人将著作权的全部或部分财产权有偿或无偿地移交给他人所有的法律行为。这种转让通常可以通过买卖、互易、遗赠等方式完成。与许可他人使用作品不同，转让著作权的法律后果是转让人丧失所转让的权利，受让人取得所转让的权利，从而成为新的著作权人。转让著作权俗称"卖断"或"卖绝"著作权。在允许转让著作权的国家，也只有著作权中的财产权可以转让，著作权中的人身权是不能转让的。在有些国家，著作权转让必须通过书面合同或其他法律形式，并由著作权人或其代理人签字，才算有效。在另外一些国家，著作权转让必须履行登记手续，才能对抗第三人。

通过知识产权转让，转让人可以获得一次性收益，不仅可能收回知识产权开发和维护的投资，而且可能获取相应的利润；受让人则可以在不必付出知识产权开发投资和承担开发风险的情况下直接获取知识产权，并且可以利用受让的知识产权清除或减少市场进入障碍。当然，知识产权转让也意味着转让人将放弃先动者优势以及借此形成的垄断市场，受让人则需要承担受让知识产权可能存在的法律瑕疵或者失去知识产权商业价值的风险。

8.2.2　知识产权转让运作模式

具有代表性的知识产权转让的运作模式包括知识产权转让基本模式、企业并购转让模式和专利拍卖模式。

1. 知识产权转让基本模式

在知识产权转让基本模式中，出让方寻找意向受让方，然后将知识产权所有权转让给受让方从而获得收益，受让方获得知识产权所有权。在这种模式下，出让方的知识产权所有权将永久转移给受让方，出让方获得收益。受让方通过直接购买知识产权可以在短时间内获得其所需要的知识产权，从而扭转经营困局。

2016 年，小米公司从美国芯片巨头英特尔（Intel）公司购买了 332 件美国专利，这是小米公司继收购博通公司的无线通信专利之后的又一次美国知识产权收购行为。这次知识产权收购所涉及的领域更加广泛，大大充实了小米公司在美国的知识产权储备。

2. 企业并购转让模式

在企业并购转让模式中，企业不仅能够通过并购目标企业获得相关知识产权与核心技术，而且能帮助企业快速打入市场，获得被收购企业销售、售后、研发等一系列渠道和资源。

2016 年，海尔收购通用电气家电业务的最终支付价格为 55.8 亿美元。在当时这是中国家电业最大的一笔海外并购，并将有力提升海尔在全球的竞争力。此次海尔收购通用电气家电业务具有重要的战略意义。首先，海尔通过收购通用电气的家电业务获得了相关白色家电的核心专利。通用电气作为一个国际化的品牌，无论是在研发能力、国际化人才还是在国际化市场等方面，其在 20 世纪的全球影响力都是有目共睹的。其次，海尔赢得了市场占有率并提升了企业技术研发能力。最后，在全球一体化的时代，中国企业不满足于在国内市场中取得的成绩，而是积极地参与到全球市场的竞争中，此次收购对其国际化发展大有裨益。

3. 专利拍卖模式

拍卖是以公开竞价的方式，将特定的物品或财产权利转让给最高应价者的买卖方式。专利拍卖是把专利技术通过市场竞价交易的方式实现专利权的转移，改变了过去一对一的转让方式，具有覆盖面广、公开透明、竞价成交等特点。拍卖流程看似标准化，但它是各交易主体间动态博弈的过程，其结果具有随机性。常用的专利拍卖形式是委托寄售。

专利拍卖通常有卖方与多个买方进行现场交易，多个买方共同对同一个专利或者专利组合进行竞价，这样的形式能真实反映该专利或者专利组合的稀缺程度和市场需求，更好地实现专利的商品价值最大化。因此，拍卖一般具有三个基本特点：必须有两个以上的买方；必须有不断变动的价格；必须有公开竞争的行为。

专利拍卖作为一种市场化的技术转移模式，在我国尚未得到有效的应用。今后需要加大对专利拍卖的社会宣传以提高人们的认识，同时，动员更多的专利权人与潜在权利受让人加强互动以提高交易的可能性。专利拍卖可以成为传统技术交易方式的有效补充，其公开透明的操作模式、高度市场化的定价机制和规范的交易流程，对于完善具有中国特色的技术交易服务体系有着重要的意义。

8.2.3　适合进行专利转让交易的专利

企业在寻找专利进行引进时，需要选择适当的专利。对大企业来说，大量的专利积累是"做乘法"，对于创新方式灵活但同时专利储备和资金都有限的中小企业来说，选择适合企业发展的、少而精的专利，利用其撬动市场，可以称为"做指数"。在专利转让中处于核心位置的专利应当具备以下特质。

1. 专利稳定性强

选择已经授权的专利时，需要选择稳定性强的专利。能够经受住可专利性质疑，不仅仅要具有能够保护这个技术方案的高质量、高水平的专利申请文件，而且需要在严格审查的情况下获得授权的稳定的专利。这也在一定程度上体现了这件专利的法律价值，是企业在专利运营、专利诉讼等市场化运作中实现专利价值的保障。

2. 具有高技术含量和创造性价值

企业引进专利的原因之一是自身专利储备量不足，需要依托外部专利充实自身的专利资源以快速投入研发，甚至有的企业自身几乎没有专利，完全依靠购买核心技术专利支撑全部的前期创新工作，而技术含量和创造性价值来自专利技术本身，体现了专利的技术价值。

3. 具有市场价值

专利转让是一种对专利以市场需求为导向的市场化运作，只有满足市场需求的专利进行转让，其在市场中才能实现市场价值，也就是转让的专利应当具有可市场化能力。专利的可市场化能力主要指通过专利的产业化到最终在市场中销售时，被受众的认可度和专利的潜在使用价值转变为现实价值的能力。简而言之，具有市场价值的专利在市场化中具有帮助企业实现盈利的能力。因此，在进行专利转让前，需要对专利的市场价值进行研判，包括市场上是否已经应用该专利，如果没有应用，那么该专利的市场化应用前景如何等。

4. 专利组合

专利组合是指具有一定相关性和差异性的若干专利，形成一个比较完整、保护范围更大、竞争优势更强的专利集合体，其整体价值大于单件专利的价值之和，具有一定的规模优势和多样化优势，通过组合专利形成的专利组合体系可以为企业构筑竞争优势。在专利转让中，企业选择引进专利组合，能够增加在其关注的技术领域中形成必要的专利壁垒的可能性；对于拥有专利组合的经济主体来说，专利组合的规模化和多样化可以增加市场运营资本和商业谈判筹码，容易对潜在的转让对象形成吸引力。

5. 具有战略价值

企业在引进专利时，须赋予该专利独特的战略价值，也就是说，引进专利的目的各不相同。通常专利的战略价值包括用于进攻的专利、用于防守的专利以及用于提升影响力或作为谈判筹码的专利。因此，企业在引进专利前，需根据自身实际情况对专利战略价值做好规划，将专利可能发挥的作用与企业自身发展进行有机融合，以最大化实现专利价值，助力企业创新发展。

8.3 知识产权质押

8.3.1 知识产权质押概述

知识产权质押是指以合法有效的知识产权出质设定担保，属于权利质押类型。在知识产权质押法律关系中，以依法享有的知识产权权利为自己或第三人的债务设定质押担保的人，为出质人；对出质的知识产权享有担保权利的债权人，为质权人；质押的客体或标的是出质人依法享有处分权的知识产权中的财产权，包括专利权、商标权、著作权等知识产权中的财产权利。

知识产权质押作为担保物权的一种重要形式，在现代社会中发挥着越来越重要的作用，它不仅是知识产权自身价值的体现，而且还具有担保融资价值。2020 年 5 月 28 日通过的《中华人民共和国民法典》第 440 条规定："债务人或者第三人有权处分的下列权利可以出质：……（五）可以转让的注册商标专用权、专利权、著作权等知识产权中的财产权"。由于知识产权技术价值的不确定性、商业价值的后效性、法律价值的不稳定性以及评估方法和评估结果的合理性等原因，知识产权质押规模始终未能有大的起色。然而，在各级政府的大力推动和金融机构的积极参与下，我国知识产权质押逐渐成为新兴的企业融资方式，并呈现出常态化、规模化的发展态势。近年来，我国专利、商标质押融资总额不断增长，由 2019 年的 1 515 亿元增长至 2022 年 4 868.8 亿元。

8.3.2 知识产权质押融资典型模式

国内的知识产权质押贷款融资可归纳为以下三种模式：

1. 直接质押融资模式（银行＋知识产权质押）

企业以经中介机构评估的知识产权质押向商业银行申请贷款。由于当前中国配套的法律和政策尚不完备，商业银行对知识产权价值认定持较为审慎的态度。此种模式的市场推广度较低。

2. 捆绑质押融资模式

捆绑质押融资模式包括：与股权捆绑（银行＋知识产权质押＋股权质押）、与有形资产捆绑（银行＋知识产权质押＋有形资产抵押）、与法人代表无限连带责任担保捆绑（银行＋知识产权质押＋法人代表无限连带责任担保）。企业将知识产权与应收账款、股权、有形资产和企业信用等捆绑作为质押物向商业银行申请贷款。此种模式有利于降低银行经营风险，故现在所开展的专利权质押贷款业务多是以捆绑质押的方式进行，纯粹的专利权质押贷款较少。

3. 反担保质押融资模式（银行＋担保＋知识产权反担保）

担保公司为企业提供担保，企业以知识产权作为反担保质押给担保公司，再由银行与专利权人签订贷款协议。根据担保公司的性质，可分为政府担保模式和担保公司贷款模式两种。

（1）政府担保模式。政府担保模式以上海、四川成都、黑龙江哈尔滨、安徽芜湖、江苏徐州等地为代表。在该模式中，由政府设立担保专项资金，交具有政府背景的机构管理，并由该机构为企业提供信用担保，企业以其拥有的知识产权作为反担保质押给该机构。商业银行根据担保金额放大数倍后向企业提供贷款（如成都商业银行按 1:3 的比例放大，上海商业银行按 1:2 的比例放大），在贷款风险的承担方面，政府承担大部分贷款风险（如上海政府承担 95%，四川成都政府承担 90%），商业银行仅承担很少的风险。政府担保模式的知识产权贷款示意图如图 8-1 所示。

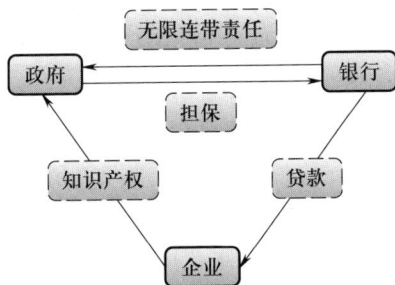

图 8-1 政府担保模式的知识产权贷款示意图

（2）担保公司贷款模式。担保公司贷款模式以湖北武汉、广东深圳、湖南长沙和湘潭、浙江杭州、安徽合肥和蚌埠等地为代表。有别于政府担保模式的是，担保公司贷款模式引入了专业的担保公司作为担保主体。例如，武汉成立武汉科技担保有限公司，杭州成立杭州市高科技担保有限公司，湘潭市由湘潭高新技术创业服务中心联合其他投资实体和个人共同注资 1 亿元成立湖南高新火炬担保有限公司。发生贷款风险时，担保机构承担大部分贷款风险，商业银行承担较少风险。担保贷款模式的知识产权贷款示意图，如图 8-2 所示。

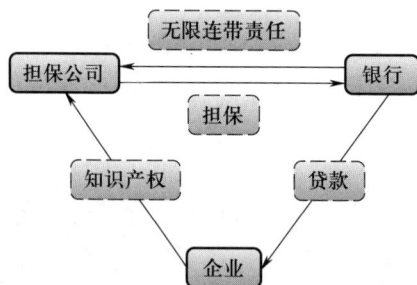

图 8-2　担保贷款模式的知识产权贷款示意图

8.3.3　知识产权质押融资

1. 知识产权质押融资的参与主体分析

知识产权质押融资过程中的参与主体，主要包括知识产权交易平台、融资需求人、专业中介服务机构、投资者、保险机构、政府机构等。

（1）知识产权交易平台（中心）。知识产权交易平台作为知识产权交易板块的营运主体，负责制定和完善有关制度和规则，提供交易所需有关场所、设施、交易系统和服务，严格按照有关政策和制度要求，对参加交易的会员进行自律管理，尽可能地促成知识产权供需双方的交易。

（2）融资需求人。融资需求人是指依照中心相关规定对融资有明确融资额度需求的企业或个人，他们一般是优质知识产权的所有人。目前，市场上多数是具有专利权等知识产权资产但又缺乏实物资产的科技型企业，处于初创期或者成长期，不希望通过股权融资稀释股权，同时对资金需求量不大，具有中短期的融资需求者。

（3）专业中介服务机构。专业中介服务机构是指在知识产权交易过程中提供交易服务的中介组织，包括信用评级机构、担保机构、评估机构、会计师事务所、律师事务所等专业服务机构。在融资过程中，由于知识产权具有高度专业性，银行等投资者处于相对的信息劣势，需要借助会计师事务所、律师事务所等进行权属核实和法律风险估计，还要借助资产评估机构进行知识产权价值的评估。

（4）投资者。投资者是指参与知识产权交易的金融机构、各类权益机构持有者、投资机构、企业或个人投资者。

（5）保险机构、政府机构等。知识产权融资风险分散机制的重要环节是政策性保险机构或者商业保险机构。政府机构主要对知识产权质押提供推选、监督、担保等综合服务，由于知识产权资产的风险偏高，政府往往需要提供相配套服务或信贷支持才能有效促进市场对该项融资创新的尝试和发展。

2. 知识产权质押融资的主要流程

知识产权质押类业务与传统抵押类业务有很大不同，根据国家有关部门的规定，知识产权质押融资业务的主要流程包括：

（1）企业向银行提交知识产权质押贷款书面申请。申请知识产权质押贷款时，商标注册人应持《商标注册证》、专利权人应持《专利证书》和银行所需的其他相关材料向银行提出贷款申请。金融机构针对不同客户初步分析其资产准入标准及范围，一般包括两层：一是贷款主体的准入标准，二是质押物的准入标准。贷款主体的准入标准可通过贷款企业信用履约分析、偿债能力分析、盈利能力分析、经营发展能力分析、综合能力分析等确定，在实际中贷款主体通常是贷款行的黄金客户、优质客户，在贷款行及其他行无不良记录。质押物的准入标准一般遵循省著名商标及国家驰名商标优先的原则，专利为发明专利和实用新型专利优先原则。

（2）由专业评估机构对企业商标专用权或者专利权价值进行评估。很多企业商标自身的价值是有限的，而企业的业绩、市场占有份额都会改变品牌的价值，都会使商标的价值发生巨大的波动。同时，如果企业在发展中出现重大问题，商标的价值也会受到影响，银行的贷款安全得不到保证，风险比较大。如果想要解决好这一问题，就应该有专门的评估机构，对企业自身商标和专利的价值进行全面、客观地评估，建立知识产权质押物价值动态评估机制，这样就可以给借贷双方提供一个很好的知识产权价值依据，落实风险防控措施。

（3）银行对企业提交的资料及商标专用权评估结果进行审核。质押物的价值可通过专业的资产评估事务所对质押物的时点价值进行客观的评估，为质押类业务提供价值参考。对于质押物的范围来说通常是指商标权、专利权、著作权。商标质押包括企业质押商标及其相同或近似类别的相同或近似商品/服务。专利权质押包括出质人（专利权人）在质押期限范围内的无权属纠纷的专利权。银行根据商标或专利的评估价值作为确定质押贷款的授信额度的参考，质押率通常规定不超过质押物时点价值的50%，在实际操作中受行业、地区及风险控制等诸多因素的影响与限制，一般为10%～60%，质押率在20%～60%的居多。

（4）审核通过后，双方签订贷款合同、知识产权质押登记合同。由于知识产权质押贷款合同需要到国家商标局和国家知识产权局进行质押登记，故双方签订的质押登记合同应当包括：① 出质人、质权人的姓名（名称）及住址；② 被担保的债权种类、数额；③ 债务人履行债务的期限；④ 出质物清单；⑤ 担保范围；⑥ 当事人约定的其他事项。

（5）办理知识产权质押登记手续。根据国家知识产权局商标局的规定，签订知识产权质押贷款合同后，双方应持相关材料到知识产权管理部门办理质押权登记，其中，商标权质押登记时间为5个工作日，专利权质押登记时间为7个工作日。

（6）执行借款合同。取得知识产权质押登记证书后，银行可按照双方签订的贷款合同给借贷方放款。

8.4　知识产权信托

8.4.1　知识产权信托的定义和类型

1. 知识产权信托的定义及特征

《中华人民共和国信托法》第 7 条规定，设立信托，必须有确定的信托财产，并且该信托财产必须是委托人合法所有的财产，包括合法的财产权利。这就为知识产权信托提供了法律依据。因为知识产权作为一种无形资产，具有财产属性，且可以由权利人进行独立委托支配并进行转让。因此，知识产权具备信托财产的要件，知识产权信托作为一种知识产权金融模式得以在法理上确立。

知识产权信托是以知识产权为标的的信托，通过权利主体与利益主体的分离，将知识产权转移给具有专业理财能力的信托机构经营管理，由知识产权权利人取得知识产权的收益，信托机构取得相应报酬的一种有效的财产管理方式。知识产权信托既能够充分发挥专业信托机构在市场和财产管理上的优势，又能降低知识产权权利人直接运营知识产权的风险，同时有效推动了知识产权的转化，实现了知识产权的保值增值。结合信托的一般特点和知识产权的特有属性，知识产权信托具有如下特征。

（1）知识产权信托是一种特定的理财制度。这种理财制度是以信任为基础的委托，委托的内容是管理或处分知识产权，理财的目的是为了受益人的利益。

（2）受托人以自己名义管理或处分知识产权。知识产权信托不同于代理，一方面，主体结构不同。代理关系的主体包括委托人和代理人，而信托关系中，存在受益人这一独立主体。另一方面，法律关系存续期间财产的独立性不同。在代理关系中，代理人代为管理或处分的知识产权与委托人的其他财产在权利归属上并无二致，而在信托关系中，信托知识产权不仅独立于委托人的其他财产，而且独立于受托人的固有财产。

（3）信托财产是委托人所委托的知识产权中的财产权。包括对知识产权的许可使用权，获取知识产权权益的收益权，实施对知识产权管理的权利以及对知识产权的处分权。上述权利可以分别行使或组合行使。委托人有权根据法定规则，在信托合同中自主决定其知识产权信托的具体内容和方式。

由于知识产权对象的无形性、技术价值的不确定性、商业价值的后效性和法律价值的不稳定性，使得知识产权管理相对于有形财产、有价证券、股权等的管理来说，更为复杂化和专业化。知识产权信托在我国的业务模式及业务范围尚处于不断调整的时期，还处于理论和制度探索阶段。

案例　武汉专利信托案

2. 知识产权信托的类型

知识产权信托可以根据知识产权类型分为专利权信托、商标权信托、著作权信托、集成电路布图设计专有权信托、植物新品种权信托等；也可根据通常的信托目的分为民事信托、商事信托和公益信托。

（1）民事信托。民事信托即受托人从事事务管理类信托业务，以完成一般的民事法律行为为内容，其业务模式是"受托人＋保管人"。著作权集体管理就属于知识产权民事信托。著作权集体管理是指著作权集体管理组织经权利人授权，集中行使权利人的有关权利并以自己的名义进行的下列活动：与使用者订立著作权或者与著作权有关的权利许可使用合同；向使用者收取使用费；向权利人转付使用费；进行涉及著作权或者与著作权有关权利的诉讼、仲裁等。如果著作权集体管理组织从事营利性经营活动的，由市场监督管理部门依法予以取缔，没收违法所得；构成犯罪的，依法追究刑事责任。

（2）商事信托。商事信托即受托人以营利为目的，接受委托人委托实施有关知识产权的商事行为，其业务模式是"受托人＋投资管理人＋保管人"。信托公司从事的信托业务是以营利和收取报酬为目的，以受托人身份承诺信托和处理信托事务的经营行为。信托公司管理运用或处分信托财产时，可以按照信托文件的约定，采取投资、出售、存放同业、买入返售、租赁、贷款等方式进行。信托公司的信托行为具有营利性，属于典型的商事信托。

（3）公益信托。公益信托即以公益事业为目的的有关知识产权的信托。以下列公共利益为目的而设立的信托，属于公益信托：救济贫困；救助灾民；扶助残疾人；发展教育、科技、文化、艺术、体育事业；发展医疗卫生事业；发展环境保护事业，维护生态环境；发展其他社会公益事业。虽然知识产权是私权，但只要这种财产权信托是为社会公众谋求上述领域的公共利益，而不是谋求特定个人的私利，都属于公益信托。

8.4.2　知识产权信托当事人

1. 委托人

委托人是指以其拥有的知识产权，为了一定目的委托他人进行知识产权管理或处分的当事人。知识产权委托人应当具备两项基本条件：一是拥有可以设立信托的知识产权；二是具有完全民事行为能力，包括自然人、法人或者依法成立的其他组织。

委托人为了其合法权益和受益人的利益，主要享有如下的权利：① 有权了解其信托知识产权的管理运用、处分及收支情况，并有权要求受托人作出说明。委托人有权查阅、抄录或者复制与其信托知识产权有关的信托账目以及处理信托事务的其他文件。② 因设立信托时未能预见的特别事由，致使信托知识产权的管理方法不利于实现信托目的或者不符合受益人的利益时，委托人有权要求受托人调整该信托知识产权的管理方法。③ 受托人违反信托目的处分信托知识产权或者因违背管理职责、处理信托事务不当致使信托知识产权受到损失的，委托人有权申请人民法院撤销该处分行为，并有权要求受托人恢复信托知识产权的原状或者予以赔偿。上述申请权自委托人知道或者应当知道撤销原因之日起一年内不行使的，归于消灭。④ 受托人违反信托目的处分信托知识产权或者管理运用、处分信托知识产权有重大过失的，委托人有权依照信托文件的规定解任受托人，或者申请人民法院解任受托人。

2. 受托人

受托人是指接受委托，按照信托文件对信托知识产权进行管理、利用、处分的人，包括具有完全民事行为能力的自然人、法人。我国《信托公司管理办法》对从事营业信托的信托公司的资格进行了严格的规定。不仅规定设立信托公司应当经中国银行保险监督管理委员会（现国家金融监督管理总局）批准，并领取金融许可证。而且明确规定了信托公司的设立条件：① 有符合《中华人民共和国公司法》和中国银行保险监督管理委员会规定的公司章程；② 有具备中国银行保险监督管理委员会规定的入股资格的股东；③ 具有最低限额为实缴 3 亿元人民币或等值的可自由兑换货币的注册资本；④ 有具备中国银行保险监督管理委员会规定任职资格的董事、高级管理人员和与其业务相适应的信托从业人员；⑤ 具有健全的组织机构、信托业务操作规程和风险控制制度；⑥ 有符合要求的营业场所、安全防范措施和与业务有关的其他设施；⑦ 中国银行保险监督管理委员会规定的其他条件。

为保证信托知识产权的安全和信托行为的合法性，《中华人民共和国信托法》还明确规定了受托人的义务，主要包括：① 受托人应当遵守信托文件的规定，为受益人的最大利益处理信托事务。受托人管理信托知识产权，必须恪尽职守，履行诚实、信用、谨慎、有效管理的义务。② 受托人除依法取得报酬外，不得利用信托知识产权为自己谋取利益。受托人违反规定，利用信托知识产权为自己谋取利益的，所得利益归入信托财产。③ 受托人不得将信托知识产权转为其固有财产。受托人将信托知识产权转为其固有财产的，必须恢复该信托财产的原状；造成信托财产损失的，应当承担赔偿责任。受托人必须将信托知识产权与其固有财产分别管理、分别记账，并将不同委托人的信托财产分别管理、分别记账。④ 受托人不得将其固有财产与信托知识产权进行交易或者将不同委托人的信托财产进行相互交易，但信托文件另有规定或者经委托人或者受益人同意，并以公平的市场价格进行交易的除外。受托人违反规定造成信托知识产权损失的，应当承担赔偿责任。

3. 知识产权信托的受益人

受益人是指在信托中享有信托收益的人。根据《中华人民共和国信托法》的规定受益人享有如下权利：① 受益人自信托生效之日起享有信托受益权，即享有信托收益的权利。信托文件另有规定的，从其规定。② 受益人可以放弃信托受益权。全体受益人放弃信托受益权的，信托终止。③ 受益人不能清偿到期债务的，其信托受益权可以用于清偿债务，但法律、行政法规以及信托文件有限制性规定的除外。④ 受益人的信托受益权可以依法转让和继承，但信托文件有限制性规定的除外。

8.4.3　知识产权信托的运作模式

根据知识产权的无形性等特征以及信托法律关系，可以将目前知识产权信托归纳为三种模式：知识产权普通信托模式、知识产权贷款信托模式以及知识产权证券化信托模式。知识产权普通信托模式充分发挥了信托的财产管理和处分功能，知识产权贷款信托模式以及知识产权证券化信托模式则主要反映了信托的融资功能，极大地促进了知识产权与资本市场的融通。

1. 知识产权普通信托模式

知识产权普通信托模式是指知识产权原始权利人（即委托人），为了使其拥有的知识产权产业化、资本化，并以此实现知识产权资产的增值目的，将知识产权原始权利人拥有的知识产权转移给信托机构（即受托人），由信托机构代为管理、运用或处分的过程。在知识产权普通信托模式中，知识产权是一种直接信托财产，通过信托机构搭建的统一转化平台，借助路演等适当的推介形式，运用其专业谈判能力，提高知识产权的转化率。在知识产权普通信托模式中，为筹借信托计划的运作资金或提前支付相关收益，信托机构可通过单一或集合资金信托发售投资收益凭证，待知识产权实现转化后再将其收益分配给投资者，通过这种方式可以将知识产权信托与资金信托模式有效的结合，促进知识产权信托标的的流通。知识产权普通信托模式凸显了信托机构的专业金融服务机构的身份和定位，解决了原始权利人因缺乏知识产权转化的相关知识和经验而带来的问题，为非职务发明人、高等院校、科研院所及中小企业提供了知识产权直接转化平台，避免了社会智力资源的浪费和闲置，充分发挥了知识产权对于社会经济发展的推动作用。

2. 知识产权贷款信托模式

知识产权贷款信托模式是指受托人信托机构通过资金信托方式吸收投资者投资，并将该信托资金用于知识产权转化项目中，知识产权人通过知识产权为信托计划提供直接担保或反担保支持。知识产权贷款信托模式与知识产权质押贷款形式较为相似，均是利用知识产权作为融资担保手段。不同的是，知识产权贷款信托模式中引入了信托机制，并且信托在其中扮演融资通道功能，信托产品的资金来源、性质、风险承受能力、期限、结构等要素均可不同于传统的知识产权质押贷款。在知识产权贷款信托模式中，可利用知识产权质押提供的直接而担保或反担保为信托计划进行增信，实现了企业发展中的多元化融资解决方案，开拓了科技型中小企业融资市场，拓展了信托机构业务范围。

3. 知识产权证券化信托模式

知识产权证券化信托模式是指发起机构将其拥有的知识产权或其衍生债权（专利转让费、专利许可费等）作为基础资产，移转到特殊目的机构（Special Purpose Vehicle，SPV），再由 SPV 以该知识产权的未来现金收益为支撑，经过组合包装、信用增强、信用评级等程序后发行可流通证券的融资行为。知识产权证券化信托模式主要通过签订知识产权许可转让合同、设立 SPV、信用评级及增级、进行结构设计及发行证券、选定承销商并发售证券五个步骤实现知识产权的证券化，从而达到知识产权固定资产转化成为知识产权流动资产的目的。知识产权证券化信托模式的核心是对知识产权未来收益产生的现金流进行证券化，同时借助 SPV 隔离发起人的破产风险，将证券信用锁定于知识产权的收费权本身，SPV 过程也是实现知识产权信托运作的过程。知识产权证券化信托模式在保留知识产权权属不变的前提下，降低了科技型企业融资成本和融资风险，扩大了融资规模。

知识产权信托使得知识产权原始权利人与证券化标的（即基础资产）的收益权在法律上实现了破产隔离，从而使投资者免受发起人破产的威胁，同时，知识产权证券化又借助结构化分层技术吸引了不同风险偏好的投资者。

【本章重要专业词汇】

知识产权许可—Intellectual Property Licencing

知识产权转让—Intellectual Property Transfer

知识产权质押—Intellectual Property Pledge

知识产权信托—Intellectual Property Trust

普通许可—Non-Exclusive License　　　　　　排他许可—Exclusive License

独占许可—Sole License　　　　　　　　　　交叉许可—Cross License

【本章小结】

1. 知识产权许可是指许可人授予被许可人在约定的期间和地域，按照约定方式使用其知识产权的行为。

2. 知识产权普通许可是指许可人允许被许可人在许可合同约定的期间和地域范围内使用合同约定的知识产权权利，同时保留在该期限和地域范围内自己使用该知识产权的权利，以及再与第三方就该项知识产权签订许可合同的一种法律行为。

3. 排他许可指在一定期间和地域范围内，被许可人对被许可使用的知识产权享有排他性使用权，许可人不得把该知识产权权利再许可第三方使用，但许可人自己有权在该地域内使用该项知识产权权利的一种法律行为。

4. 独占许可是指许可人授予被许可人在许可合同约定期间和地域范围内，对所许可的知识产权拥有独占使用权，包括许可人和其他第三方均无权使用该项知识产权的一种法律行为。

5. 交叉许可是指交易双方或多方将各自拥有的知识产权相互许可使用，互为知识产权许可人和被许可人的一种法律行为。

6. 知识产权转让是指知识产权转让人（一般指知识产权权利主体）与知识产权受让人依法订立合同，将知识产权权利人主体资格转移给受让人享有的法律行为。

7. 知识产权质押指以合法有效的知识产权出质设定担保，属权利质押类型。

8. 知识产权信托是以知识产权为标的的信托，通过权利主体与利益主体的分离，将知识产权转移给具有专业理财能力的信托机构经营管理，由知识产权权利人取得知识产权的收益，信托机构取得相应报酬的一种有效的财产管理方式。

9. 知识产权信托的主要形式有三种模式：知识产权普通信托模式、知识产权贷款信托模式以及知识产权证券化信托模式。

【思考题】

1. 知识产权许可的类型有哪些，不同类型许可的区别是什么？

2. 如何确定知识产权许可费，知识产权许可费与知识产权价值评估具有怎样的关系？

3. 知识产权转让有哪些模式？

4. 值得进行转让的专利应具备哪些特征？

5. 知识产权质押融资包括哪些具体流程？

6. 知识产权质押的典型模式有哪些？

7. 知识产权信托有哪些模式，有什么区别？

即测即评

【案例作业】

尤尼林集团的专利许可战略

尤尼林管理私营公司原是比利时一家木业公司，被美国莫霍克（Mohawk）公司收购后更名为尤尼林集团。通过对尤尼林集团专利许可数据的分析发现，尤尼林集团在中国一共发生 4 000 多次专利许可，在专利许可企业排行中占据首位。为此，我们希望通过对其在中国进行活跃的专利许可战略进行研究，挖掘出企业成功背后的原因和方法，为中国企业提供一定的参考。

2007 年 1 月，美国国际贸易委员会（ITC）对全球 38 家木地板企业的"337 调查"做出仲裁，裁定这些企业在美国销售的地板侵犯了尤尼林集团、爱尔兰地板工业公司和美国尤尼林北卡罗来纳地板公司（后两者是尤尼林集团的关联公司）的地板锁扣专利，其中有 18 家中国木地板企业涉案。随后，尤尼林集团开始通过签署《专利实施许可合同》的方式，向中国地板出口企业收取不菲的费用。2007 年开始，中国 3 000 多家地板企业中，尤尼林集团已经许可了 200 多家，支付的专利许可费用约 1.196 亿美元/年；专利费用占到了企业总成本的 10%～15%，几乎半数的企业利润都为他人"做了嫁衣"。

尤尼林集团在全球申请了 1 000 多件专利。从申请国家和地区来看，申请量最多的是美国（294 件），第 2 位是欧洲专利局（164 件），第 3 位世界知识产权组织（71 件），第 4 位是中国（67 件）。可见美国、欧洲和中国是其专利布局的重点。针对尤尼林集团在中国许可的这 200 多家企业进行分析，我们发现中国的地板企业对保护知识产权的意识萌芽较晚。从 1999 年起，这些企业才开始逐步申请专利。目前，被许可的 200 多家企业中有 100 多家企业拥有专利，且专利数量高达 2 500 多件，发明专利 800 多件，但仅有一件专利进行了 PCT 申请，可见，中国地板企业在技术上虽然有一定的潜力，但是在专利海外布局方面还是意识不足。

尤尼林集团在中国专利许可次数累计达到 4 482 次。尤尼林集团在中国的专利申请中许可次数最多的专利 CN02123006.4，专利名称为"由硬地板块构成的地板以及制造这种地板块的方法"，许可次数高达 154 次。进一步分析发现，专利 CN02123006.4 许可给了中国 140 多家企业，该专利于 2017 年 7 月 25 日专利权终止，但是在 2017 年 6 月 23 日尤尼林集团还将该专利分别许可给了三家中国企业。同样，专利 CN200410057586.1、CN200610090323.X 等也是在专利权仅剩 1 个月期限时，还在进行专利许可，由此可见，尤尼林集团将该专利的价值发挥到了极致。

资料来源：朱宁，于立彪，马天旗，等.知识产权运营实务［M］.北京：知识产权出版社，2020.有修改.

案例讨论：

1. 谈谈尤尼林集团的专利许可战略给中国企业专利运营带来了哪些借鉴意义。

2. 谈谈中国企业在进行专利许可时需要注意哪些内容。

第九章　知识产权运营新模式

开篇案例　耶鲁大学专利许可费证券化

2000 年，耶鲁大学将其最新开发的一种抗艾滋病药物泽瑞特（Zerit）的专利权许可给全球生物制药公司必治妥施贵宝公司（Bristol-Myers Squibb）。根据惯例，许可费的获取需要较长的时间，为了解决短期内对大量资金的需求问题，基于以往良好的合作关系和未来收益的可预期性，耶鲁大学将该专利许可费收益权进行拆分，其中 30% 的收益权自留，剩余 70% 卖给一家医药公司（Royalty Pharma），后者随即成立皇家医药信托（SPV），并将所购得专利许可费收益权以真实销售的方式转让给该信托。皇家医药信托以该专利许可费收益为担保，并据此设计了收益权证券化产品，发行了 7 915 万美元的浮动利率债券和 2 790 万美元的股票，最终为耶鲁大学融资 1 亿美元。

耶鲁大学药品专利权证券化产品结构框架如图 9-1 所示。皇家医药信托将 7 915 万美元的浮动利率债券分为 5 715 万美元的优先级债券和 2 200 万美元的次级债券，其中次级债券获得第三方保险公司 ZC Specialty 2 116 万美元的股权担保。另外，其发行的 2 790 万美元的股票则由皇家医药公司、耶鲁大学和风险投资机构 BancBoston Capital 认购。皇家医药公司担任承销商，Major US University 担任分销商。皇家医药信托公司每季度从必治妥施贵宝公司获取专利许可费，并按照协议向服务商和投资人支付相关费用或收益，偿付结束后，将剩余的收益支付给耶鲁大学。

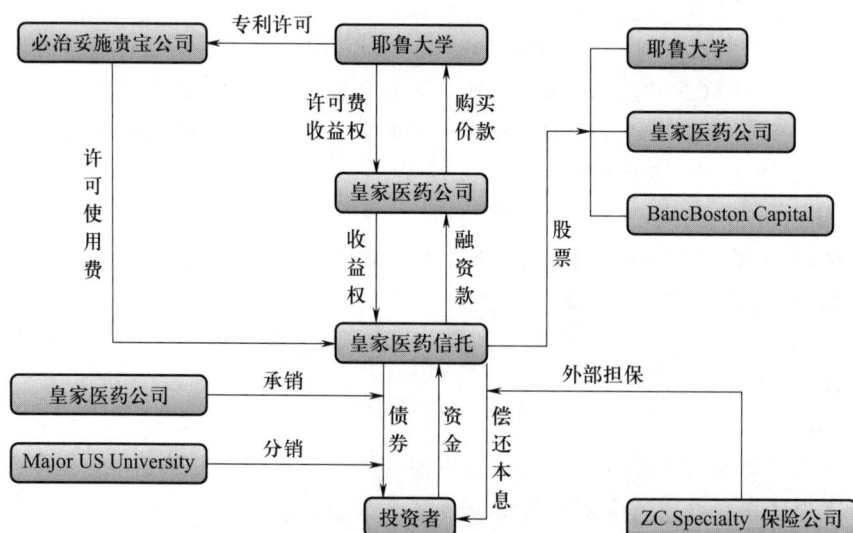

图 9-1　耶鲁大学药品专利权证券化框架

该案例最终以皇家医药信托公司于 2001 年冬开始连续三季度会计报告违约，并于 2022

年 11 月底提前进入偿还阶段而宣告失败。

资料来源：朱宁，于立彪，马天旗，等. 知识产权运营实务［M］. 北京：知识产权出版社，2020.

9.1　知识产权证券化

9.1.1　知识产权证券化的定义

知识产权证券化作为一种创新的知识产权运营模式，是知识经济时代下结构性融资的新尝试，理论界和实务界在不断推动知识产权证券化发展的同时，也对其进行了多维度的探索，目前知识产权证券化仍然处于探索阶段。知识产权证券化（Securitization of Intellectual Property）是指发起机构（如创新型企业）将其拥有的知识产权或其衍生债权（如专利许可的现有及未来收益），移转给特殊目的载体（机构），再由此特设载体以知识产权或其衍生债权等资产作担保，经过重新包装、信用评价以及增信后发行或出售可在市场上流通的证券，并以此作为发起机构的融资操作。换言之，知识产权证券化是指发起人将知识产权所产生的现金流通过集合组成知识产权基础资产池，再对基础资产池的转让和信用增级，为专门开展资产证券化业务的特殊目的机构发行以知识产权所产生的现金流为背景支撑的金融产品的过程。知识产权资产证券化可分为著作权证券化、专利权证券化和商标权证券化，作为一种重要的金融创新，知识产权证券化对于我国建设多层次金融市场、发展自主知识产权具有重要意义。

9.1.2　知识产权证券化的要素

1. 知识产权证券化涉及的基础资产

知识产权证券化涉及的基础资产通常指具有可预期现金收入流量的知识产权，通常包含专利权、商标权及著作权等知识产权中的一项或者多项。知识产权证券化中可预期现金收入流量的知识产权权利主体和权利本身的范围比较难以界定和厘清，知识产权固有的不稳定性不可避免地给知识产权证券化带来比其他资产证券化更多的风险，而这种风险又因为缺乏公认和明确的评估标准而难以做到科学评估，尤其是商业秘密等类型知识产权更加难以评估。

依据知识产权产生收益的品类不同，可将知识产权基础资产分为三类，分别为许可类基础资产、信贷质押类基础资产及投资分红类基础资产。许可类基础资产以知识产权许可收益作为知识产权发行证券的基础资产；信贷质押类基础资产以知识产权质押担保所形成的信贷债券收益作为知识产权发行证券的基础资产；投资分红类基础资产是以知识产权参与投资产生分红收益作为知识产权发行证券的基础资产。

2. 知识产权证券化的基本条件

知识产权证券化通常需要知识产权本身满足一定的条件，才能确保投资的收益得到合理保证，投资者才具有投资意愿，从而保证知识产权证券化顺利实施。条件如下：一是知识产权具有可预见收益的财产价值，这是知识产权能够进行证券化的重要保证，具有可预见收益的财产价值的知识产权包括知识产权商业化所拥有的债权、知识产权许可产生的收益权及知识产权投资分红产生的收益权等，这些知识产权的重要特征在于，其能够在未来产生可预测的稳定现金流且现金流的期限与条件能够把握。二是知识产权具有良好的变现能力，知识产权有较高的变现价值或者对于债务人的效用较高，则能够产生良好、较为稳定的现金流。由于能产生稳定的现金流，导致大部分证券化的知识产权都来自版权领域如电影、音乐版权等。三是知识产权持有人具有合法拥有知识产权的权属证明，权属证明包括可依法认定的证明材料。四是拥有知识产权许可使用和质押担保合同，各方应严格执行彼此签订的合同，保证知识产权投资收益稳定，通常可以委托律师或专业机构进行起草和修订，从而产生高质量和标准化的知识产权合同条款，保证知识产权证券化的顺利实施。

3. 知识产权证券化涉及的主体与客体

知识产权证券化涉及的主体包括证券发起人、特殊目的的机构（SPV）、担保人、承销商或代销商、受托服务银行及投资人。证券发起人是指拟通过知识产权融资并为此构建和转让知识产权基础资产池的发起人，证券发起人多为原始权利人。特殊目的的机构（SPV）是指仅为特定、专向目的而设立的法律实体，本书中是指以知识产权证券化为唯一目的法律实体，SPV 的主要作用是受让知识产权基础资产池并为此发行知识产权证券。担保人的主要作用是为知识产权支持证券提供信用增级，从而增加证券的评级，降低投资人的风险，增强投资人的投资意愿。承销商或代销商通常是指证券公司，其主要作用是为发行知识产权资产证券代理承销，便于投资者更加便捷购买债券或者股票。受托服务银行通常是指具有较高商业信用的大型银行，其主要作用是受 SPV 委托为知识产权证券管理现金流。投资人是指购买知识产权资产证券的人，知识产权证券化是否能够顺利进行，最终取决于投资人是否买单。

知识产权证券化涉及的客体包括收益权及发行产生的资产证券。收益权是指证券化的知识产权产生现在或者未来的收益，其中包括债权。发行产生的资产证券是指通过知识产权的 SPV 发行以所产生的现金流为信用支持而形成的资产证券。

> 案例　推动"知产"变资产

9.1.3　知识产权证券化运作模式

1. 公司制 SPV

公司制 SPV 被称为特殊目的公司（Special Purpose Company，SPC），SPC 一般只是发起人设立的空壳公司，属于特别法中的公司，其优点在于可以扩大专利资产证券化中资产池的规模而摊薄证券化交易中较高的初始发行费。特别法中的公司是指特殊目的公司是专为专利等知识产权的证券化，以及其他类型财产的证券化所设立的公司，该类型的公司在设立程序、业务范围、组织结构等方面与普通的公司有本质上的区别。很多国家在进行知识产权证券化的过程中，都设置了特别法，对特殊目的的公司进行合理规范。根据我国相关法律规定，对公司制 SPV 的企业发行股票和债券都有较高的注册资本要求和盈利门槛要求，这样的规定无疑增加了创新型企业融资的成本，同时也会将大量中小企业拒之门外，因此，公司制 SPV 在我国发展受到较大的限制。

2. 信托式 SPV

信托式 SPV 被称为特殊目的信托（Special Purpose Trust，SPT），SPT 是资产证券化中的关键机构。2001 年 4 月颁布的《中华人民共和国信托法》为 SPT 提供了法律依据，为我国知识产权证券化过程中 SPT 的设立提供了制度基础。SPT 兼具财产管理与中长期融资功能，能够有效地促进专利权的产业化和市场化。SPT 最大的特点在于灵活性，它能够将资产分割为多个相互独立的部分，以实现股票、债券等多种类型的交易目标。

3. 合伙制 SPV

知识产权证券化的过程中，特殊目的机构可以采用有限合伙的形式。有限合伙制度源于英美法系，它是指由普通合伙人和有限合伙人共同组成的合伙组织，即一个或者一个以上的普通合伙人与一个或者一个以上的有限合伙人所组成的合伙企业。普通合伙人对合伙企业的债务承担无限连带责任，有限合伙人则根据出资额对合伙企业的债务承担有限责任。由于在合伙企业中普通合伙人要对合伙企业的债务承担无限连带责任，这在一定的程度上影响合伙企业作为特殊目的机构的风险隔离作用的发挥。相较于公司制 SPV 与信托式 SPV，合伙制 SPV 极少被应用于实践。

9.1.4　知识产权证券化运作流程

知识产权证券化的运作流程基于知识产权证券化的交易模式，其核心是设立以资产证券化为唯一目的的 SPV。在知识产权证券化的运作流程中（如图 9-2 所示），首先，知识产权的所有者（原始权益人、发起人）将知识产权未来一定期限的许可使用收费权作为基础资产，转让给 SPV，形成资产支撑证券（Asset-Backed Security，ABS）。然后，SPV 聘请信用评级机构进行 ABS 发行之前的内部信用评级，确定 SPV 的信用等级。接着，SPV 将内部信用评级的结果与知识产权的所有者的融资要求进行比较，若无法满足融资要求，则采用信用增级方式，提高 ABS 的信用级别；若已经满足融资要求，则不做增级处理。

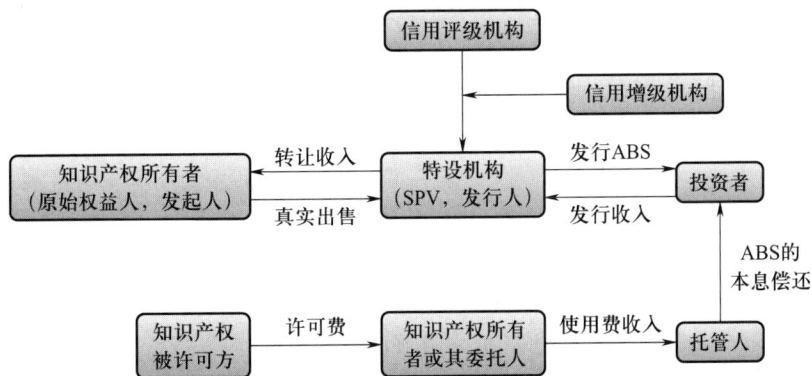

图 9-2　知识产权证券化的运作流程

其次，SPV再次聘请信用评级机构进行发行信用评级，评级完成后，ABS应具有发行所具备的信用等级。接着SPV向投资者发行ABS，以发行收入向知识产权的所有者支付知识产权未来许可使用收费权的购买价款。接着，知识产权所有者或其委托的服务人向知识产权被许可方收取许可使用费，将款项存入SPV指定的收款账户，由托管人负责管理。最后，托管人按期进行还本付息，并支付信用评级机构等中介机构的相关费用。

9.2　知识产权质押众筹融资

9.2.1　知识产权质押众筹融资概述

知识产权质押众筹融资是融合知识产权质押融资和众筹融资而成的一种新型融资模式。知识产权质押众筹融资是指出质人为了融资将知识产权作为反担保质押给某担保机构，担保机构为此融资项目提供担保，由互联网众筹平台向普通投资者进行项目众筹融资，最后放款给出质人的间接质押融资模式。

知识产权质押众筹融资融合了知识产权质押融资和众筹融资，与传统的知识产权质押融资相比，具有以下特点。

（1）融资资金来源为普通投资者。知识产权质押众筹融资与传统的知识产权质押融资在资金来源方面有很大的不同，传统的知识产权质押融资的资金来源一般为银行或其他机构，而知识产权质押众筹的资金来源一般为通过互联网平台集合起来的普通投资者。

（2）资金来源为多个。传统的知识产权质押融资的资金来源一般为一个，而知识产权质押众筹的资金来源一般为通过互联网平台集合起来的多个普通投资者。

（3）互联网平台运营方为整个知识产权质押众筹融资的中介方和组织方。

（4）知识产权质押众筹为间接质押融资，质权方不是普通投资者，而是担保机构。

知识产权质押众筹融资为创新型中小企业融资提供了一种新型的知识产权质押融资方式，并将知识产权质押融资与广大普通投资者连通，为广大普通投资者，特别是个人投资者提供了一个新的、操作便捷的投资渠道。知识产权质押众筹融资打破了传统知识产权质押融资对投资方的束缚，可有效缓解中小型科技创新企业的融资困难，有利于科技和创新成果的转化，为知识产权的商品化和市场化，以及提升企业知识产权核心竞争力起到积极的促进作用。随着我国相关金融法规的进一步完善，知识产权质押众筹融资模式在融资额上有望超过传统的知识产权质押融资，成为知识产权质押融资的主力。

9.2.2　知识产权质押众筹融资的运作流程

知识产权质押众筹融资的运作流程（如图9-3所示）一般为：企业融资人向互联网众筹平台发出知识产权质押众筹融资的项目需求，并提出回报投资人的方案；互联网众筹平台对融资及质押的知识产权进行初步评估，通过后交担保机构，由担保机构安排对拟质押的知识产权进行实质审核，并安排对拟质押知识产权进行价值评估；借贷项目获得担保机构担保后，在互联网众筹平台上推荐给所有投资人；项目众筹若未达到融资人的目标融资额时，众筹失败，已筹资金退还投资人，项目众筹若达到目标额时众筹成功，多方签署相关合同，办理知识产权质押手续，互联网众筹平台放款给融资企业；根据借贷合同约定，融资人如期支付投资人本金与利息后，合同终止，项目完结。如融资人违约未按时支付本息，由担保机构安排处置，知识产权变现后支付投资人的本息。众筹的项目资金为了安全起见应委托银行进行存管或托管。

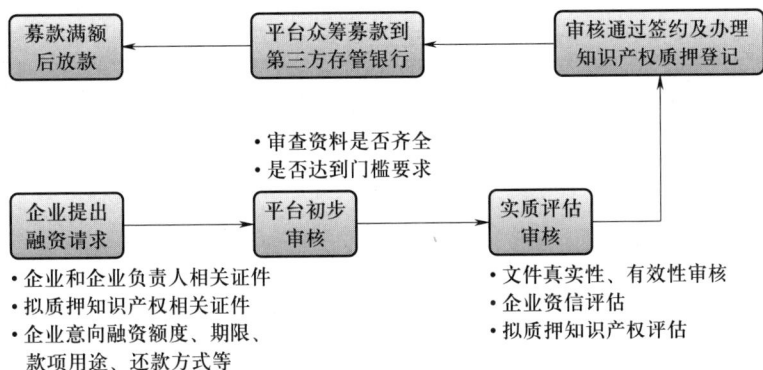

图 9-3　知识产权质押众筹运作流程图

企业在提出知识产权质押众筹的融资请求时至少应提供：企业和企业负责人的相关证件，拟质押的知识产权的相关证件，企业意向融资额度、期限、款项用途、还款方式、还款的资金来源等。平台的初步审核一般主要审查：企业的证照是否齐全，法人和负责人的证件是否齐全，证件是否在有效期内，企业的成立年限是否符合平台的最低要求，企业提供的知识产权是否真实有效且在企业或法人代表的名下。担保机构进行的实质评估审核，包括上述证件文件真实性、有效性审核，企业资信评估，并自行或交由第三方进行拟质押的知识产权的价值评估。

9.3　知识产权基金

9.3.1　知识产权基金概述

知识产权基金是将股权投资基金与知识产权相结合，通过建立知识产权领域的投资基金作为直接投资工具，以支持战略性、地域性、重要产业相关知识产权运营的手段之一。

传统知识产权融资方式以债务融资为主，如知识产权质押、融资租赁等。但从操作实践来看，除少部分价值量极高、较为成熟的知识产权资产以外，我国绝大多数知识产权资产不易获得质押贷款融资，限制了中小型科技公司或个人的融资途径。目前，各地政府出台贷款贴息、资助担保等多项政策帮助，但质押贷款可提供的金额较小，不能满足知识产权技术研发过程中庞大的资金需求。

在加快创新型国家建设、推动产业转型升级的大背景下，为了有效利用资本市场激活存量知识产权，最大限度释放知识产权价值，2014 年，国家知识产权局与财政部联手，以市场化方式促进知识产权运营服务试点工作，推动设立基金，融合资本。《国务院关于新形势下加快知识产权强国建设的若干意见》也明确提出，运用股权投资基金等市场化方式，引导社会资金投入知识产权密集型产业。随着相关政策的陆续颁布（见表 9-1），我国知识产权基金规模也不断增大。同时，在此背景下，部分省市相继发起设立了知识产权基金。知识产权基金如雨后春笋般涌现，在地方上得到了较大的发展。

表 9-1　知识产权基金相关法律法规及政策整理

名称	颁发日期
国务院办公厅关于转发知识产权局等单位深入实施国家知识产权战略行动计划（2014—2020 年）的通知	2014.12
政府投资基金暂行管理办法	2015.11
国务院关于新形势下加快知识产权强国建设的若干意见	2015.12
国务院关于印发"十三五"国家知识产权保护和运用规划的通知	2016.12
关于加快建设知识产权强市的指导意见	2016.11
国家知识产权局办公室关于印发 2017 年工作要点及任务分工的通知	2017.5
财政部办公厅、国家知识产权局办公室关于 2018 年继续利用服务业发展专项资金开展知识产权运营服务体系建设工作的通知	2018.5
财政部办公厅、国家知识产权局办公室关于开展 2019 年知识产权运营服务体系建设工作的通知	2019.5
中共中央　国务院印发《知识产权强国建设纲要（2021—2035 年）》	2021.9
国务院关于印发"十四五"国家知识产权保护和运用规划的通知	2021.10

9.3.2　知识产权基金的类型

知识产权基金本质上是一种股权融资，通过设立知识产权为标的的投资基金，为自主创新型企业或个人在知识产权实现过程中，提供资金、技术、管理经验等方面的支持。知识产权基金根据投资主体属性，可分为政府主导型、私营主导型和公私合营型三类。

1. 政府主导型

近年来，由中央和地方财政引导，联合社会资本设立的政府主导型知识产权基金的方式较为流行，如北京市重点产业知识产权运营基金。此外，主权专利基金也属于政府主导型知识产权基金的一种，在全球范围内拥有较广的覆盖面，美国、日本、德国、法国和韩国等国家政府陆续进行尝试。政府主导型知识产权基金受政府相关政策影响较大，可作为政府实施反倾销、反补贴的贸易救济途径。

2. 私营主导型

美国高智发明有限公司掌握迄今全球最大的知识产权基金，主要以私募股权基金的方式募集资本，在全球范围内筹资超过 55 亿美元。由于缺少政府的参与，私营主导型知识产权基金更加注重基金收益，易受主要投资者的意图影响。相对于政府主导型，该类知识产权基金存在转化为"专利流氓"的可能，可能对公共利益产生不良影响，并严重威胁知识产权市场的健康运营。

3. 公私合营型

公私合营型知识产权基金由政府资金及相关政策作为引导，并由有良好市场积极性的私营部门管理，在运营绩效方面能得到保障。国内首支知识产权基金——睿创专利运营基金（简称睿创基金）即应用此模式，由北京中关村管委会和海淀区政府出资引导设立，金山科技、小米科技、TCL 集团等多家公司共同参与，并委任北京智谷睿拓技术服务有限公司作为普通合作人管理基金，负责投资策略制订、实施与日常运营。

案例　睿创专利运营基金

9.3.3　知识产权基金运作模式

1. 募集资金

我国知识产权基金以政府财政资金为引导，吸引社会资本，如地方龙头企业、战略投资者作为有限合伙人。根据基金业协会《私募投资基金募集行为管理办法》第 15 条，募资流程为特定对象确定、投资者适当性匹配（专业投资者略过此步骤）、基于风险揭示、合格投资者确认、投资冷静期以及回访确认。此外，由于知识产权基金投资标的的特殊性，在引入社会资本时，应充分考量其过往主要投资领域，以及相关领域与本省、区特定发展产业的协同性，确保基金稳定、高效运作。

2. 投资环节

我国知识产权基金的投资方式以股权投资为主，跟进投资以及融资担保为辅，通过知识产权授权许可、转让、诉讼和知识产权再开发形成高价值专利组合等途径实现盈利。

通过较为成熟的股权投资模式，可增加公众参与感，并能够维持基金的持续发展，在实际操作中具有资本引导性强、项目运作规范和管理方式科学等优点。此外，通过股权投资模式引入外界较有实力的战略投资者，可提高被投企业运营管理效率以及优化企业资本结构，为知识产权的顺利产业化保驾护航。

通过跟进投资环节的设定，知识产权基金可通过一定股权投资比例，以与社会创业投资资本相同的价格，投向目标企业，对当地地区创业投资机构的集中度、活跃度都具有显著的催化作用。此外，知识产权基金与创业投资机构的合作机制设定也较为灵活，通过分红、退出后资本增值让利等措施，使知识产权基金有效达到促进新型产业形成、知识产权投资的可持续发展等目标。

通过融资担保服务，可有效降低创业企业、专利发明人的资金压力，使政府财政资金引导效应得到进一步放大。通过知识产权基金增信，对调动合作银行开展知识产权质押融资业务的积极性具有推动作用。知识产权基金融资担保服务主要包括对合作银行进行风险补偿、风险兜底等。同时，知识产权基金利用认股权证获得企业股权，若未来企业发展顺利，则会为基金带来丰厚的资本增值收益，使知识产权基金在高杠杆运作下能够保证资金供给，实现知识产权基金的良性发展。

3. 管理环节

知识产权基金要求基金管理人（普通合伙人）深刻了解和洞悉相关领域的技术需求及未来发展趋势。因此，知识产权基金的普通合伙人职责通常交由具有丰富知识产权运营经验的管理公司担任，并设有投资决策委员会与合伙人会议，同时，设置知识产权部、研发部、战略部等进行协助运作与管理。知识产权基金以资本为纽带，整合相关产业战略企业与知识产权运营服务商，通过三级运作模式为知识产权顺利实现商业价值奠定了良好基础。通过知识产权基金的运作与管理，成熟的管理团队可更有效地为知识产权基金提供全程化服务。

在抵御外部威胁方面，被投企业依据自身性质通过获得不同层级的专利组合授权，以抵御外界恶意诉讼。此外，被投企业在面临外界的侵权行为时，知识产权基金平台会有专业团队及强有力的后台支持帮助其维护自身权益，降低诉讼维权成本。

在推动专利发明方面，基金平台吸纳大量知识产权运营资源及战略投资者，通过整合专利资源、科研资源及市场资源，为被投企业提供完善的知识产权服务，可涵盖知识产权发明评估和筛选、发明培育与研发、专利技术推广、许可监督等环节，使单一企业及个人在推动知识产权发明方面克服资源短板，降低资源获取成本，最终使跨学科、跨行业的系统工程得以实现。

4. 退出环节精准对接市场需求

知识产权基金通过收购知识产权，积累大量高质量、有前景的专利资产组合，同时吸纳相关领域优质科技公司作为战略投资者，从而弥补单一科研企业专业化团队不完善、缺乏国际视野及管理层薄弱等短板。知识产权基金所具有的平台优势为被投企业提供了多元化商业增值服务，保障了知识产权的顺利落地和商业价值的实现。战略投资者的进入，可以为所收购、孵化的知识产权提供有效的市场资源，提高推广营销精准度，并保障知识产权资产商业化价值的顺利实现。

此外，我国成熟的二级市场也为知识产权基金的投资者提供了完善的退出渠道。2019年6月，我国注册制试点——科创板正式开板，为科创型、知识产权密集型企业提供了更具包容性的二级市场，有利于在较短的时间内取得投资回报。如苏州市知识产权运营引导基金，完成投资的工业机器人概念公司——江苏北人公司（688218. SH）已于2019年12月11日成功登陆科创板。

【本章重要专业词汇】

知识产权证券化—Securitization of Intellectual Property
特殊目的机构—Special Purpose Vehicle
特殊目的公司—Special Purpose Corporation
特殊目的信托—Special Purpose Trust
知识产权质押众筹—Pledge Crowdfunding of Intellectual Property
知识产权基金—Intellectual Property Bank

【本章小结】

1. 知识产权证券化指发起机构将其拥有的知识产权或其衍生债权，移转给特殊目的载体（机构），再由此特设载体以知识产权或其衍生债权等资产作担保，经过重新包装、信用评价，以及增信后发行或出售在市场上可流通的证券，并以此作为发起机构的融资操作。

2. 特殊目的机构（SPV）是指仅为特定、专向目的而设立的法律实体，即以知识产权证券化为唯一目的法律实体，SPV 的主要作用是受让知识产权基础资产池并为此发行知识产权证券。

3. 知识产权质押众筹融资是出质人为了融资将知识产权作为反担保质押给某担保机构，由此担保机构为此融资项目提供担保，由互联网众筹平台运营方向普通投资者进行项目众筹融资，最后放款给出质人的间接质押融资模式。

4. 知识产权基金是将股权投资基金与知识产权相结合，通过建立知识产权领域的投资基金作为直接投资工具，以支持战略性、地域性、重要产业相关知识产权运营的手段之一。

【思考题】

1. 知识产权证券化涉及的主体有哪些？
2. 知识产权证券化需要具备哪些条件？
3. 知识产权证券化的流程是怎样的？
4. 知识产权质押众筹融资的特点有哪些？

即测即评

【案例作业】

国内首单知识产权证券化项目"文科一期 ABS"

资产证券化作为 20 世纪金融领域的重要创新成果之一，在我国经历了从初期的不断摸索到今天的市场规模跨越式增长，已经成为我国资本市场的重要力量。2019 年 8 月 18 日，中共中央 国务院发布关于支持深圳建设中国特色社会主义先行示范区的意见（以下简称《意见》），《意见》提出要深入实施创新驱动发展战略，探索知识产权证券化，规范有序建设知识产权和科技成果产权交易中心。2018 年 12 月中旬，我国首支知识产权证券化标准化产品"第一创业—文科租赁一期资产支持计划"（以下简称"文科租赁一期 ABS"）获得深圳证券交易所批准，于 2019 年 3 月 28 日上市发行。

证券详情

发行种类是面值 100 元的资产支持证券，并进行了分级设置，即优先级和次级。该计划总计发行规模约为 7.33 亿元，其中优先级发行规模约为 6.96 亿元，该类型下面又分成三种，优先 A1 级，该级别发行规模约为 3.1 亿元；优先 A2 级，该级别发行规模约为 2.75 亿元；优先 A3 级，该级别发行规模约为 1.11 亿元。三种优先级合计占比达到了 94.95%，次级类型发行规模约为 0.37 亿元，占比仅为 5.05%。三档优先级证券均为过手型证券，可以在深交所交易转让；在违约事件发生前，三者的优先顺序依次递减，本金兑付顺位优先。次级证券由原始权益人全额认购并持有，不得转让。

基础资产

"文科租赁一期 ABS"的基础资产是文科租赁与 13 家中小企业签订的 10 份融资租赁合同所产生的租金请求权及其附属担保权益。10 份合同对应的知识产权为软件著作权（5 份）、电影电视剧本著作权（2 份）、形象著作权（1 份）和专利权（2 份）。"文科租赁一期 ABS"基础资产属于知识产权融资租赁产生的现实债权，现金流独立且可预测，权属明确属于文科租赁且可以特定化，故基础资产真实、合法、有效。根据租赁合同约定，文科租赁可以在无须取得承租人同意的条件下将合同中的权利转让给第三方，因此，文科租赁可以将基础资产转让给 SPV。文科租赁一期 ABS 通过融资租赁模式，将知识产权的收益转移到应收融资款，解决了知识产权因未来收益不稳定不可直接作为资产证券基础资产的问题。

交易结构

"文科租赁一期 ABS"属于类债型的间接证券化，13 家承租人将其所拥有的知识产权一次性转让给文科租赁并回租，在租赁期限内支付租金，文科租赁再将这些租金债权转让给专项计划以发行 ABS。具体来说，投资者将认购资金委托给第一创业证券设立的专项计划，专项计划将资金用于向文科租赁购买其拥有的租金请求权和其他权利及其附属担保权益。文科租赁负责应收租金的回收和违约资产处置等基础资产管理工作，在收入归集日将现金流划入监管账户，监管银行再将其划入托管银行设立的专项计划账户，见图 9-4。

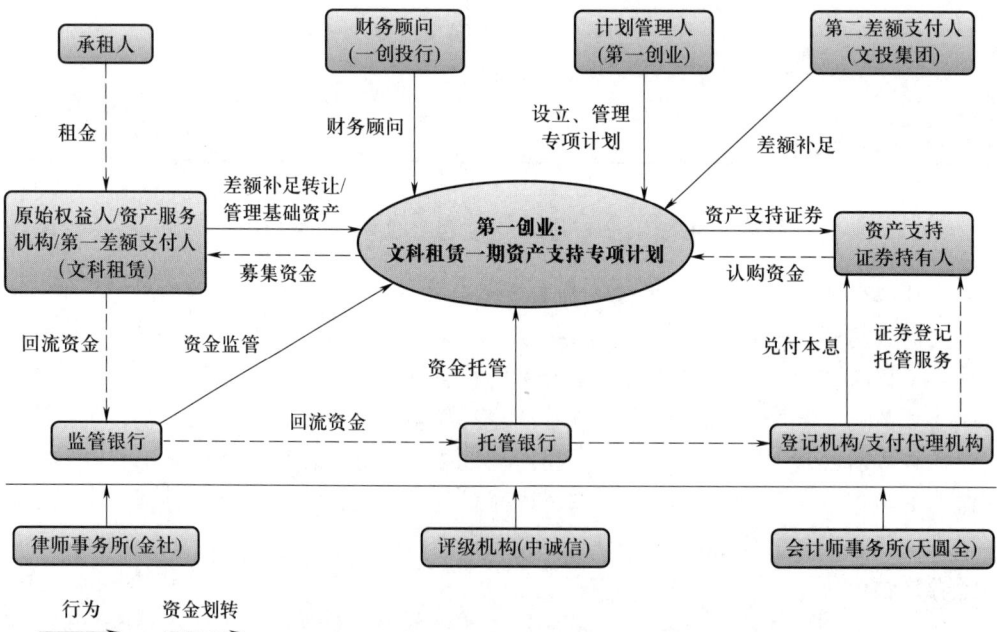

图 9-4 文科租赁一期 ABS 交易结构图

资料来源：蔡金瑶. 知识产权证券化的风险防范研究——以文科租赁一期 ABS 为例［D］. 中南财经政法大学，2020.

案例讨论：

1. 作为国内首单知识产权证券化产品，其推出过程是怎样的，过程中又会遇到哪些困难？

2. 作为国内首单知识产权证券化产品，对其他 ABS 产品的设计与发行有哪些启示？

第Ⅳ篇　知识产权保护篇

第十章　知识产权保护体系

开篇案例　一墩难求

2022年冬奥会的吉祥物"冰墩墩"深受大众追捧，熊猫形象与冰碗、文化元素与冰雪运动的结合，赋予熊猫代表中国冬奥会的新的文化特征和特色。各类与之相关的文创产品（玩偶、钥匙扣等）供不应求，"一墩难求"的现象导致很多借机牟利、赚快钱的行为出现，不法商家利用"冰墩墩"等形象，生产假冒伪劣产品并通过非法手段售卖。另外，也有很多不知情的群众自制"冰墩墩"，比如表情包、贴纸、饰品等周边产品，那么这些"野生冰墩墩"的出现是否构成侵权行为？

资料来源：中国日报网。

10.1　知识产权保护概述

知识产权保护是指依照现行法律，对侵犯知识产权的行为进行制止和打击的所有活动的总和。知识产权保护是针对知识产权的侵害行为而言的，其保护方法主要分为私力救济与公力救济两种。

10.1.1　知识产权的保护方法

对于民事权利的保护主要有私力救济和公力救济两种方法。在行政成本、社会资源一定的情况下，对知识产权保护投入大量公共资源就意味着国家其他投入的减少。私力救济作为公力救济的重要补充，成了知识产权侵权保护机制的重要组成部分。

1. 知识产权的私力救济

私力救济是指当事人在自身权利受到非法侵害时可以在法律允许的范围内采取的救济措施。数字经济时代知识产权侵权纠纷具有侵权主体多元、违法成本低、诉讼成本高、侵权行为隐蔽、侵权取证难、诉讼期限长等特点，公力救济的效果往往不能满足知识产权人的预期，因而自助式的私力救济便成了权利人的一种选择。对知识产权进行私力救济是权利人理性的选择，通常表现为相关权利人为了防止他人未经授权接触或使用其知识产权而采取的技术措施，保护其权利不受侵害。知识产品不同于传统的物品，具有无体性、易复制性、易传播性等特点，这使得侵犯知识产权的成本较低，当事人进行违法行为的门槛低，因此，侵权行为随处可见。由于私力救济具有直接性、高效率性和低成本的特点，保护知识产权的私力救济可以促进国家、社会资源的合理利用，是一种多赢的选择。

技术措施是一种有利于及时维护权利人利益的私力救济方法，我国关于技术措施的规定散见于《著作权法》《最高人民法院关于审理涉及计算机网络著作权纠纷案件适用法律若干问题的解释》以及《信息网络传播权保护条例》中，主要包括技术措施的界定、保护与例外情形三部分内容。技术措施是版权人为保护其权利不受侵害而采取的一种以技术为手段的救济行为，它是版权人或相关权利人为了防止他人未经授权接触或使用其作品而采取的技术上的手段和方法。用于防止、限制未经权利人许可浏览、欣赏作品、表演、录音录像制品的或者通过信息网络向公众提供作品、表演、录音录像制品的有效技术、装置或者部件。技术措施可分为控制接触、使用、传播、识别与制裁等几个方面的措施。从时间上看，技术措施是一种事前预防性私力救济行为。它发生在侵权行为之前，是一种防患于未然的措施，无法从根本上切断未经许可访问、使用、复制和传播作品的途径。

技术措施可分为两类，一类是防止未经许可接触作品的技术措施，另一类为保护著作权专有权利的技术措施，即防止复制和传播的技术措施，具体来说，技术措施包括口令加密技术、限制使用期限、限制使用次数、限制拷贝复制等措施。

案例　对技术措施和权力管理信息的保护

2. 知识产权的公力救济

在中国，享有知识产权的任何公民、法人和其他组织，在其权利受到侵害时，权利人可以通过法定程序请求国家对其权利进行保护，享受切实有效的公力保护。知识产权的公力保护，主要有民事保护、行政保护、刑事保护三种形式。其中，民事保护与刑事保护又被统称为司法救济。在知识产权保护公力救济实践中，我国形成了行政保护和司法保护"两条途径、并行运作"的知识产权保护模式。与一般民事权利一样，知识产权也有与之相应的受保护主体与客体。在知识产权维权方面，一般采取以下的步骤：首先，请专业的人员对疑似侵权产品与授权专利的技术方案进行简单的比对，以确定疑似侵权产品是否落入专利的保护范围；其次，需确定侵权主体并进行调查取证工作，即以普通消费者的身份向侵权产品销售商购买侵权产品并公证购买过程。最后，在取证工作完成后权利人既可以向法院起诉保护自己的权利，也可以请求知识产权行政主管机关对侵权行为进行处理，而且，行政主管机关还可以对法律有明确规定的违法行为依职权主动进行查处。

目前，我国对知识产权的公力救济采取行政保护与司法保护并重的"双轨制"保护模式，这也是我国知识产权保护的特色。行政保护与司法保护都是凭借国家公权力给予知识产权强制性的保护，行政保护具有应变性，可转授性，效力的先定性，效率优先性及成本小，速度快，能迅速恢复当事人的权利等优点，行政保护一般是主动的保护；司法保护具有稳定性，专属性，效力的终极性，注重对权利人的赔偿等优点，司法保护一般是被动的保护。

（1）行政保护

学界对知识产权行政保护的概念尚未达成共识。知识产权全面行政保护观点认为知识产权行政保护包括：知识产权行政授权、行政确权、行政处理（包括行政调解、行政裁决、行政复议、行政仲裁等）、行政查处（包括行政处罚、行政强制等）、行政救济、行政处分、行政法制监督、行政服务等的全面保护。侵权发生后的知识产权行政保护观点则认为，知识产权行政保护是行政机关对知识产权的全面保护，指行政机关根据法定职权和程序，依据权利人申请或其他法定方式，履行职责，授予或确认权利人特有权利，管理知识产权使用、变更、撤销等事项，纠正侵权违法行为，保护各方合法权益，维护知识产权秩序的活动。

就知识产权行政保护的主体而言，只能是具有知识产权管理或执法职能的行政机关，非行政机关或行政组织不能履行行政保护的职能。如专利权行政保护的主管机关为国家知识产权局和地方知识产权行政管理部门；商标权行政保护的主管机关为侵权行为地的县级以上工商行政管理部门；著作权行政保护的主管机关为国家版权局和地方著作权行政管理部门。

（2）司法保护

知识产权的司法保护是指对知识产权通过司法途径进行保护，即由享有知识产权的权利人或国家公诉人向法院对侵权人提起刑事、民事诉讼，以追究侵权人的刑事、民事责任，以及通过不服知识产权行政机关处罚的当事人向法院提起行政诉讼，进行对行政执法的司法审查，以支持正确的行政处罚或纠正错误的处罚，使各方当事人的合法权益都得到切实的保护。知识产权案件复杂性、专业性的特点必然要求审判的专门化，即从普通的刑事、民事审判中独立出来，根据自身特点建立专门的审判组织、适用特殊的审判程序、由专业化的人才做出裁判。

人民法院受理的知识产权案件主要有三类：第一类是民事纠纷案件，包括各种知识产权合同纠纷案件，各种侵犯知识产权的侵权纠纷案件，知识产权案件中有关赔偿责任和赔偿数额的纠纷以及经主管行政管理部门调处后，当事人不服向人民法院提起的诉讼案件；第二类是行政诉讼案件，主要指当事人对知识产权行政管理部门所作的行政处罚不服，向人民法院提起诉讼的案件；第三类是侵犯知识产权，构成犯罪，由人民法院审理的刑事案件，这种保护主要适用于知识产权权利人的利益遭受严重侵犯，并造成重大损失的情况。

10.1.2　三审合一

传统意义上的知识产权司法保护，更多体现为知识产权民事纠纷的审理。由于知识产权纠纷的综合性和技术性特征十分明显，加之知识产权无形和可复制的特性，为实现对知识产权的有效保护，同时考虑到知识产权司法和执法的特殊性，世界上许多国家和地区已经建立或者正在着手建立知识产权法院、知识产权法庭或知识产权上诉法院，从而将知识产权民事、刑事、行政案件交由知识产权专门审判庭审理。

2014年全国人大常委会通过的《中华人民共和国知识产权法（修订）》，我国正式启动了知识产权三审合一审判机制。该机制旨在加强知识产权审判的集中统一和专业化，提高审判质量和效率，以更好地服务知识产权创新和保护。具体而言，知识产权三审合一审判机制不仅有利于缩短诉讼周期、降低诉讼成本，还有利于加强各级法院之间的信息共享和协作，促进知识产权的跨地区、跨领域保护和维权。

1. "三审合一"的试点

自 1996 年上海浦东新区法院试行知识产权"三审合一"以来，全国共有 6 个高级法院、95 个中级法院和 104 个基层法院先后开展了知识产权审判"三合一"试点工作。试点工作分三类：第一类为基层、中级两级法院实现彻底"三审合一"，如上海在基层法院设立知识产权审判庭，统一审理辖区内知识产权民事、行政和刑事案件，并成立了上海知识产权法院；第二类为统一将一审案件指定由基层或中级法院管辖，典型代表为西安将知识产权刑事、行政案件提级到中级法院管辖，分别由刑事庭、行政庭审理，必要时吸收知识产权民事法官共同组成合议庭的模式；第三类为以杭州为代表的省内三审合一知识产权审判试点，杭州铁路运输法院作为一审法院，跨区域管辖发生在杭州市江干区、上城区、下沙经济技术开发区、富阳区、临安区、建德市、淳安县、桐庐县辖区的一般知识产权民事案件。

2. "三审合一"的实践意义

"三审合一"审判方式符合知识产权审判特点，在实践中具有积极的意义。①"三审合一"的审判方式，解决了刑事、民事、行政审判中对于知识产权专业问题理解不一的弊端，有利于执法标准的统一和司法权威的树立。②"三审合一"有利于节约审判资源，"三审合一"的审判方式有利于司法资源的整合，这体现于法院系统内部的制度建设和队伍建设上，也体现于审判对外延伸如交流、宣传等方面，全面增强了审判体系整体功效的发挥。③"三审合一"审判方式有利于提高案件审判质量。"三审合一"审判模式，使同一案件事实的民事、刑事、行政诉讼集中在同一审判庭审理，案件审理理念和思路相对集中和统一，保证了审理过程与裁判结果的对应性。

10.1.3　知识产权仲裁

仲裁一般是当事人根据仲裁协议，自愿将其争议提交由非司法机构的仲裁员组成的仲裁庭进行裁判，并受该裁判约束的一种制度。2017 年修订的《中华人民共和国仲裁法》第 2 条对于可仲裁的事项作了明确规定："平等主体的公民、法人和其他组织之间发生的合同纠纷和其他财产权益纠纷，可以仲裁。"而由人身权利和财产权利两部分内容构成的知识产权，其财产权益纠纷发生在平等主体之间，属于可仲裁范围。仲裁作为解决民商事纠纷的重要手段，优点如下：

1. 更易于实现公正

这主要是因为涉及知识产权的纠纷通常都有很强的技术性，审理起来远比一般的案件复杂。仲裁可以聘请技术专家参与，消除纠纷中的技术障碍，有利于实现裁决的公正。

2. 更有利于知识产权保护

仲裁不同于法院案件公开审理，仲裁的保密性可以保障知识产权纠纷中当事人不想让公众知悉的技术内容、商业秘密或其他事项，从而避免影响当事人的市场竞争力，同时有利于保护企业商誉。

3. 更高效率

仲裁实行一裁终局制，没有法院的二审上诉或再审程序，程序更为简捷。由于技术升级的周期不断缩短，知识产权同样具有一定的时效性，知识产权的保护十分紧迫，因此程序相对更为简捷的仲裁，能够帮助当事人在纠纷复杂的知识产权争议中早日脱身，最大化实现知识产权的价值。

4. 更有利于维持双方正常的商贸关系

双方当事人在仲裁中的对抗性比在诉讼中要小，对继续保持合作关系有利。因而当事人更愿意将有关纠纷交付仲裁。

5. 从国际角度看，知识产权仲裁裁决更容易被执行

国际商事仲裁机构多为民间组织，独立于一国的司法体系外，裁决在涉外承认与执行上比法院更为便利。《世界知识产权组织仲裁规则》对此专门作出规定，参加和承认的国家有包括我国在内的 150 多个国家，因此，我国的涉外仲裁裁决可通过该规则在外国得到承认和执行。

10.2　知识产权司法保护

知识产权司法保护，是指对知识产权通过司法途径进行保护，即由享有知识产权的权利人或国家公诉人向法院对侵权人提起民事诉讼、刑事诉讼，以追究侵权人的民事法律责任、刑事法律责任以及通过不服知识产权行政机关处罚的当事人向法院提起行政诉讼，进行对行政执法的司法审查，以支持正确的行政处罚或纠正错误的处罚，使各方当事人的合法权益都得到切实的保护。

> **案例　恒宝侵犯 USBKey 专利被判赔 5 000 万**

10.2.1　知识产权保护相关法律

知识产权相关法律是调整因创造、使用智力成果而产生的，以及在确认、保护与行使智力成果所有人的知识产权的过程中，所发生的各种社会关系的法律规范之总称，是对所有关于专利、商标、著作权、植物新品种、传统医学知识、地理标志等知识产权创造、运用、保护、管理和服务等方面的综合性规定。

知识产权相关的法律规定有很多，已形成了比较完整的体系，我国现行的涉及知识产权保护的法律法规主要包括《专利法》《商标法》《著作权法》《中华人民共和国反不正当竞争法》（以下简称《反不正当竞争法》）等基础法律制度以及《中华人民共和国植物新品种保护条例》《集成电路布图设计保护条例》《地理标志产品保护规定》等相关条例和规范。

《专利法》保护对象是发明创造，包括发明专利、实用新型专利和外观设计专利。《商标法》保护对象是商标，商标是识别某商品、服务或与其相关具体个人或企业的显著标志。《著作权法》保护对象是具备独创性的文学、艺术和自然科学、社会科学、工程技术等作品。《反不正当竞争法》是保护经营者和消费者的合法权益，制止不正当竞争行为。

《中华人民共和国刑法》第三章"破坏社会主义市场经济秩序罪"中有关知识产权方面的法律规定。其中，第七节"侵犯知识产权罪"主要涉及：

第 213 条　未经注册商标所有人许可，在同一种商品、服务上使用与其注册商标相同的商标，情节严重的，处三年以下有期徒刑，并处或者单处罚金；情节特别严重的，处三年以上十年以下有期徒刑，并处罚金。

第 214 条　销售明知是假冒注册商标的商品，违法所得数额较大或者有其他严重情节的，处三年以下有期徒刑，并处或者单处罚金；违法所得数额巨大或者有其他特别严重情节的，处三年以上十年以下有期徒刑，并处罚金。

第 215 条　伪造、擅自制造他人注册商标标识或者销售伪造、擅自制造的注册商标标识，情节严重的，处三年以下有期徒刑，并处或者单处罚金；情节特别严重的，处三年以上十年以下有期徒刑，并处罚金。

第 216 条　假冒他人专利，情节严重的，处三年以下有期徒刑或者拘役，并处或者单处罚金。

第 217 条　以营利为目的，有下列侵犯著作权或者与著作权有关的权利的情形之一，违法所得数额较大或者有其他严重情节的，处三年以下有期徒刑，并处或者单处罚金；违法所得数额巨大或者有其他特别严重情节的，处三年以上十年以下有期徒刑，并处罚金：

（1）未经著作权人许可，复制发行、通过信息网络向公众传播其文字作品、音乐、美术、视听作品、计算机软件及法律、行政法规规定的其他作品的；

（2）出版他人享有专有出版权的图书的；

（3）未经录音录像制作者许可，复制发行、通过信息网络向公众传播其制作的录音录像的；

（4）未经表演者许可，复制发行录有其表演的录音录像制品，或者通过信息网络向公众传播其表演的；

（5）制作、出售假冒他人署名的美术作品的；

（6）未经著作权人或者与著作权有关的权利人许可，故意避开或者破坏权利人为其作品、录音录像制品等采取的保护著作权或者与著作权有关的权利的技术措施的。

第 218 条　以营利为目的，销售明知是本法第二百一十七条规定的侵权复制品，违法所得数额巨大或者有其他严重情节的，处五年以下有期徒刑，并处或者单处罚金。

第 219 条　有下列侵犯商业秘密行为之一，情节严重的，处三年以下有期徒刑，并处或者单处罚金；情节特别严重的，处三年以上十年以下有期徒刑，并处罚金：

（1）以盗窃、贿赂、欺诈、胁迫、电子侵入或者其他不正当手段获取权利人的商业秘密的；

（2）披露、使用或者允许他人使用以前项手段获取的权利人的商业秘密的；

（3）违反保密义务或者违反权利人有关保守商业秘密的要求，披露、使用或者允许他人使用其所掌握的商业秘密的。

明知前款所列行为，获取、披露、使用或者允许他人使用该商业秘密的，以侵犯商业秘密论。

本条所称权利人，是指商业秘密的所有人和经商业秘密所有人许可的商业秘密使用人。

第 219 条之一　为境外的机构、组织、人员窃取、刺探、收买、非法提供商业秘密的，处五年以下有期徒刑，并处或者单处罚金；情节严重的，处五年以上有期徒刑，并处罚金。

第 220 条 单位犯本节第 213 条至第 219 条之一规定之罪的，对单位判处罚金，并对其直接负责的主管人员和其他直接责任人员，依照本节各该条的规定处罚。

10.2.2 知识产权民事保护

> **案例 长春皓月清真肉业股份有限公司与四平某牛羊肉摊床侵害商标权纠纷案**

知识产权是私权，作为民事权利，权利人可以通过向法院提起民事诉讼，要求侵权人承担停止侵权、赔偿损失、消除影响、赔礼道歉的民事责任。鉴于知识产权的特殊性，侵害知识产权民事责任，一般包括停止侵害、赔偿损失、消除影响和赔礼道歉。由于各个民事责任之间存在较大差异，不同民事责任的构成要件也不相同。

1. 停止侵害

知识产权人在起诉他人侵犯知识产权时，通常都会请求法院判令侵权人停止侵害，该请求一般也会得到法院的支持。因为，如果侵权行为继续，将进一步扩大对权利人的损害。停止侵权也是对权利人救济的首要方法。侵权是否成立，是否承担停止侵权的责任与侵权人的主观状态没有关系。根据《专利法》第 77 条的规定，侵权人如果是为生产经营目的的使用、许诺销售或者销售不知道是未经专利权人许可而制造并售出的专利侵权产品，能证明该产品合法来源的，不承担赔偿责任。

侵害知识产权的行为大多是持续性侵权行为，当侵害正在进行或者仍在延续时，停止侵害这种责任形式可以有效防止实际损害的发生或者扩大，是除了赔偿损失外最重要的一种责任形式。

停止侵害民事责任的构成要件：

① 行为人违反法律实施了侵害知识产权的行为。② 侵害知识产权的行为仍然在持续进行之中。如果侵权行为已经停止，则失去了判令停止侵害的基础和必要。至于该行为是否给权利人造成了实际损失和行为人是否有过错在所不问。

2. 赔偿损失

赔偿损失民事责任是指侵权责任人向受害人支付一定数额的金钱以弥补其损失的责任方式，赔偿损失是实现侵权法弥补损害的立法目的的最基本的责任方式，也是侵害知识产权民事责任中运用最广泛的责任方式。

（1）赔偿损失民事责任的构成要件。

① 行为人实施了侵害知识产权的违法行为。知识产权法律一方面明确规定了权利人的权利内容和范围，另一方面又采取了列举或者例示的方式规定了侵害知识产权行为的类型以及不视为侵权的情况。因此，在认定行为人的行为是否构成侵害知识产权的违法行为时，应以法律的规定为依据。

② 知识产权权利人有财产损失。财产损失的客观存在是构成赔偿损失民事责任的客观

基础，没有损失就不存在赔偿问题，它应具有确定性和可补救性。确定性是指损失已经发生，是真实存在的，而非主观臆测的，包括既得利益的损失和可得利益的损失；可补救性是指因行为人的侵权行为造成损失后，在法律上认为有给予补救的必要，该损失能够以金钱计量。

③ 侵害知识产权的行为与知识产权权利人的财产损失之间有因果关系。因果关系指的是权利人的损失是由行为人的侵权行为造成的，即用以确定责任范围的因果关系。由于侵权行为的情况非常复杂，影响知识产权权利人获取实际利益的因素也很多，因而因果关系的情况也十分复杂。在法律上，侵权行为人应当对其实施的行为给权利人造成的损失承担赔偿责任，对于其他原因诸如市场变化、竞争加剧等原因造成权利人市场份额的减少则不应由侵权行为人负责。

④ 行为人有过错。过错是应受谴责的主观心理状态，在客观上表现为违反义务或未尽注意。过错分为故意和过失两种形式。故意是指行为人预见到自己的行为可能发生损害后果，仍然希望或者放任该损害结果发生的行为意志状态；过失是行为人违反其应尽和能尽的注意义务的行为意志状态。

《商标法》规定销售侵犯商标专用权商品的行为属于商标侵权行为，但销售不知道是侵犯商标专用权的商品，能证明该商品是自己合法取得并说明提供者的，不承担赔偿责任。根据该规定能得出赔偿损失责任适用的归责原则是过错责任原则，即使销售者没有过错，但如果销售行为还在持续进行中仍要承担停止侵害责任，该责任的承担与是否有过错无关。

（2）损失赔偿额的计算。损失赔偿额的计算与损失赔偿原则密切相关，侵权在法律上的损害赔偿原则是填平原则，即有损失才赔偿，有多少损失就赔偿多少的原则，侵害知识产权的损害赔偿采用的也是该原则，但对于某些侵权行为以惩罚性赔偿作为补充。

知识产权的对象是信息，其价值无法准确确定，而且知识产权受到侵害一般不会导致权利的灭失，权利人的损失往往体现为市场份额的减少所带来的利益损失，这方面也很难计算。

我国《专利法》《商标法》以及《著作权法》都确认了赔偿数额的计算方式：① 按照权利人因被侵权所受到的实际损失确定；② 按照侵权人因侵权所获得的利益确定；③ 按照许可使用费的倍数合理确定；④ 人民法院对侵权行为进行综合考量予以确定，不得超过一定的上限。

以上四种方法的适用次序为，第①种无法确定才能采用第②种；第①种和第②种均无法确定的才能采用第③种；前三种均无法确定的才能采用第④种。

除此之外，《商标法》还规定了惩罚性赔偿。对恶意侵犯商标专用权，情节严重的，可以按照前三种方法中的某一种方法确定数额的一倍以上五倍以下确定赔偿数额。另外，按照前三种方法中的某一种方法确定的赔偿数额还应当包括权利人为了制止侵权行为所支付的合理开支。

3. 消除影响、恢复名誉、赔礼道歉

消除影响、恢复名誉、赔礼道歉是《中华人民共和国民法典》（以下简称《民法典》）第179条规定，承担民事责任的方式有消除影响、恢复名誉、赔礼道歉。这是我国《民法典》对于侵犯知识产权民事责任的一般性规定。消除影响、恢复名誉、赔礼道歉属于人身责任，主要针对侵犯人身权利，由于著作权和表演者权中有人身权利的内容，《著作权法》中对此进行了规定。

消除影响、恢复名誉、赔礼道歉民事责任的构成要件：① 行为人实施了侵害知识产权的违法行为；② 知识产权权利人的人身利益受到损害；③ 侵害知识产权的行为与知识产权权利人的人身损害有因果关系；④ 行为人有过错。

10.3　知识产权的行政保护

10.3.1　知识产权行政保护的含义

知识产权行政保护指知识产权行政管理机关根据相关法律规定，依照法定权限，遵循法定程序，运用行政手段实施的知识产权纠纷行政处理和违法行为行政执法活动。我国知识产权行政保护包括行政查处、行政裁决和行政调解三种方式。

1. 行政查处

知识产权行政查处是相关行政主体依法定职权强制要求违法者履行义务或者对知识产权违法行为进行制裁。以下法律都明确规定了行政查处：

有《著作权法》第 52 条规定之行为的，应当根据情况，承担停止侵害、消除影响、赔礼道歉、赔偿损失等民事责任。第 53 条规定损害公共利益的，可以由著作权行政管理部门责令停止侵权行为，没收违法所得，没收、销毁侵权复制品，并可处以罚款；情节严重的，著作权行政管理部门还可以没收主要用于制作侵权复制品的材料、工具、设备等；构成犯罪的，依法追究刑事责任。

《专利法》第 68 条规定，假冒专利的，除依法承担民事责任外，由负责专利执法的部门责令改正并予公告，没收违法所得，可以并处违法所得五倍以下的罚款；没有违法所得的或违法所得在五万元以下的，可以处二十五万元以下的罚款；构成犯罪的，依法追究刑事责任。

《商标法》第 60 条第 2 款规定，工商行政管理部门处理时，认定侵权行为成立的，责令立即停止侵权行为，没收、销毁侵权商品和主要用于制造侵权商品、伪造注册商标标识的工具，违法经营额五万元以上的，可以处违法经营额五倍以下的罚款，没有违法经营额或者违法经营额不足五万元的，可以处二十五万元以下的罚款。对五年内实施两次以上商标侵权行为或者有其他严重情节的，应当从重处罚。销售不知道是侵犯注册商标专用权的商品，能证明该商品是自己合法取得并说明提供者的，由工商行政管理部门责令停止销售。

行政查处主要包括没收违法所得，没收、销毁侵权复制品，没收主要用于制作侵权复制品的材料、工具、设备、罚款等手段。知识产权行政主管部门依法主动查处知识产权违法行为，快捷、主动、方便，可以对侵权行为形成有效威慑。

2. 行政裁决

知识产权的行政裁决主要指对知识产权侵权的裁决，即在知识产权所有者或使用者的合法权益受到他人侵犯而产生的知识产权纠纷中，知识产权行政管理机关对向其请求处理的双方当事人做出停止侵权的裁决行为。

知识产权侵权纠纷的行政裁决具有专业优势和效率优势，且行政裁决的程序相对于司法程序更简易、灵活，已经成了一种非常有效的知识产权保护方式。

3. 行政调解

知识产权纠纷行政调解是知识产权行政管理部门作为调解主体居中协调，促使当事人就争议内容达成合意的一种纠纷解决方式。与司法审判情形相似，在调解过程中，工作人员通过释法明理，促使双方签订调解协议，既能有效维护当事人的合法权益，又可以避免诉累。

目前对侵权的损害赔偿及其他的民事纠纷，双方当事人都会请求知识产权行政主管机关进行居中调解，行政调解具有专业性和权威性，不仅有助于纠纷的高效解决，而且可以实现社会生活的有效治理。当事人通过行政调解所达成的调解协议具有民事合同性质，若一方不履行协议，另一方当事人可以向人民法院提起诉讼。此外，为了强化行政调解协议的效力，我国有些省份在专利纠纷行政调解协议司法确认领域进行了开创性尝试，当事人可以就行政调解协议向法院申请司法确认，从而获得效率的保障。在 2012 年 1 月 1 日实施的《湖南省专利条例》中，我国首次以地方立法的形式，明确规定了专利纠纷行政调解协议的司法确认机制。2013 年 4 月起，湖南省在全国率先开展了专利纠纷行政调解协议司法确认的改革试点，专利纠纷行政调解的司法确认能有效化解专利纠纷，提高行政调解的司法办案效率，是保护创新成果，维护市场秩序，实现社会公制的有益尝试。

10.3.2 知识产权行政保护的内容与方式

1. 商标权行政保护的内容与方式

根据《中华人民共和国商标法》第 60 条的规定，工商行政管理部门处理侵犯注册商标专用权纠纷，认定侵权行为成立的，责令立即停止侵权行为，没收、销毁侵权商品和主要用于制造侵权商品、伪造注册商标标识的工具，违法经营额 5 万元以上的，可以处违法经营额五倍以下的罚款；没有违法经营额或者违法经营额不足 5 万元的，可以处 25 万元以下的罚款。对五年内实施两次以上商标侵权行为或者有其他严重情节的，应当从重处罚。销售不知道是侵犯注册商标专用权的商品，能证明该商品是自己合法取得并说明提供者的，由工商行政管理部门责令停止销售。《中华人民共和国商标法》第 61 条规定对侵犯注册商标专用权的行为，工商行政管理部门有权依法查处；涉嫌犯罪的，应当及时移送司法机关依法处理。第 62 条规定县级以上工商行政管理部门根据已经取得的违法嫌疑证据或者举报，对涉嫌侵犯他人注册商标专用权的行为进行查处时，可以行使下列职权：① 询问有关当事人，调查与侵犯他人注册商标专用权有关的情况；② 查阅、复制当事人与侵权活动有关的合同、发票、账簿以及其他有关资料；③ 对当事人涉嫌从事侵犯他人注册商标专用权活动的场所实施现场检查；④ 检查与侵权活动有关的物品，对有证据证明是侵犯他人注册商标专用权的物品，可以查封或者扣押。

2. 著作权行政保护的内容与方式

国家版权局是国务院著作权行政管理部门，主管全国的著作权行政管理工作。各省、自治区、直辖市和部分地、州、市也设立了著作权行政管理部门。地方著作权行政管理部门主管本行政区域的著作权行政管理工作，其职责由各省、自治区、直辖市人民政府确定。

根据《著作权法》第53条的规定，侵害著作权的行为同时损害公共利益的，例如，未经著作权人许可，复制、发行、表演、放映、广播、汇编、通过信息网络向公众传播其作品的；出版他人享有专有出版权的图书的；未经表演者许可，复制、发行录有其表演的录音录像制品或者通过信息网络向公众传播其表演的；未经录音录像制作者许可，复制、发行、通过信息网络向公众传播其制作的录音录像制品的；未经许可，播放或者复制广播、电视的；未经著作权人或者与著作权有关的权利人许可，故意避开或者破坏权利人为其作品、录音录像制品等采取的保护著作权或者与著作权有关的权利的技术措施的；未经著作权人或者与著作权有关的权利人许可，故意删除或者改变作品、录音录像制品等的权利管理电子信息的；制作、出售假冒他人署名的作品的，可以由著作权行政管理部门责令停止侵权行为，予以警告，没收违法所得，没收、无害化销毁处理侵权复制品以及主要用于制作侵权复制品的材料、工具、设备等，违法经营额五万元以上的，可以并处违法经营额一倍以上五倍以下的罚款；没有违法经营额、违法经营额难以计算或者不足五万元的，可以并处二十五万元以下的罚款；构成犯罪的，依法追究刑事责任。

3. 专利权行政保护的内容与方式

承担侵犯专利权民事责任的方式主要有两种：一是责令侵权人立即停止侵权行为；二是责令侵权人赔偿专利权人受到的损失。前者旨在杜绝今后可能发生的侵权行为；后者旨在清算过去已经发生的侵权行为的后果。

停止侵权是目前知识产权侵权案件中适用最为广泛的一种民事责任，几乎所有的原告请求中均有对停止侵权的要求。

赔偿损失是认定侵犯专利权的行为是侵权人承担民事责任的主要方式之一。专利侵权给专利权人造成了损失，侵权确定后，人民法院应当根据专利权人的请求责令侵权人予以赔偿。赔偿数额可以由双方当事人协商，协商不成的，法院可根据《专利法》第71条中的规定，侵犯专利权的赔偿数额按照权利人因被侵权所受到的实际损失或者侵权人因侵权所获得的利益确定；权利人的损失或者侵权人获得的利益难以确定的，参照该专利许可使用费的倍数合理确定。对故意侵犯专利权，情节严重的，可以在按照上述方法确定数额的一倍以上五倍以下确定赔偿数额。权利人的损失、侵权人获得的利益和专利许可使用费均难以确定的，人民法院可以根据专利权的类型、侵权行为的性质和情节等因素，确定给予三万元以上五百万元以下的赔偿。赔偿数额还应当包括权利人为制止侵权行为所支付的合理开支。

10.3.3　知识产权行政保护与司法保护的关系

我国对知识产权保护采取行政保护和司法保护并行的"双轨制"模式，当权利人权利受到侵害时，可以选择向法院或者行政机关申请进行处理，行政机关也可以主动对有关侵权行为进行查处。"双轨制"模式是在特定历史条件下形成的。20世纪80年代，在知识产权法律制度建立之初，司法力量比较薄弱，诉讼制度尚不健全，而知识产权有关案件专业性较强、审查难度大，当时的司法机关难以独自承担繁重的纠纷处理任务。

知识产权行政保护与司法保护二者各有所长、相得益彰，在不同的领域，行政保护和司法保护有着不同的定位，发挥着不同作用。无论是行政保护还是司法保护，都是以保障知识产权人合法权益，保护智力劳动成果为任务。两者共同构成国家知识产权保护的主体。

知识产权属于新型民事权利，不同于一般的物权和财产权。司法一直都是保护知识产权最有效、最根本、最权威的手段。知识产权司法保护是现代法治社会的必然要求，它拥有科学、严格和正当的程序规定，具备其他手段不可比拟的司法权威性以及终极救济性。行政处罚则在扰乱社会秩序、损害公共利益的领域发挥主渠道作用。行政保护缺乏程序保障和有效监督，容易造成行政权力的滥用。知识产权司法保护具有程序公正、裁判权威、透明度高等优势，可以有效克服行政保护的上述弊端。目前我国对于知识产权的保护是以司法保护为主导，行政保护作为司法保护的补充。

10.4　专利侵权与认定

案例　外观设计专利权纠纷案

10.4.1　专利侵权行为认定

专利侵权行为认定是指在发生专利侵权争议时，由有管辖权的法院或者有执法权的知识产权行政部门，根据专利法及相关规定，按照一定的判定依据、程序和方法对被控侵权产品或方法中的技术方案做出是否落入专利权保护范围，进而判定被控侵权人是否构成专利侵权的认定过程。

《专利法》第 11 条规定：发明和实用新型专利权被授予后，除本法另有规定的以外，任何单位或者个人未经专利权人许可，都不得实施其专利，即不得为生产经营目的制造、使用、许诺销售、销售、进口其专利产品，或者使用其专利方法以及使用、许诺销售、销售、进口依照该专利方法直接获得的产品。外观设计专利权被授予后，任何单位或者个人未经专利权人许可，都不得实施其专利，即不得为生产经营目的制造、许诺销售、销售、进口其外观设计专利产品。

第 75 条　有下列情形之一的，不视为侵犯专利权：在专利申请日前已经制造相同产品、使用相同方法或者已经作好制造、使用的必要准备，并且仅在原有范围内继续制造、使用的；

第 77 条　为生产经营目的使用、许诺销售或者销售不知道是未经专利权人许可而制造并售出的专利侵权产品，能证明该产品合法来源的，不承担赔偿责任。

10.4.2　专利侵权认定

专利侵权从理论上可分为直接侵权和间接侵权两种情形。直接侵权通常指行为人从事《专利法》第 11 条所禁止的直接侵害专利权的违法行为。例如，销售、使用、制造或销售产品等。间接侵权通常指行为人没有直接侵害专利权，但是诱使直接侵权行为发生，或者在明知或者应知的情况下为直接侵权行为提供实质性帮助。

10.4.3　专利直接侵权的认定步骤：

1. 判断该行为是否是以生产经营为目的

根据《专利法》第 11 条规定的专利实施禁止行为，制造、销售、使用都是以生产经营为目的作为规制前提的，个人使用情形并不会认定为专利直接侵权。

2. 确定专利权的保护范围，对权利要求进行解释

权利要求解释的最终目的在于，确定本领域技术人员对权利要求书文本的理解。根据《专利法》第 64 条规定，发明或者使用新型专利权的保护范围以其权利要求的内容为准，说明书及附图可以用于解释权利要求的内容。外观设计专利权的保护范围以表示在图片或者照片中的该产品的外观设计为准，简要说明可以用于解释图片或者照片所表示的该产品的外观设计。当穷尽一切解释办法依旧无法确定权利要求相关术语的确切含义时，侵权诉讼中将会导致专利权人因无法完成举证责任而败诉。

3. 对比被控侵权技术方案是否全部落入权利要求主张范围

判断是否落入的标准在专利法中称之为全面覆盖原则，即被诉侵权技术方案应当包含与权利要求记载的全部技术特征相同或者等同的技术特征。其中，等同特征指所记载的技术特征以基本相同的手段实现基本相同的功能，达到基本相同的效果，并且本领域的普通技术人员无须经过创造性劳动就能够联想到的特征。《专利法》中等同原则的确定是为了弥补权利要求书中语言的局限性，防止侵权人对权利要求中的某些技术特征进行非实质性的替换，形式上超出了权利要求保护的范围，使得专利权人的利益受损。例如，甲公司拥有一项汽车仪表盘的发明专利 A，其中权利要求可分解为 a、b、c、d 四项必要技术特征。出现以下两种情形视为侵权：第一种情形，当乙公司的被诉侵权技术方案包含 a、b、c、d 相同的技术特征，将构成侵权。第二种情形，乙公司将发明专利 A 中的技术特征 a 非实质性替换为技术方案 e，实施被诉侵权技术方案 e、b、c、d 的行为构成等同侵权。

4. 查询是否具有法定抗辩事由

面对专利权人或利害关系人的侵权诉讼，被诉侵权人可从程序或实体上提出不侵权行为或免责情形的抗辩事由。例如，管辖权异议、时效抗辩、现有技术抗辩、现有设计抗辩、在线侵权抗辩等。对于适用等同侵权情形下，禁止反悔原则也是被诉侵权人常用的抗辩手段。

（1）现有技术抗辩或者现有设计抗辩。现有技术抗辩或者现有设计抗辩在民事诉讼案件中是一种运用非常广泛的不侵权抗辩方式。《专利法》第 67 条规定，专利侵权纠纷中，被控侵权人有证据证明其实施的技术或者设计属于现有技术或者现有设计的，不构成侵犯专利权。现有技术（设计）抗辩，亦称公知技术抗辩，是指被诉落入专利权保护范围的技术方案的全部技术特征，与一项现有技术方案中的相应技术特征相同或者等同，或者所属技术领域的普通技术人员认为被诉侵权技术方案是一项现有技术与所属领域公知常识的简单组合的，应当认定被诉侵权人实施的技术属于现有技术，被诉侵权人的行为不构成侵犯专利权。

（2）禁止反悔原则。指专利申请人、专利权人在专利授权或者无效宣告程序中通过修改权利要求、说明书，限缩权利要求的，不得在专利侵权诉讼中再次将放弃的技术方案纳入专利保护范围。

10.4.4 专利间接侵权的认定步骤

关于侵权行为的认定，通常为"四要件说"，即违法行为、损害事实、因果关系及主观过错。对于专利间接侵权行为的认定，与对专利直接侵权的判定，有一定的区别。

1. 违法行为

所谓行为的违法性，是指行为违反了法律强制性、禁止性规定或者违背了公共秩序善良风俗。对于侵权行为，民法存在禁止侵害的规定时，违法性即违反民法的禁止性规定；民法无禁止侵害的规定时，本着民法创造权利、保护权利并赋予权利防止侵害的特征，违法性即为违反权利之不可侵害。可见，对于专利间接侵权行为，其行为的违法性的确认是比较容易的。只要其提供行为切实地侵害了专利权人的专利权，即可认定其提供行为违法。

和其他侵权行为一样，专利间接侵权行为必须实际发生。如果仅有教唆、帮助他人实施专利侵权行为的意图，或仅作好了教唆、帮助他人实施专利侵权行为的必要准备，但未实施教唆、帮助的行为，即未实际发生间接侵权行为，则间接侵权行为不能成立。因此，有专利间接侵权行为的实际发生是间接侵权的最为重要的构成要件。

2. 损害事实

损害事实，是指一定的行为致使权利主体的权利受到侵害，并造成利益损失的客观事实。其由两个要素构成，一是权利被侵害，二是权利被侵害而造成的利益受到损害的客观结果。

对于侵害专利权来说，首先行为人的行为必须造成或者可能造成专利权的侵害才能构成专利间接侵权行为。因为专利权主要为禁止权，即禁止他人未经授权实施其专利的行为，因此只要专利间接侵权行为导致或者可能导致他人未经专利权人授权的专利实施行为，那么就构成了对专利权的侵害，可以要求侵权人承担停止侵害、排除妨害、消除危险的责任。其次，要构成损害赔偿责任还必须存在权利被侵害所造成的利益损失，该利益损失通常表现为消极财产损失，即可得利益的减少，如因专利产品销售量的减少而产生的利润损失。专利权人的利益损失还包含部分直接损失，表现为其为保护专利权诉诸法院而产生的费用，包括律师费、交通费、因调查及制止侵权所支付的合理费用等。

3. 因果关系

因果关系要件的判定，不仅是判定专利间接侵权行为的构成要件，而且直接决定了间接侵权人承担损害赔偿的范围。《最高人民法院关于审理侵犯专利权纠纷案件应用法律若干问题的解释（二）》（以下简称《解释（二）》）第二十一条明文规定了"明知有关产品系专门用于实施专利的材料、设备、零部件、中间物等，未经专利权人许可，为生产经营目的将该产品提供给他人实施了侵犯专利权的行为，权利人主张该提供者的行为属于侵权责任法第九条规定的帮助他人实施侵权行为的，人民法院应予支持。明知有关产品、方法被授予专利权，未经专利权人许可，为生产经营目的积极诱导他人实施了侵犯专利权的行为，权利人主张该诱导者的行为属于侵权责任法第九条规定的教唆他人实施侵权行为的，人民法院应予支持。"其中明确指出了"提供给他人实施了侵犯专利权的行为"和"诱导他人实施了侵犯专利权的行为",这就表示认定教唆侵权或帮助侵权应当以"他人实施了侵犯专利权的行为"为前提,即以直接侵权行为发生为前提。

4. 主观过错

《民法典》第一千一百六十五条,行为人因过错侵害他人民事权益造成损害的,应当承担侵权责任。依照法律规定推定行为人有过错,其不能证明自己没有过错的,应当承担侵权责任。按此规定,专利间接侵权也应当适用过错原则。我国《专利法》规定,未经允许实施即构成直接侵权。而专利间接侵权的主观要件则一般要求行为人具备过错,由于专利间接侵权所针对的对象是专利技术的组成部分,是否侵权有赖于如何对其进行利用,需要结合行为人的主观心态进行判断,不论是我国现行的《解释(二)》及法院在裁判中的判断,或是其他国家的立法及司法实践,除具体内容有所差异外,几乎都以"明知"作为必要的条件。

间接侵权行为以积极故意作为主观要件的构成标准。专利间接侵权的主观构成要件有故意说、过错说和无过错说三种。过错说主张以"间接侵权的行为人知道或者应当知道专利权存在和会构成专利侵权的这两项事实"为前提,包含故意和过失。而无过错说选择摒弃主观要件,个别发达国家对专利间接侵权行为设立了无过错的归责原则。例如,《韩国专利法》第127条和《日本专利法》第101条都未明确规定主观要件,采用了客观行为主义的立场。

> 案例　大连海桥科技有限公司与宽城京峰矿业有限公司侵害发明专利权纠纷案

10.5　商标侵权认定与保护

> 案例　Nike 注册商标专用权商品侵权案

10.5.1　商标侵权行为及法律认定

《商标法》第 57 条共列举了七种商标侵权行为。

(1)侵犯狭义的商标专用权的行为,未经商标注册人的许可,在同一种商品上使用与其注册商标相同的商标的。商标权侵权行为的认定依据是商标法,一切侵害他人注册商标权益的行为,都是侵犯商标权的行为。假冒他人的注册商标是指《商标法》规定的侵犯注册商标专用权的行为。

(2)侵犯扩大的商标禁用权的行为,未经商标注册人的许可,在同一种商品上使用与其注册商标近似的商标，或者在类似商品上使用与其注册商标相同或者近似的商标，容易导致混淆的。

（3）销售侵犯注册商标专用权的商品的，这种侵权行为是专门针对销售者的商标侵权规定的。销售者销售明知是侵犯他人注册商标专用权的商品的，也应该承担侵权责任。但是如果销售不知道是侵犯注册商标专用权的商品的，有可能构成善意侵权。善意侵权指销售不知道是侵犯注册商标专用权的商品，能证明该商品是自己合法取得并提说明供者的，不承担赔偿责任。

（4）伪造、擅自制造他人注册商标标识或者销售伪造、擅自制造的注册商标标识的。我国为了加强商标印制管理，保护注册商标专用权，中华人民共和国国家工商行政管理总局（现国家市场监督管理总局）专门制定了商标印制管理办法。根据此办法，制造他人商标标识，必须经过商标权人的委托，未经许可，擅自制造或销售他人注册商标标识是商标侵权行为。

（5）反向假冒，即未经商标注册人同意，更换其注册商标并将该更换商标的商品又投入市场的行为。

（6）故意为侵犯他人商标专用权行为提供便利条件，帮助他人实施侵犯商标专用权行为的。故意为侵犯他人商标专用权行为提供便利条件，帮助他人实施侵犯商标专用权行为。便利条件包括为侵犯他人商标专用权提供仓储、运输、邮寄、印制、隐匿、经营场所、网络商品交易平台等。

（7）给他人的注册商标专用权造成其他损害的。第一种是将他人注册商标、未注册的驰名商标作为企业名称中的字号使用误导公众，构成不正当竞争行为的，依照《反不正当竞争法》的相关规定处理。第二种是将驰名商标抢注为域名使用。

> **案例　蓝野酒业与百事可乐商标侵权案**

10.5.2　商标侵权的相关法律规定

《商标法》57 条、《商标法实施条例》第 50 条、最高人民法院《关于审理商标民事案件适用法律若干问题的解释》第 1 条规定，有下列行为之一的，均属侵犯注册商标专用权：

（1）未经商标注册人的许可，在相同商品或者类似商品上使用与其注册商标相同或者近似的商标，可能造成混淆的；

（2）销售侵犯注册商标权的商品的；

（3）伪造、擅自制造与他人注册商标标识相同或者近似的商标标识，或者销售伪造、擅自制造的与他人注册商标标识相同或者近似的标识的；

（4）未经商标注册人同意，更换其注册商标并将该更换商标的商品又投入市场的；

（5）在相同或者类似商品上，将与他人注册商标相同或者近似的标志作为商品名称或者商品装潢使用，误导公众的；

（6）故意为侵犯他人商标权行为提供仓储、运输、邮寄、隐匿、加工、生产工具、生产技术或者经营场地等便利条件的；

（7）将与他人注册商标相同或者相近似的文字作为企业的字号在相同或者类似商品上使用，或者以其他方式作突出其标识作用的使用，容易使相关公众产生误认的；

（8）复制、摹仿、翻译他人注册的驰名商标或其主要部分在不相同或者不相类似商品上作为商标使用，误导公众，致使该驰名商标注册人的利益可能受到损害的；

（9）将与他人注册商标相同或者相近似的文字注册为域名，并且通过该域名进行相关商品宣传或者商品交易的电子商务，容易使相关公众产生误认的；

（10）给他人的注册商标专用权造成其他损害的。给他人的注册商标专用权造成其他损害的行为包括：① 在同一种商品或者类似商品上，将与他人注册商标相同或近似的文字、图形作为商品名称或者商品装潢使用，并足以造成误认的行为；② 将与他人注册商标相同或相近似的文字作为企业的字号在相同或类似的商品上突出使用，容易使相关公众产生误认的；③ 复制、摹仿、翻译他人注册的驰名商标或其主要部分在不相同或者不相类似商品上作为商标使用，误导公众，致使该驰名商标注册人的利益可能受到损害的；④ 将与他人注册商标相同或相近似的文字注册为域名，并且通过该域名进行相关商品交易的电子商务，容易使相关公众产生误认的；⑤ 故意为侵犯他人注册商标使用权的行为提供仓储、运输、邮寄、隐匿等便利条件。

10.5.3 商标侵权的证据准备

和侵犯其他知识产权一样，商标侵权行为一方面侵犯了商标权人的利益，导致其商品和服务的竞争力下降，因此，商标侵权首先应该承担民事责任；另一方面，商标侵权导致消费者对商品或服务的来源产生混淆，从而上当受骗，破坏了市场正常的竞争秩序，损害了公共利益，所以，商标侵权还应该承担行政责任，严重的甚至要承担刑事责任。

1. 裁判原则

（1）对于商标侵权行为的类型划分，通常分为以商标使用为核心的侵权行为和以侵权链条分解的侵权行为。在以商标使用为核心的侵权行为中，对商标使用的判断是关键。司法实践中，一般认为应以商标使用为前提条件。因此，社会公众或媒体的使用行为不能当然使其就该商标获得法律保护。

（2）在以侵权链条分解的侵权行为中，对不同侵权行为的认定有必要进行直接侵权行为和间接侵权行为的区分。对于侵权链条中的各个环节是否构成侵权行为，都需逐一进行分析。对于制造带有他人商标的商品的定牌加工行为，司法实践中，一般认为定牌加工产品在国内的销售构成侵权行为，相反在国外的销售则不构成。对于购买者的使用行为，如果这种行为带有商业用途，可认定为侵权行为。

2. 商标侵权的认定程序

（1）确定注册商标专用权的权利范围。注册商标专用权的权利范围是认定商标侵权的基本依据。① 核准注册的商标。根据我国商标法第 56 条的规定："注册商标的专用权，以核准注册的商标和核定使用的商品为限。"② 该注册商标所核定使用的商品，其范围由两个方面因素来确定，一是核准注册的商标；二是该注册商标所核定使用的商品。二者的结合，构成注册商标专用权的权利范围，也就为认定商标权侵权行为确定了与被控侵权对象进行比较的标准，以便得出是否构成侵权的结论。

（2）确定被控侵权的具体对象。① 被控侵权的商标；② 被控侵权的商标所使用的商品。

（3）认定被控侵权的商标与注册商标是否相同或者近似，以及所核定使用的商品是否属于同一种类或者相类似。

3. 认定近似商标

（1）商标外观。即对两个商标的文字、图形或其组合的视觉形象从普通消费者的角度进行观察，看是否能引起误认或混淆。

（2）商标读音。从人们的听觉出发，判断两商标是否因读音近似而导致混淆。

（3）商标含义。分析两个商标是否含义相同或近似并导致消费者对商品来源产生混淆。

4. 断类似商品

（1）《类似商品区分表》和《商标注册用商品和服务国际分类表》并不是划分类似商品的依据，只能作为认定类似商品的参考。

（2）根据两种商品在功能、用途、原料、生产企业、消费对象、销售渠道等方面是否类似、且这种类似是否易使消费者对商品的来源产生误解等方面来进行判断，是实务中唯一可行的选择。具体问题具体分析。

（3）不以商品质量的优劣作为判定。

10.5.4 商标侵权行为的法律责任

1. 民事责任

通过法院提起民事诉讼来追究侵权行为人的侵权责任以保护商标权，是最基本最重要的救济途径。商标侵权行为的民事责任方式主要有：停止侵权、消除影响、赔偿损失。

（1）停止侵权。不管是哪一种商标侵权行为，不管是故意侵权还是善意侵权，都应承担这个责任。

（2）消除影响是指违法行为人侵害公民、法人的人身权利，损害其名誉、荣誉时，受害人有权要求侵害人在影响所及范围内，以公开形式承认侵害过错、澄清事实、消除所造成的不良影响，以恢复未受损害时社会对其品行、才能或信用的良好评价的责任措施。

（3）赔偿损失。如果侵权人主观上有过错，知道或应当知道自己实施了侵权行为，还应承担损害赔偿责任。

对于赔偿数额的计算，《商标法》第 63 条规定，侵犯商标专用权的赔偿数额，按照权利人因被侵权所受到的实际损失确定；实际损失难以确定的，可以按照侵权人因侵权所获得的利益确定；权利人的损失或者侵权人获得的利益难以确定的，参照该商标许可使用费的倍数合理确定。

对恶意侵犯商标专用权，情节严重的，可以在按照上述方法确定数额的一倍以上五倍以下确定赔偿数额。赔偿数额还应当包括权利人为制止侵权行为所支付的合理开支。

人民法院为确定赔偿数额，在权利人已经尽力举证，而与侵权行为相关的账簿、资料主要由侵权人掌握的情况下，可以责令侵权人提供与侵权行为相关的账簿、资料；侵权人不提供或者提供虚假的账簿、资料的，人民法院可以参考权利人的主张和提供的证据判定赔偿数额。

权利人因被侵权所受到的实际损失、侵权人因侵权所获得的利益、注册商标许可使用费难以确定的，由人民法院根据侵权行为的情节判决给予五百万元以下的赔偿。

2. 侵犯商标权的行政责任

对于侵犯注册商标专用权的行为，商标权人是可以请求工商行政管理部门处理的。工商行政管理部门在处理的时，如果认定侵权行为成立的，可以采取以下行政处罚方法：

（1）责令行为人立即停止侵权行为。

（2）没收、销毁侵权商品和主要用于制造侵权商品、伪造注册商标标识的工具。

（3）罚款。违法经营额五万元以上的，可以处违法经营额五倍以下的罚款，没有违法经营额或者违法经营额不足五万元的，可以处二十五万元以下的罚款。对五年内实施两次以上商标侵权行为或者有其他严重情节的，应当从重处罚。

通过市场监督管理部门的行政执法，打击商标侵权，是保护商标权的重要方式和途径。市场监督管理部门在商标保护方面的行政执法，主要表现在两个方面：一是依法定职权主动查处假冒商标和其他违法行为；二是根据当事人的请求就商标侵权个案作出相应的行政处理。

3. 侵犯注册商标专用权的刑事责任

《商标法》第六十一条规定，对侵犯注册商标专用权的行为，工商行政管理部门有权依法查处；涉嫌犯罪的，应当及时移送司法机关依法处理。

《中华人民共和国刑法》（以下简称《刑法》）规定了以下几类侵犯注册商标专用权的犯罪：假冒注册商标罪、销售假冒注册商标的商品罪、非法制造、销售非法制造的注册商标标识罪。

（1）假冒注册商标罪。《刑法》第213条规定，未经注册商标所有人许可，在同一种商品上使用与其注册商标相同的商标，情节严重的，处三年以下有期徒刑或者拘役，并处或者单处罚金；情节特别严重的，处三年以上十年以下有期徒刑，并处罚金。

最高人民法院、最高人民检察院《关于办理侵犯知识产权刑事案件具体应用法律若干问题的解释》中第一条规定，具有下列情形之一的，属于刑法第213条规定的"情节严重"应当以假冒注册商标罪判处三年以下有期徒刑或者拘役，并处或者单处罚金。① 非法经营数额在五万元以上或者违法所得数额在三万元以上的；② 假冒两种以上注册商标，非法经营数额在三万元以上或者违法所得数额在二万元以上的；③ 其他情节严重的情形。

具有下列情形之一的，属于刑法第213条规定的"情节特别严重"：① 非法经营数额在二十五万元以上或者违法所得数额在十五万元以上的；② 假冒两种以上注册商标，非法经营数额在十五万元以上或者违法所得数额在十万元以上的；③ 其他情节特别严重的情形。

（2）销售假冒注册商标商品罪。《刑法》第214条规定，销售明知是假冒注册商标的商品的行为，销售金额数额较大的，处三年以下有期徒刑或者拘役，并处或者单处罚金；销售金额数额巨大的，处三年以上十年以下有期徒刑，并处罚金。

最高人民法院、最高人民检察院《关于办理侵犯知识产权刑事案件具体应用法律若干问题的解释》中第 2 条规定，销售明知是假冒注册商标的商品，销售金额在五万元以上的，属于刑法第 214 条规定的"数额较大"，应当以销售假冒注册商标的商品罪判处三年以下有期徒刑或者拘役，并处或者单处罚金。销售金额在二十五万元以上的，属于刑法第 214 条规定的"数额巨大"，应当以销售假冒注册商标的商品罪判处三年以上十年以下有期徒刑，并处罚金。

第九条规定，刑法第 214 条规定的"销售金额"，是指销售假冒注册商标的商品后所得和应得的全部违法收入。具有下列情形之一的，应当认定为属于刑法第 214 条规定的"明知"：① 知道自己销售的商品上的注册商标被涂改、调换或者覆盖的；② 因销售假冒注册商标的商品受到过行政处罚或者承担过民事责任、又销售同一种假冒注册商标的商品的；③ 伪造、涂改商标注册人授权文件或者知道该文件被伪造、涂改的；④ 其他知道或者应当知道是假冒注册商标的商品的情形。

（3）非法制造、销售非法制造的注册商标标识罪。《刑法》第 215 条规定，伪造、擅自制造他人注册商标标识或者销售伪造、擅自制造的注册商标标识的行为。情节严重的，处三年以下有期徒刑、拘役或者管制，并处或者单处罚金；情节特别严重的，处三年以上十年以下有期徒刑，并处罚金。

【本章重要专业词汇】

私力救济—Self-protection　　　　公力救济—Public protection
司法保护—Juridical protection　　民事保护—Civil protection
行政保护—Administrative protection　三审合一—Three trails in one
专利侵权—Patent infringement　　诉讼时效—Limitation of action
间接侵权—Indirect infringement

【本章小结】

1. 公权力保护的主要方式有立法保护、行政保护与司法保护。

2. 我国对知识产权采取行政保护与司法保护并重的"双轨制"保护模式，这也是我国知识产权保护的特色。

3. 专利侵权从分为直接侵权和间接侵权两种情形。

4. 商标侵权行为的法律责任包括民事责任、行政责任和刑事责任。

【思考题】

1. 甲是某产品的专利权人，乙于 2020 年 3 月 1 日开始制造和销售该专利产品。甲于 2021 年 3 月 1 日对乙提起侵权之诉。经调查，甲和乙销售每件专利产品分别获利为 2 万元和 1 万元，甲因乙的侵权行为少销售 100 台，乙共销售侵权产品 300 台。请回答乙应对甲赔偿的额度。

2. 甲乙合作创作一个卡通漫画形象，乙和甲商量，是否可以拿去申请注册一个商标，甲表示反对。后来，乙不顾甲的反对，将该卡通形象申请了商标注册。该商标权归谁享有？

即测即评

【案例作业】

甲的"大朗"煎饼店在当地颇有名气，乙发现其尚未注册商标，就注册了"大朗"商标。如果乙注册"大朗"商标后立即起诉甲侵权，甲是否需要承担赔偿责任，是否还可以使用"大朗"？

第十一章　知识产权管理国际保护

开篇案例　杭州海关严格保护自主知识产权查获出口侵权手机配件案

2021 年 3 月 11 日，义乌某公司向杭州海关所属义乌海关申报出口一批货物，申报品名中包含"充电头""充电线"等电子类产品。经执法关员查验，发现集装箱内藏匿标有"HUAWEI 及图形"商标标识的手机充电头 34 000 个。充电头外包装简陋、质量粗糙，且当事人无法提供相应的授权文书，存在较大的侵权嫌疑。4 月 8 日，东阳某公司向杭州海关所属金华海关申报出口一批货物，经执法关员查验，发现夹藏的涉嫌侵犯"HUAWEI 及图形"商标权电池 1 632 块以及其他侵权商品共 15 999 件。权利人华为技术有限公司确认上述充电头、电池均为侵权产品，申请海关予以扣留。

金华、义乌海关对上述案件分别予以调查，初步锁定了货物所有人及销售商信息。鉴于两起案件涉案侵权货物数量大、案值高，均涉嫌刑事犯罪，杭州海关依法及时向公安机关通报了案件线索，积极推动公安机关侦查该案。2021 年 7 月，公安机关分别对上述两起案件立案侦查。截至 2021 年 12 月，公安机关已基本查清侵权电池、耳机等产品在国内生产、运输和销售等链路，共抓获犯罪嫌疑人 14 人，采取强制措施 9 人，捣毁制假窝点 5 个，现场扣押各类侵权产品 10 余吨，初步估算涉案价值达 1.6 亿元人民币。

资料来源：2021 年中国海关知识产权保护典型案例，海关发布，2022－04－22.

11.1　知识产权管理的国际组织及对我国的影响

11.1.1　世界知识产权组织概述

1. 世界知识产权组织成立

世界知识产权组织（World Intellectual Property Organization，WIPO）是关于知识产权服务、政策、合作与信息的联合国专门组织。1967 年 7 月 14 日由《保护工业产权巴黎公约》（以下简称《巴黎公约》）以及《伯尔尼保护文学艺术作品公约》（以下简称《伯尔尼公约》）的成员国组成的巴黎联盟和伯尔尼联盟（1893 年两个联盟合并为"保护知识产权联合国际局"执行行政管理任务，也是世界知识产权组织的前身）共 51 个国家，在对两个主要保护知识产权国际公约进行修订的基础上，于瑞典斯德哥尔摩签订了《建立世界知识产权组织公约》（该公约 1970 年 4 月 26 日正式生效），1970 年保护知识产权联合国际局变成了国际机构"世界知识产权组织"。WIPO 在 1974 年成为联合国组织系统中 16 个专门职能机构之一，总部设在瑞士日内瓦，在美国纽约联合国总部设立有联络处。我国于 1980 年加入该组织。

2. 世界知识产权组织的宗旨与主要职能

世界知识产权组织的宗旨是通过国家之间的合作并与其他国际组织配合，促进全世界范围内的知识产权保护；保证依照知识产权公约建立的知识产权各联盟国之间的行政合作。

世界知识产权组织所界定的知识产权范围包括：文学艺术和科学作品，表演艺术家、录音和广播的演出，在人类一切活动领域内的发明，科学发现，外观设计，商标服务标记、商号名称和牌号，制止不正当竞争，以及在工业、科学、文学或艺术领域内其他一切来自知识活动的权利。

世界知识产权组织的主要职能是：① 鼓励签订知识产权保护的新的国际盟约；② 协调各国立法，为发展中国家知识产权保护提供法律和技术帮助，收集和传播情报；③ 办理知识产权国际注册和成员国之间的行政合作；④ 管理有关知识产权的国际公约或协议；⑤ 解决政府间知识产权纠纷。

其具体工作任务是：① 建立专利合作的国际专利体系、马德里国际商标体系、海牙国际外观设计体系、里斯本原产地名称，处理申请、管理或检索专利、商标、外观设计和原产地名称；② WIPO 仲裁与调解中心为知识产权和技术争议提供快速、灵活、合算的法院外争议解决服务；③ 解决与商标域名有关的抢注和其他争议；④ 为变化中的世界制定国际知识产权规则，跟踪各常设委员会和各种会议有关知识产权未来发展的政策讨论和谈判；⑤ 为查询全世界的知识产权信息提供便利，用免费全球数据库检索技术和品牌相关信息；⑥ 帮助运用知识产权促进发展，了解全球合作和发展活动，包括能力建设和对知识产权局的援助。

11.1.2　加入知识产权国际公约对我国的影响

加入知识产权国际公约是衡量一国知识产权保护水平的重要标志。根据我国宪法规定，我国加入国际公约需要经过全国人大常委会的批准。自世界上第一个知识产权国际公约《巴黎公约》签订以来，共缔结知识产权国际公约 30 多个，我国经全国人大常委会批准参加的国际公约 16 个，全球主要或影响力较大的国际公约我国均已经参加。我国作为发展中国家，在知识产权保护领域与国际保护趋势基本相适应，TRIPS 所确定的知识产权范围在我国国内法中均已衔接，并颁布了相应的法律法规予以保护，我国的知识产权保护不断增强，知识产权国际合作与竞争深入开展。

由于 TRIPS 协议被纳入 WTO 的管辖范围，知识产权贸易作为多边贸易体系的组成部分，其制约力强，使知识产权具有浓厚的国际化色彩，总体上我国的知识产权立法受国际立法（国际公约）的影响很大。经过多年的知识产权法制建设，我国已经建立了符合国际通行规则、门类齐全的知识产权法律体系。在新世纪面临的问题是进一步完善并制定适用新技术发展的国内法，严格知识产权执法、增强运用知识产权国际规则的能力。在知识产权国际保护中，熟悉 WTO 有关知识产权保护规则，一方面可以有效维护自主知识产权，打击侵权行为，限制竞争对手；另一方面针对跨国公司滥用知识产权的行为，运用相关规则奋力反击，反对知识霸权。我国要联合其他发展中国家，在国际公约和国际组织中力争增加有利于发展中国家及我国经济发展的知识产权内容，将遗传资源、传统知识、民间文学艺术等纳入保护范围。在我国相对薄弱的驰名商标、高新技术专利上加快创新步伐，力争拥有更多的自主知识产权及产品，提高综合竞争力。

11.2　中国涉外知识产权保护

随着越来越多的中国企业走向国际市场，企业在技术创新和市场拓展过程中的海外知识产权风险识别与风险管控问题也越来越突出。本节在上述知识产权保护一般规则和方法讨论的基础上，特别分析了中国企业的海外知识产权诉讼策略，以期有助于增强中国企业海外知识产权风险管理能力。

11.2.1　立法概况

对于知识产权的国际保护，国际社会采用了统一实体法调整与法律适用法调整的"二元"结构。随着国际经济贸易往来日益频繁和现代科学技术的飞速发展及跨国技术合作与转让的广泛应用，国际社会面临知识产权国际保护的新形势、新情况、新问题，为协调各国知识产权保护的立法和保护水平的差异，直接调整的方法被认为是最行之有效的方法，即各国通过达成统一实体法规范来解决国际知识产权领域的法律冲突，将知识产权的国际性建立在对其一国传统地域性的尊重之上，同时，在尊重各缔约方国内有关知识产权法律规定的基础上，相互承认和保护外国自然人和法人的知识产权，并给予国民待遇，各缔约方有义务给予其他缔约方国民的知识产权申请以承认和保护，实现平等保护，以此构建并提供知识产权国际保护制度的基本法律框架，为每个缔约方国民的智力成果和标志性权利在其他缔约方取得知识产权提供便利通道。

绝大多数国家的知识产权法既是国内法又是涉外法。其能够让本国国民的知识产权在国外受到某种保护，也为外国国民在本国的知识产权提供相应的保护。不过，就知识产权法的三个主要分支——《专利法》《商标法》《著作权法》来说，其对内与对外两种作用的侧重点是不一样的。在订立涉外法（以及订立后使之不断完善）的过程中，我们要在保持中国特色社会主义及社会主义市场经济的前提下，参考有关国际条约和惯例，以便减少在对外交往中可能产生的障碍。研究各种知识产权法的侧重点，有助于我们更好地选择参考和吸收国际知识产权保护制度中对我国有益的内容。对内对外所起作用的不同侧重点，是指有的知识产权法主要作用在于调节国内民事关系，为发展本国经济服务；有的知识产权法主要作用则在于调节涉外民事关系，以促进国际交往（当然其最终作用仍然是为发展本国经济服务，但不像前者那么直接）。

改革开放以来，我国经济开始与国际接轨，逐步成为全球化的一部分。中国从1978—2008 年连续 30 年平均 GDP 增长将近 10 个百分点，2010 年成为世界最大出口国，2013 年成为世界最大贸易国。在这期间，通过加入一系列知识产权的国际条约，我国已成为知识产权国际保护体系中的重要成员之一。以我国加入世界贸易组织（WTO）为标志，经过多年突飞猛进的发展，现在我国已经成为世界第二大经济体，涉外知识产权民事案件的数量也随着对外交往、技术合作及贸易流通的普及不断增长。在我国人民法院审理的知识产权民事案件中，涉外知识产权民事案件一直占有一定比例。

我国相继加入有关的知识产权国际条约，正是缔约国之间相互承认对方国家知识产权法律的域外效力，使知识产权也成为冲突法调整的对象。自此，国际上对解决知识产权法律冲突走上了通过统一实体法调整与国际私法调整并行的"二元"结构的道路。有关国际条约也成为人民法院审理知识产权案件的重要依据，世界贸易组织的有关规则亦对人民法院的审判产生约束力，并对我国的知识产权审判工作提出了更高的要求。世界贸易组织具有庞大的成员体系，以一个平台、多边对话的方式解决知识产权的国际保护问题。TRIPS协议的最大贡献是确立执法机制。如何达到TRIPS协议有关知识产权保护的要求，一直是我国立法机关和人民法院涉外知识产权审判工作面临的重大挑战，也是人民法院在审理涉外知识产权民事案件工作的一个重要课题。

当各缔约国对知识产权保护出台不同保护标准时，缔约国之间的冲突就不可避免。我国现行经多次修订的《专利法》《商标法》及《著作权法》，基本上已与国际接轨，实现了国内法对国际法的转化，所以人民法院一般可以直接适用我国的相关法律。如工业产权领域中的企业名称的保护问题，我国法律规定，企业名称只有在我国登记后方受保护，这与《巴黎公约》的规定不同，我国在加入条约时并未对该项规定提出保留意见，故在我国应受到保护。在此情况下，人民法院可直接引用上述国际条约来审理案件。总之，在适用国际条约处理涉外知识产权时，既要履行国际义务，又要维护国家司法主权。针对涉外知识产权的独立性、地域性、国际性、复杂性和政策性等特点，利用冲突规范援引准据法来解决涉外知识产权纠纷，是保护各国权利人知识产权权利的重要手段，需要立法予以解决。

1. 涉外民事关系法律适用法与冲突规范适用

如何公平有效地解决涉外民事纠纷，推进涉外法治的和谐发展，为进一步对外开放营造公平、有序的法制环境成了我国涉外立法面临的新挑战。我国涉外民事关系法律适用立法散见于各民商事法律之中，缺少系统性、全面性、严密性、科学性。审判实务中选择准据法所依据的冲突规范捉襟见肘，社会各界对制定一部完整的涉外民事关系法律适用法的呼声十分强烈。早在2002年12月，九届全国人大常委会第三十一次会议就曾经对涉外民事关系法律适用法草案进行过"初审"，只不过当时它仅仅是作为民法草案的一编提起的审议。如何制定和修改这个草案，当时的法制工作委员会提出了"全""新""简"的指导思想。"全"指的是完整性，所有民事关系的法律适用都要有依据，不能遗漏；"新"指的是先进性，既要总结我国民事法律等法律实施经验，又要体现国际上这方面的优秀成果和发展趋势；"简"既有精简的含义，也有简明、简洁的意思。除此之外，还有包括方便当事人从事民事活动，促进国际民商事的交流和合作。后来，由于民法草案篇幅较大，涉及条款众多，全国人大常委会决定采取分编审议、分别通过的方式。随着我国的综合实力与日俱增，国际社会对中国成为负责任大国的殷切期待，以及中国自身更加注重国际形象建设等内外因素，都要求中国更加公平地对待中国法律和外国法律，正确处理涉外民事关系和纠纷，就此问题单独立法的条件已经具备，制定一部开放、包容、公平合理的涉外民事关系的法律时机已经成熟。

《中华人民共和国涉外民事关系法律适用法》。(以下简称《涉外民事关系法律适用法》)经第十一届全国人民代表大会常务委员会第十七次会议讨论于 2010 年 10 月 28 日通过,自 2011 年 4 月 1 日起施行。《涉外民事关系法律适用法》是我国民法的重要组成部分,该法的出台对我国涉外民事审判工作产生重大而深远的影响。该部法律对调整我同涉外民事关系具有十分重要的作用,同时对促进国际民事交往亦会起到积极推动作用。其中第 7 章明确涉外知识产权民事关系的法律适用,为解决涉外知识产权民事争议,维护知识产权当事人的合法权益提供了依据。

《涉外民事关系法律适用法》是我国关于涉外民事关系法律适用的第一部单行法律,该法较为特殊,既不是实体法,也不是程序法,而是冲突规范。该法对涉外知识产权关系的法律适用问题作了专章规定,但该法在制定之初及施行之后,涉外知识产权关系的法律适用问题一直存在较大争议。关于知识产权的法律适用,该法草案在审议时,委员们明确了知识产权的法律适用应有利于知识产权的应用和保护。因此,草案针对实践中发生较多的知识产权确权、转让、侵权等三类纠纷,分别规定:"知识产权,适用权利保护地法律,也可以适用权利来源地法律。""当事人可以协议选择知识产权转让和许可使用适用的法律;没有协议选择的,适用本法对合同的有关规定。""知识产权的侵权责任,适用权利保护地法律,当事人也可以协议选择适用法院地法律。"草案规定的条文属于选择性冲突规范,但对"知识产权"的内涵并未予以明确,容易引发法律适用的困难。因此,最终审议通过的《涉外民事关系法律适用法》将知识产权范围进一步明确为"知识产权的归属和内容",并将选择性冲突规范变更为以被请求保护地为连接点的双边冲突规范。冲突规范立法类型,从理论上而言主要取决于一个国家的对内对外政策及国家社会利益的需要,一个国家对某些涉外民事法律关系相对宽松时,可采用双边和选择性冲突规范,最终我国涉外知识产权立法确定了双边冲突规范。这是为了适应当代各国频繁而复杂的国际知识产权转让和许可及技术转移的需要,同时表明我国开放、发展的大国的立法态度,平等地保护内国国民和外国人,平等地适用法律,友好地与各国进行技术交流与合作,当然也是符合国际立法趋势和国际交往实践要求。虽然该法专章规定了知识产权,但其他法律中关于知识产权的特别规定应当优先于该法适用。

以国际条约为核心的知识产权国际保护机制对各国保护外国人知识产权产生至关重要的影响,通说认为,知识产权是一种民事权利,也是一种私权。因知识产权法的属地性及由此产生的知识产权的地域性,涉外知识产权民事法律关系并不存在适用冲突规范的基础,因此,对涉外知识产权民事法律关系的调整有其特殊性,一般不适用国际私法的间接调整方法,即冲突规范的调整方法。理论界普遍认为,地域性是知识产权的主要特征之一。它是指知识产权只能依特定国家或地区的法律或授权而产生,且仅在该国家或地区地域范围内有效,在该国家或地区以外不具有法律效力。因此,每一项知识产权只能在一个特定地域内有效,并且适用授予该权利的国家或地区的法律规定。知识产权的产生、内容、期限、效力与救济等都是基于国家公权直接授予和作用的结果,规制知识产权法包含大量的行政和刑事等公法规范,这与一般民商法是明显不同的。

有形财产权的主体对其客体的独占支配具有天然的可能性,法律所要做的只是给予确认和支持,因此传统认为,有形财产权作为私权是一种自然权利。但与有形财产权相比,知识产权的客体是精神产品,不具有物质形态,人难以对其进行类似有形财产那样的自然占有和实际控制，因此，必须对其客体的存在加以确定化，使其获得时间上和空间上的存在，即所有人必须仰仗法律保障所有人对它的控制、利用和支配，因而所有人对知识产权客体享有的专有权是法律拟制的结果，或者说，知识产权是一种借助法律按照有形财产权的性质进行人工塑造的一种权利。而不同国家由于其政治、经济、文化、科学技术、道德伦理观念、历史和法律传统等方面存在较大差异，对知识产权的保护（范围、水平等）必然有极大不同，所以说知识产权地域性根源于知识产权客体的特点及主权国家的属地优越权。

此外，作为知识产权产生根据的一国的知识产权法通常只有域内效力，其域外效力难以得到他国的承认。一般来说，各国都在一定条件下或一定程度上承认外国民商法律在内国的效力，但一般不承认外国刑法、行政法、财政法等具有公法性质的法律具有域外效力。知识产权法与传统民商法相比，是一种综合性的法律制度，包含大量的行政、刑事等公法规范。因此，具有强烈公法色彩的一国的知识产权法的域外效力通常不会得到各国的承认。由此，仅具有域内效力的一国法律产生的知识产权就只能在该国发生效力，不具有域外法律效力。

有观点认为，知识产权地域性特征可以被突破，其具体表现在各国知识产权法赋予外国人平等于内国国民的民事地位，允许外国人在内国申请并取得知识产权，甚至立法赋予外国人在知识产权保护方面完全的国民待遇；另外一系列国际条约的订立，使知识产权的保护从一国范围扩及他国领域；特别是产生了诸如欧洲专利等跨地域性知识产权。一国允许外国人在内国申请并取得知识产权，是依据内国法的规定并由内国授予的，恰恰体现了知识产权法及其知识产权效力的地域性，其实这正是对知识产权地域性特征的误解造成的，这与民商法由各国自动相互承认法的域外效力是不同的；而欧洲专利是在欧洲各国达成协议的基础上产生的，是该组织内的法律统一制定、实施的结果，并不意味着知识产权地域性的消失，只是扩大了知识产权地域性的范围而已。一国根据国际条约保护外国人的知识产权，不是承认外国人依据其所属国法律产生的知识产权的域外效力，而只是承认外国知识产权人所享有的知识产权可以依内国法授予并给予保护。

在对待知识产权法的问题上，由于知识产权法及其知识产权的地域性特征，各国在知识产权法律适用上奉行的是严格的"属地主义"，各国均只承认和保护依本国法律取得的知识产权，而不适用外国法，不承认外国法的域外效力，也不承认依外国法产生的知识产权。因此，在调整涉外知识产权民事法律关系时，不存在法律冲突，也就不存在适用冲突规范选择适用法律的问题。

综上所述，知识产权涉外民事关系的法律适用应遵循以下原则：优先适用知识产权领域法律的特殊规定；其次适用《涉外民事关系法律适用法》关于知识产权的特殊规定；然后适用《涉外民事关系法律适用法》的原则规定。

2. 国际条约的适用

在涉外知识产权审判领域，条约始终占有重要地位，因为条约是国际性和全球化的体现和产物，国际条约已成为替代国内价值评估的法律制定，成为知识产权立法的主导模式，条约是国内立法的重要基础，知识产权制度正在全球趋同化。国内知识产权法律与国际条约密切相关，各国知识产权法律的诸多一致性主要是由知识产权条约推动和促成的结果，知识产权条约规范构成当今知识产权规范的基本框架。

在知识产权国际保护中，国际条约的作用是协调各国的知识产权国内法，促成各缔约国按照国际条约的要求，依照本国的法律承认和保护外国人的知识产权。一国缔结或者加入国际条约，只是承诺对成员国国民的知识产权予以保护，但保护的具体根据不是国际条约，而主要是本国法。只有在本国法的保护水平低于国际条约要求时，才依据国际条约。因此，在涉外知识产权审判中，对于外国人要求我国给予知识产权法保护的，除了我国法律另有规定的以外，首先要考虑的是主张权利的外国人所属国与我国是否缔结或共同参加了国际条约，我国是否承诺给该国国民知识产权保护；其次，在适用我国相关知识产权法给该外国人知识产权保护时，要考虑我国相关法律规定的保护标准是否达到国际条约的要求。

条约在司法实务中往往需通过国内法转化适用，在涉外民事关系法律适用法制定过程中，社会各界亦曾建议全国人大常委会法制工作委员会对国际条约、国际惯例的适用作出规定，但由于立法技术问题，特别是国际条约适用的复杂性，全国人大常委会法制工作委员会没有在涉外民事关系法律适用法中对国际条约、国际惯例的适用作出规定。审议中，有的常委委员和专家建议在本法中规定国际条约的适用问题。法律委员会经同最高人民法院和有关专家研究，认为国际条约涉及面广，情况复杂，对国际条约的适用问题，各方面有不同意见，实践中也有不同做法。在《涉外民事关系法律适用法》中对国际条约的适用问题不作规定为宜。《涉外民事关系法律适用法》对该问题不作规定，民事诉讼法等法律中有关规定仍然适用，以后在其他法律中还可以再作规定。据了解，国外一般也不在法律适用法中规定国际条约的适用问题。因此，最高人民法院关于适用《中华人民共和国涉外民事关系法律适用法》若干问题的解释（一）第4、5条分别对适用国际条约和国际惯例的法律依据作出指引。我国法律与《巴黎公约》《伯尔尼公约》有不同规定的，可以援用《巴黎公约》《伯尔尼公约》的规定作为裁判的依据，但我国声明保留的条款除外。需要特别指出的是，由于国际上普遍承认知识产权的地域性原则和各国独立保护原则，我国对 WTO 项下的 TRIPs 协议采取了转化适用的模式，且 TRIPs 协议以外的知识产权领域的国际条约通常规定的是最低保护标准而不是完全统一的具体规则，因此，知识产权领域的司法实践中，在国内法与国际条约有不同规定的情况下，不一定优先适用国际条约的规定。鉴于此，该司法解释第4条增加了"但知识产权领域的国际条约已经转化或者需要转化为国内法律的除外"的规定。

3. 国际惯例的适用

按照我国立法，司法语境中的国际惯例为私法性实体规范。它只适用于涉外案件，在国内案件中不能用作裁判规范。国际惯例的司法效力源于契约效力、替补效力和直接效力。作为法官法源，国际惯例的司法进入有当事人选择（间接适用）和法官选择（直接适用）两种路径，在直接适用中其主要用于法律漏洞的填补。一般认为，国际惯例是在国际交往中逐步形成的不成文的法律规范，它只有经过国家或当事人的认可才具有约束力。国际私法上的国际惯例是一种广义的国际惯例，既包括强制性惯例，也包括任意性惯例。我国与国际惯例接轨或适用的方式上，主要是通过立法与司法承认而实现。国家通过立法和签订条约纳入某项国际惯例，是最直接明确的方式，例如，我国对外国人的著作权给予保护，则依据国际惯例著作权自动产生和国民待遇原则纳入我国著作权对外国人作品给予保护；其二，通过司法承认国际惯例，这种方式的承认国际惯例只是作为法律漏洞的补充，法院可以采用，也可以不予采用。因此，国际惯例是可据以裁判案件，确定当事人权利和义务的实体性国际惯例。它既可经编辑成文，也可以是不成文但被广为接受和遵守的习惯性做法。

11.2.2　涉外知识产权民事关系

1. 涉外民事关系的界定

民事关系具有涉外性是法院启动涉外民事案件审理程序的前提，不仅关系到法院对案件管辖权的确定与实体法律的选择，还可能直接影响案件当事人合法利益的实现。知识产权纠纷案件同样属于民事案件，因此，首先应确定什么是涉外民事关系，进而确定涉外知识产权民事关系，从而为正确审理涉外知识产权案件和准确适用法律打下基础。由于《涉外民事关系法律适用法》未对涉外民事关系进行界定，司法实务中，具体可从涉外与法律适用两个方面予以考察，涉外是针对国外而言，针对本国国民在国外的利益，但这不是绝对的，当事人无论是否身在国外，涉及涉外民事关系的利益，也应包含在涉外民事关系的范畴之内，也有一些事件发生在国外，却并不属于涉外民事关系，法律适用是国际上通用的准则，能够正确解决双方的民事权利争议，维护双方各自的正当利益。所以如何对涉外民事关系中的涉外作出正确区分，明确哪些情况是属于其范畴之内，这也决定了在具体确定"涉外"问题的范围和因素上存在争议。

涉外民事关系是指在民事关系的主体、客体和权利义务据以发生的法律事实等因素中至少有一个为外国因素的民事关系。第一，主体涉外，作为民事关系主体的一方或双方是外国自然人、外国法人或无国籍人，有时，外国国家和国际组织也可能成为这种民事关系的主体；或者作为民事关系主体的一方或者双方的住所、居所、经常居所或者营业所位于外国。第二，客体涉外，即作为民事关系的客体是位于外国的物，财产或需要在外国实施或完成的行为。第三，内容涉外，作为民事法律关系的内容即权利义务据以产生变更或消灭的法律事实发生于外国。

正因为原司法解释存在一定的不足，结合当前的学术研究成果和司法实践的需要，最高人民法院为正确贯彻《涉外民事关系法律适用法》，统一裁判思路，在广泛调研、充分论证的基础上出台了新司法解释，2012 年最高人民法院《关于适用〈涉外民事关系法律适用法〉若干问题的解释（一）》。为了对此问题作相同规定，并对《1992 年民事诉讼法司法解释》重新修订，于 2015 年 2 月 4 日新修改并施行的《最高人民法院关于适用〈中华人民共和国民事诉讼法〉的解释》（以下简称《2015 年民事诉讼法解释》）第 520 条从程序法上作了基本相同的规定。

因此，民事关系具有下列情形之一的，法院在受理或审理相关案件时，可以认定为涉外民事关系：

（1）当事人一方或双方是外国公民、外国法人或者其他组织、无国籍人；

（2）当事人一方或双方的经常居所地在中华人民共和国领域外；

（3）标的物在中华人民共和国领域外；

（4）产生、变更或者消灭民事关系的法律事实发生在中华人民共和国领域外；

（5）可以认定为涉外民事关系的其他情形。

如此界定涉外民事关系，是在结合我国成文法的传统基础上，以法律关系要素说为框架，立足于司法实务的需要，对各要素涉外情形实质内容进行扩充，这样既可保证法律规则适用的确定性、可预见性和便捷性，也增加了适用的灵活性，从而避免法律关系要素说固有的缺陷。前四项是对涉外民事关系涉外情形具体表现明确的规则化规定，体现了法律适用的确定性，最后一项用兜底条款体现灵活性，可赋予法官自由裁量权，以适应复杂多变的世界各国现实社会生活实际。

此外，对于是否应当将外国国家和国际组织列入，在涉外司法解释制定过程中曾引起争论。有观点认为，应当将外国国家和国际组织列为涉外民事关系主体。然而，最高人民法院认为，目前的司法实践中的确有国际组织作为民事案件主体的情形，也有将外国国家列为被告的情形，但这不可避免地会涉及管辖豁免问题的讨论，只有在国际组织或者外国国家明确表示放弃民事案件管辖豁免权的情况下我国法院才能对其行使管辖权。尽管正在研究制定的《外国国家豁免法》倾向于转向"相对豁免"，我国在实践中一直主张"绝对豁免"，而非"相对豁免"，在相关司法解释中明确将外国国家、国际组织列入，有可能被误认为我国法院已经采取了相对豁免的立场，故虽有将"外国国家或者国际组织"列入的建议，但最终涉外司法解释未予采纳。

2. 涉外知识产权民事案件构成要件

涉外知识产权除具有知识产权共性的特点外，还具有以下三个特点：第一，涉外知识产权的主体突破了一国国籍，除本国人外，外国人也能取得主体资格；第二，涉外知识产权通常受到两个或两个以上国家法律保护，权利人一般先在一国取得知识产权，然后向外扩张到另一国或多国取得知识产权；第三，涉外知识产权可能同时受到国内法和国际法的双重保护。是否涉外知识产权民事案件是决定是否适用涉外民事关系适用法调整的前提和基础，因此，在审理涉外知识产权民事案件时，首先必须确定所审理的案件是否为涉外知识产权民事案件。由此先从涉外民事案件入手，涉外民事案件即含有涉外因素的民事案件，凡民事关系的一方或者双方当事人是外国人、无国籍人、外国法人的；民事关系的标的物在外国领域内的；产生、变更或者消灭民事权利义务关系的法律事实发生在外国的，均为涉外民事关系。因此，只要案件具有当事人为外国人、法律事实发生在国外或者争议的标的物在国外的三个因素之一，即属于涉外民事案件。从上述分析可知，对民事案件是否为涉外知识产权民事案件的判断，同样应从当事人，引起知识产权法律关系产生、变更、消灭的法律事实或知识产权的标的物这几个方面来考虑，只要知识产权法律关系中有一个因素具有涉外性质，就属于涉外知识产权民事案件。

当事人主体因素是否具有涉外性质，通常比较容易判断，即只要当事人一方或双方是外国人，当事人就具有涉外因素。在知识产权审判实践中，尤其需要重视的是法律事实和标的物这两个因素，因为这两个因素较容易被忽视和混淆。就法律事实而言，引起法律关系发生、变更或者消灭的事实可能既发生于国内，又可能在外国出现，这时就不能把该事实仅当作一个事实来看待，因为在外国出现的事实本身就使引起的法律关系具有涉外性质。就标的物而言，由于知识产权的特性，同一客体在各国均依各国的法律产生和受到保护，因此，同一知识产权客体在不同的国家可以有不同的身份，由不同国家的法律加以保护。所以，当事人就同一客体主张权利时，如果是针对发生于不同国家的事实或者针对位于不同国家的当事人，就应注意其权利的国别性质，区分不同的法律关系。例如，被告某一中国公司未经原告住在中国的中国人许可，在中国将其小说改编成电影并首先在中国、后又到法国戛纳电影节放映，原告以被告侵犯其著作权为由提起诉讼。从表面上看，该案似乎没有涉外因素，因为本案当事人均为中国人，原告的权利受中国著作权法保护，被告的行为首先发生在中国后延续到国外，似乎可认为被告实施的是同一行为，侵犯的是原告的同一权利，因此本案不是涉外案件。但实际上，根据知识产权的地域性特点和知识产权国际保护的独立性原则，原告虽然可以对同一知识产权客体主张权利，但其在中国只能是依中国著作权法主张著作权，原告欲主张被告在法国实施的行为侵权，则应依法国法律主张著作权。因此，此案在知识产权标的物及引起法律关系产生的法律事实方面均有涉外因素。综上，审判实践中应注意知识产权的特殊性，在判断案件是否为涉外民事案件时，要从涉外民事案件的各个要素考虑，尤其要注意法律事实及标的物这两个要素存在与否。

3. 涉外知识产权民事案件司法管辖

关于世界各国的国际管辖权，并不存在统一的国际法规则，而是由各国分别自行予以规定。该问题是国际私法运作的前提，处于核心地位，因此，管辖权的确定不但对法律适用有着基础性影响，也和承认与执行外国判决制度有着非常密切的联系。

涉外知识产权民事管辖权是指一国法院处理涉外知识产权民事案件的权利或资格。有关国际条约和各国国内法大多规定知识产权授权性案件，主要包括专利权和商标专用权等确权类的有效性问题由授权确权国家专属管辖，而对于其他类型的涉外知识产权案件，通常适用本国的民事诉讼法管辖权之规定。或者说经一国依据其本国或地区法律授予的权利，其效力仅限于这个国家或地区。一旦超出这个国家或地区的范围，权利的客体，如作品、专利发明、商标等，则不再受到本国或本地区的保护。知识产权的地域性特征是世界各国所普遍承认和通行的做法，即使像欧盟那样致力于经济和法律一体化的区域，知识产权保护仍然维持其地域性原则。例如，一项欧洲专利侵权会在欧盟不同国家各自诉讼，诉讼结果也很可能不同。欧洲法院在判例中还特意重申这种地域性，因为专利权是严格的国家权力，各审判辖区的不同判决，不能认为是相互矛盾的。在地域性原则限定之下，一国的涉外知识产权侵权案件只能表现为两种形态，即在本国国内发生的侵害本国知识产权的案件和在本国之外发生的侵害外国知识产权的案件。各国为了有效行使自己的司法主权，便利本国当事人诉讼，一般直接规定自己的涉外司法管辖权。

我国法律并未对涉外知识产权诉讼的管辖权问题作出特别规定，涉外知识产权侵权案件管辖权的确定适用我国民事诉讼法的相关规定。我国《民事诉讼法》自颁布生效以来，一直实行的是涉外与国内民事诉讼管辖权分别进行立法的模式，但是2012年新修订的《民事诉讼法》有向单轨制发展的趋势，将涉外协议管辖和应诉管辖纳入国内管辖，在涉外编中仍保留了特殊地域管辖和涉外三类经济类合同的专属管辖。涉外管辖权规范的实质是国家之间对涉外民事案件行使管辖权的分配性规则，因而它是不同于一国之内不同种类、不同地域、不同级别法院之间对于民事案件行使管辖权的国内民事管辖权规则。为了区分涉外民事诉讼案件与国内案件的不同，涉外民事诉讼管辖权应当单独立法，涉外民事诉讼管辖权涉及的问题并非只有涉外管辖权的确定，事实上还有如何解决管辖权问题引起的管辖权冲突。对于侵害我国知识产权的案件，由于侵权行为发生在我国国内，我国法院当然享有司法管辖权。实践中，我国法院所管辖的涉外知识产权侵权案件大多属于这一类。

目前我国还没有专门的关于知识产权管辖权的规定，关于涉外知识产权侵权案件管辖权的法律规定主要体现在《民事诉讼法》第 22、23 条，2015 年《民事诉讼法司法解释》第 24～25 条。根据我国目前的法律条文以及司法实践，执行的是知识产权的绝对地域性管辖原则，对于侵犯我国的知识产权案件，皆由我国法院管辖。此外，我国没有明确将知识产权侵权纠纷案件列入专属管辖的范围。据此知识产权侵权纠纷中具有管辖权的法院为侵权行为地法院和被告住所地法院。其中被告住所地法院是民事诉讼管辖的一般原则，但在知识产权领域，该原则是作为特别规则得以优先适用的，在于保护弱势的被告人的权益，而且在知识产权侵权诉讼中，侵权行为地和被告住所地往往是重合的，至于侵权行为地原则，则是确定侵权纠纷管辖的另一项原则。

随着知识产权跨国流动增多、跨国知识产权案件快速增长以及由此带来的跨国知识产权问题的复杂性，立法管辖权与司法管辖权绝对统一的观点逐渐被打破。随着互联网的快速发展和技术的更新换代，网络空间下对涉外知识产权案件管辖提出新的问题和挑战，可以预见这种挑战将对整个知识产权纠纷国际私法制度、传统理论和实践造成全面的影响。这种挑战的根源正是知识产权的地域性决定传统知识产权侵权管辖规则局限性所致，因而可能带来的问题包括但不限于以下问题：① 知识产权严格地域性管辖根据遇到困难，如互联网访问、网址、域名是否合适，法院如何确定新的管辖依据；② 网络空间下，容易产生同一侵权行为同时发生在不同国家，而造成一事多地；③ 物理空间普遍适用的国籍、被告住所地、最低联系原则等是否可以继续适用；④ 当事权利人选择法院所在地行为普遍发生。由此可见，涉外知识产权保护中的管辖问题需要加强研究，因为这一问题关系到更广阔的国际私法保护是否全面完整。网络侵权行为适用"与侵权行为有最密切联系的法律"独具其价值：考虑到属地性的连接点在虚拟而无界的网络空间的无奈，通过"最密切联系"连接点的灵活性可将虚拟空间与现实世界偶然或随意的碰撞作综合的考虑；其作为多元化的连接点能够应对网络空间的复杂性；赋予法官一定的自由裁量权，有利于管辖权的确定，也可以实现个案公正，给受害人以有利的保护。各国在尊重他国在主权范围内的立法管辖权的同时，基于诉讼效率、方便当事人等原因，有条件地承认对发生在外国的知识产权案件或者涉及外国知识产权的案件的司法管辖权，并适用该外国法。我国在国际技术贸易中处于知识产权需求大国，即输入大国地位，同时随着我国的创新驱动国家战略的实施，创新能力和水平的提升，我国不仅输入外国的知识产品，自主创新的知识产品也开始参与国际竞争，特别是"一带一路"倡议中的广大发展中国家市场竞争，这无疑对我国知识产权侵权纠纷的立法和司法审判提出了更高的要求。

从国际民事诉讼的一般实践来看，涉外民事案件的管辖权可以根据多个标准主张，例如属人管辖权（被告住所地）、国际管辖规则（侵权人财产所在地）、法律行为地管辖规则（例如合同履行地、侵权行为地）等。因此，尽管各国知识产权法的效力仅限于其地域范围之内，并排他性地调整发生在其地域内的涉外知识产权关系，该涉外知识产权关系引发的案件却并非由该内国专属管辖，而是可以由他国管辖，并由他国根据冲突法规则适用外国法律。这与知识产权的地域性及独立保护原则并不矛盾，恰恰相反，适用外国法处理因该外国域内的知识产权关系引发的案件，是尊重该外国立法管辖权的结果，也是知识产权法地域性和独立保护原则的必然要求。

11.2.3　涉外知识产权的法律适用

1. 涉外知识产权的归属和内容的法律适用

法律适用的目的不仅是界定法律关系的性质以及当事人之间的权利义务，还包括对当事人之间的争议作出公正的裁判结果。以冲突规范来解决涉外知识产权领域的法律冲突，仍是各国的主要选择。所以，统一实体法和冲突法作为解决知识产权的法律冲突的两种方法，缺一不可。《涉外民事关系法律适用法》第 48 条规定："知识产权的归属和内容，适用被请求保护地法律。"该法以被请求保护地法律取代传统的被请求保护国法律，被请求保护国法即主张知识产权被请求保护的国家或地区的法律。该规则在知识产权国际保护领域已为很多国际条约和国家立法广泛采用。知识产权严格的地域性与被请求保护地的内容随着国际交往和国际私法理论研究成果已被大大丰富，并已成为多元化的连接点，这是一个包容性和概括性更强的概念，它可以是权利来源国法、权利申请地法、权利授权地法、权利人国籍国法、行为地法等。从立法的角度看，采用概括性方式立法更具有包容性，适用范围广，可以调整各种类型的知识产权法律关系，还可以包括以后可能出现的新型知识产权关系。我国修改后的《涉外民事关系适用法》第 48 条将"知识产权"的范围进一步明确为"知识产权的归属和内容"，并将"被请求保护地法律"作为唯一的连接点，这样有利于在司法实践中妥善合理地解决涉外知识产权纠纷。因此，被请求保护地法律对于涉外知识产权关系的法律适用则具有前提作用和基础性地位。

（1）被请求保护地的含义。被请求保护地法律对于法律适用在涉外知识产权案件中具有基础性地位，正确理解其含义是确定涉外知识产权关系准据法的基本前提。基于知识产权地域性和独立保护原则，被请求保护地应为被请求保护的权利地。这是因为权利人所获得的知识产权是以一国地域为界的专有权利，各国分别依据各自的法律对知识产权客体赋予权利并提供法律保护。即使针对同一客体，权利人在各国所获得的仍然是各不相同且各自独立的权利。被请求保护的权利地与法院地和提起保护请求地仍存在一定差别。

第一，被请求保护地不等同于法院地。虽然存在各种各样的冲突规范与法律选择方法，但涉外知识产权审判实践中最终适用法院地实体法的现象居多数。在实践中，有时权利人要求一国法院保护的并不是法院地国的知识产权，此时法院地与被请求保护地就会不一致。《伯尔尼公约》第 5 条规定的"被要求给以保护的国家"（被请求保护地）实际上就是使用有关作品的那个国家。郑成思先生就"被请求保护地法"曾举过一个有名的例子，他假设有一部德文作品在中国已然过了保护期，中国出版商因而在中国将其翻译为中文作品，随后又将中文译作卖到了德国。由于德国的保护期是 70 年，该德文作品仍然受德国著作权法保护。于是德文作品的权利人到中国来起诉出版商在德国的侵犯德文作品著作权行为，此时中国法已然不保护该德文作品，因此著作权人请求给予保护的国家是德国，即被请求保护地为德国，中国法院应适用德国法。此时德国不是法院地，而是被请求保护地。此外，《涉外民事关系法律适用法》第 50 条的规定将被请求保护地和法院地并列，根据同一部法律中同一术语应作相同理解，不同术语应作不同理解的一般解释规则，应该认为两者并不等同。此外，各国知识产权法往往规定了多种知识产权保护方式和途径，除了诉讼方式外，不少国家还规定了仲裁、海关保护以及行政保护等，权利人有多种保护途径可以选择，并非必须通过法院以诉讼方式获得保护。因此，被请求保护地并不必然是法院地。

第二，被请求保护地也不等同于提起保护请求地。在涉外知识产权纠纷中，权利人可以在具有案件管辖权的任何法院或者仲裁机构提起保护请求，但是该管辖法院或者仲裁庭适用的法律并不必然是当事人提起保护请求地的法律。如果权利人在权利注册地或者登记地提起保护请求，被请求保护地和提起保护请求地就重合了；如果权利人在权利注册地或者登记地以外提起保护请求时，两者并不重合。

如果权利人在权利来源地国提起保护请求，被请求保护地和来源地国就是同一地；如果权利人在权利来源地国之外提起保护请求时，则被请求保护地和来源地国就不重合。当知识产权登记地、注册地或者利用地并非知识产权纠纷的提起之地时，法院将不会适用其本国的法律，而是适用登记地、注册地或者利用地国家的法律。这是因为被请求保护地并不适用提起诉讼的法院地国法律，而是知识产权保护地的国家的法律。知识产权只能依一定国家的法律产生，其产生条件、权利客体、适用程序都是由权利授予国的法律所规范，而且各国对同一知识产权客体的保护各不相同并相互独立。因此，《涉外民事关系法律适用法》第 50 条规定，知识产权的侵权责任，适用被请求保护地法律，当事人也可以在侵权行为发生后协议选择适用法院地法律。如浙江省杭州市滨江区人民法院在审理原告日本斑马株式会社诉被告郑某侵害商标权纠纷一案，判决书对本案涉外因素的表述为："斑马株式会社系在日本注册的企业法人，因本案侵权行为发生地在中华人民共和国境内，故本案审理应当适用中华人民共和国的法律规定。"其认为法律适用因为是涉外侵权责任，应适用侵权行为地法律。该法律条款适用存在明显的不当之处，因为虽然《涉外民事关系法律适用法》第 44 条规定，涉外民事侵权责任适用侵权行为地法律，但第 50 条对涉外知识产权侵权责任纠纷又作出特别规定，即此类涉外知识产权侵权纠纷应适用被请求保护地法律，当事人也可以在涉外知识产权侵权行为发生后协议选择适用法院地法律。根据特别法优于一般法的法律适用原则，本案属于知识产权侵权责任纠纷，所以应适用该法第 50 条规定，而非第 44 条规定。

（2）被请求保护地的适用范围。《涉外民事法律关系适用法》第 48 条冲突规范的范围是"知识产权的归属和内容"，因此对"归属和内容"作何理解将决定本条的具体适用范围。归属的含义是属于、归于即确定所有权，以及划定从属关系的意思。知识产权归属，则可以理解为知识产权的取得。知识产权的归属是指发明创造或创作者以符合法定条件的技术发明、作品、标志等依法申请并通过法定程序取得相应专有权利。知识产权的归属是指特定知识产权归谁所有的问题；而知识产权的内容，则应包括知识产权范围、取得、效力、期限、终止等问题，这些问题都应适用被请求保护地法律。《涉外民事关系适用法》第七章整章规定的是涉外知识产权的法律适用，其中涉外知识产权合同关系和涉外知识产权侵权关系的法律适用分别在第 49 条和第 50 条的规定，从法律的整体和体系化角度分析，第 48 条与第 49 条、第 50 条应该属于一般规定和特殊规定的关系。因此，本条的适用范围原则上包括涉外知识产权合同关系和侵权关系之外的所有问题。

此外，随着知识产权创造和利用方式的发展，通过劳动关系、委托或者合作等合同关系完成某一知识产品并不少见。因此，劳动关系、委托或者合作合同关系经常与知识产权的权利归属联系在一起。在这种情况下，该知识产权的权利归属是优先适用关于劳动关系、委托或者合作合同关系的准据法，还是适用本条规定的被请求保护地法律？对此，可以从以下几个方面予以分析：第一，根据特别规定优于一般规定的适用原则，第48条是关于知识产权权属问题的一般规定，而有关委托或者合作合同关系、劳动关系的法律适用规则属于特别规定，此时应优先适用特别规定。第二，对于此类知识产品成立的知识产权而言，其权属关系相比较成立、效力和内容，与被请求保护地的社会公共利益无实质性关联，因此没有适用被请求保护地的必要。第三，在涉外著作权领域，适用委托或劳动合同关系所适用的准据法可以避免导致同一作品的著作权主体依据不同的被请求保护地法律不一致的结果。例如，假设英国甲公司的雇员乙的职务作品在中国被侵犯著作权，雇员乙为此在中国请求保护，此时的一个先决问题是确定该作品的著作权归属问题。英国和中国都是《伯尔尼公约》的成员国，英国作品的版权在中国应受保护。如果适用雇佣关系的准据法即英国法确定该作品著作权的归属，则甲公司为著作权人。如果适用被请求保护地法律即中国法律，则雇员乙为著作权人，此时将否定甲公司的权利人资格，相反雇员乙获得不当利益，这明显有失公允。因此，在这种情况下，知识产权的权利归属问题应该适用劳动关系、委托或者合作等合同关系所应适用的法律。

综上所述，被请求保护地的法律是解决知识产权归属和内容冲突方面的法律适用规则，适用被请求保护地法律具有明显优势：其一，被请求保护地是知识产权权利人自己选择的结果，对其权利范围最清楚，一定会选择对其权利保护最充分、最有效的国家或地区的法律维护自身的排他权，这样可充分体现对知识产权权利人的尊重和保护；其二，法官适用其熟悉的法律有利于提高司法的法律和社会效果，减少对不熟悉的法律的不当适用，造成对权利人保护不力的后果，以实现司法公正；其二，有利于实现对于来源地不同的知识产权在被请求保护地国内给予相同的待遇，避免就同样的法律事实给予不同程度的保护，给当事人造成司法保护的不确定或不公平的误解。

2. 涉外知识产权转让和许可使用的法律适用

知识产权转让是指知识产权所有人将其拥有的知识产权转让给受让人，受让人向其支付一定的费用，在转让完成后，转让人对该知识产权不再享有权利，受让人则成为该知识产权的所有人；知识产权的许可使用是指知识产权的所有人或持有人将其依法拥有的知识产权许可给被许可人，由被许可人在约定的时间和地域范围内以约定的方式使用或实施该知识产权指向的作品、发明创造或商标等知识产品，由被许可人向许可人支付一定的使用费，作为使用或实施的回报。

涉外知识产权转让合同是指具有涉外因素的以知识产权为转让或许可标的的合同类型。此处的转让为规范意义上的转让，既包括以转让知识产权所有权为标的的转让合同，也包括以转让知识产权使用权为标的的合同。《涉外民事关系法律适用法》第49条规定，"当事人可以协议选择知识产权转让和许可使用适用的法律。当事人没有选择的，适用本法对合同的有关规定。"本条是关于知识产权转让和许可的法律适用，其规定较为完善。结合该法第41条的规定，可以总结为"当事人可以协议选择知识产权转让和许可适用的法律；没有协议选择的，适用履行义务最能体现该合同特征的一方当事人经常居所地法律或其他与合同有最密切联系法律。"本条规定体现出显著的合同自体法特征，符合了国际司法的发展潮流，既肯定了意思自治原则，适应了各国经济社会发展的需要，又补充了意思自治原则的不足，对当事人没有选择的情况做出了规定。同时，还把最密切联系原则吸收进来，在另一个层次上保证了法律适用方法的灵活性，有利于保护当事人和有关国家的利益。

（1）当事人意思自治原则。对于涉外合同的法律适用问题，运用当事人意思自治原则确定准据法已成为涉外合同法律适用的基本原则。由于涉外知识产权合同关系的本质属性仍然在于其合同性，故适用当事人意思自治原则确定涉外知识产权合同的准据法是应有之义。《涉外民事关系法律适用法》第 50 条规定，"知识产权的侵权责任，适用被请求保护地法律，当事人也可以在侵权行为发生后协议选择适用法院地法律。"这一条是关于知识产权侵权的法律适用的规定。首先，确立了知识产权侵权责任适用权利保护地法律这一规则，符合知识产权的地域性的特征。由于原告常常在侵权所在地起诉，被请求保护国常常是法院地国。但被请求保护国并非一定总是法院地国，原告也可以依据属人管辖权在被告的惯常住所地起诉，当被告的惯常住所地不在侵权所在地国时，被请求保护国同时是侵权行为地，但并非法院地国。正因为法院地国与被请求保护国有可能出现不一致，《涉外民事关系法律适用法》第 50 条才规定了当事人可以协议选择适用法院地法。这种立法模式吸收了当事人意思自治原则的精神，同时避免了外国法查明的诉累，具有一定的优势。但是该条又不是无限的意思自治，而是将选法的范围限定为法院地法律。并且当事人还可以在侵权行为发生以后协议选择适用的法律，这样当事人选择法律的范围又更加宽泛，有利于当事人意思自治和主观能动性的发挥。因此，这一做法是可取的，既尊重了当事人选择适用的法律的权利，又能防止其滥用权利，符合了当今侵权行为法律适用的发展。

知识产权的地域性特征通常意味着知识产权和调整知识产权的法律不具有域外效力，或者说，该国都不承认其他国家知识产权及其立法的域外效力，因此，按照一般原理，在知识产权领域不存在法律冲突。传统的国际私法，无论是立法还是学说，或者不涉及知识产权问题，或者只涉及知识产权保护的国际公约，而关于知识产权的法律冲突则是无人问津，也是无须顾及的。知识产权转让合同以具有极强地域性特征的知识产权为标的，必然受到这种地域性特征的影响。这种地域性决定了在确定转让合同的准据法时，无法完全套用合同的一般冲突原则，确定连接点时参考的因素应考虑地域性特征。然而，基于知识产权的地域性与政策性，与一般涉外合同关系法律适用不同的是，在涉外知识产权合同领域中适用当事人意思自治原则存在一定的限制。这主要表现在以下两个方面：第一，强制性规定对当事人意思自治适用的排除。《涉外民事关系法律适用法》第 4 条的规定在知识产权领域尤为明显。因此，当事人的意思自治要受到被请求保护国法律强制性规定的影响。由于知识产权保护的独立性和公共政策性，各国对于知识产权合同往往又有一些特殊的强制性规定。这些强制性规定具有直接适用的效力，排除了当事人协议选择的法律的适用。"强制性规定"系指位于我国"法律"层级中的实体规范，作为"强制性规定"的我国国内法中的实体规范，无须冲突规范的指引即可直接适用。该"强制性规定"不仅限制了当事人法律选择的自由，而且直接排除了有关外国法的适用。以限制当事人法律选择自由的我国强行法，既涉及冲突法，亦包括实体法。

例如，我国《专利法》第 10 条有关专利转让合同形式及效力性的规定："中国单位或者个人向外国人、外国企业或者外国其他组织转让专利申请权或者专利权，应当依照有关法律、行政法规的规定办理手续。转让专利申请权或者专利权的，当事人应当订立书面合同，并向国务院专利行政部门登记，由国务院专利行政部门予以公告。专利申请权或者专利权的转让自登记之日起生效。"《商标法》第 39 条、《著作权法》第 26 条对相关知识产权合同的登记、生效条件等作了相应具体规定；还有更直接地强制性规定，如我国《对外贸易法》《技术进出口管理条例》都规定了对特定技术的进出口禁止或者限制，包括专利权转让、专利权申请权转让、专利实施许可等各种技术在中国境内和境外之间的转移应办理相关手续。如果某项知识产权转让或者许可使用合同涉及限制或者禁止进出口的技术，上述法律条款应当直接适用。涉及技术进出口的合同必须遵守，无论当事人协议选择何国法律，都不允许当事人对法律适用进行选择。

第二，公共秩序保留原则对当事人意思自治适用的排除。公共秩序保留制度的存在与传统的多边主义方法相生相伴，公共秩序保留制度也被各国、欧盟，以及国际立法所广泛采纳，它要建立在基本的道德观念和正义思想之上。如果通常需要适用的外国法违背了法院地的强烈的道德信念或者被法院地认为是严重的不公正，它就不会获得适用，这个原则通过法院审理解决争议时，法院的判决不会也不应该向其国民展现一份有损国内基本价值观的结果。我国《涉外民事关系法律适用法》第 5 条同样规定："外国法律的适用将损害中华人民共和国社会公共利益的，适用中华人民共和国法律。"如果当事人协议选择的法律的适用结果与我国（法院地国）的重大利益、基本政策、道德等基本观念或者法律的基本原则相抵触，则可排除适用当事人选择的准据法。例如，在我国审理的涉外知识产权合同纠纷案件中，如果当事人协议选择的法律的适用结果违背我国的社会公共利益，则不予以适用，因为冲突法的适用应该以维护国家利益为导向。作为排除外国法适用的一个"安全阀"，公共秩序保留制度一直为各国立法和司法审判所固守。但由于"公共政策""社会公共利益"本身就是一个多面体式的概念，其内涵及外延具有较大的模糊性，人民法院在实践中如何合理运用这一机制排除外国知识产权法的适用而不悖于国际礼让，则显得尤为重要。

（2）当事人没有约定准据法的确定。在当事人未明确选择所适用法律时，一般依据最密切联系原则加以确定，特征履行说是适用较为规范的规则。在知识产权转让合同中特征履行的确定具有特殊性，在确定适用法律时，应当考虑无形财产权的履行特征。对于知识产权转让合同本身的效力可以适用合同准据法一般原则加以确定，但对于知识产权的效力则应区别对待。在涉外知识产权转让过程中，对知识产权有效性产生异议时，一般只能适用权利实施地国，也是权利登记地国的法律。此外，在确定知识产权转让合同适用法律时，还应当充分考虑知识产权转让合同与合同标的的不同性质，特别是如果专利转让或许可合同中因转让或许可的专利权被宣告无效，造成部分履行合同效力受到影响。在涉外知识产权合同当事人没有选择法律的情况下，与一般涉外合同关系一样，依照特征性履行方法和最密切联系原则确定合同的准据法。特征履行说是确定最密切联系地的主要学说之一。如根据《罗马公约》的规定，在国际专利许可合同当事人未对合同确定哪一国的准据法作出规定时，应适用特征履行方的属人法，即许可方的惯常居所地法、核心管理机构所在地法或主管营业所所在地法，当合同与其他国家具有更密切的联系时，适用其他国家的法律。但是，基于知识产权合同的特殊性，在运用特征性履行方法确定准据法时，其特征性履行地很难予以确定。例如在专利转让合同中，转让人的义务包括保证自己是合法有效的权利人、提交专利有关的技术资料等；受让人的义务包括支付转让费、依合同约定实施专利等。由此可见，合同双方当事人的权利义务比较复杂，确定特征性履行地绝非易事。在涉外知识产权合同纠纷中，特征性履行地可以根据每个案件的具体情况予以确定。综上，涉外知识产权合同应当以当事人意思自治原则为主、以最密切联系原则为补充、以特征履行方法确定最密切联系地。

3. 涉外知识产权侵权的法律适用

在知识产权侵权法律适用领域,学界通常认为应适用被请求保护国法律处理法律冲突。由于原告常常在侵权所在地起诉,被请求保护国常常是法院地国。但被请求保护国并非一定总是法院地国,原告也可以依据属人管辖权在被告的惯常住所地起诉,当被告的惯常住所地不在侵权所在地国时,被请求保护国同时是侵权行为地,但并非法院地国。正因为法院地国与被请求保护国有可能出现不一致,《涉外民事关系法律适用法》第50条规定当事人可以协议选择适用法院地法。这种立法模式吸收了当事人意思自治原则的精神,同时避免了外国法查明的诉累,具有一定的优势,但当事人选择法院地法有可能破坏知识产权的"地域性"特征。从历史上看,冲突法领域的意思自治原则呈现出从严格限制到逐渐放宽的发展过程。这个过程仍在持续发展之中。在公共政策性很强的知识产权法领域,尤其是知识产权侵权领域是否需要适用当事人意思自治原则,更是一个充满争议的问题。

关于知识产权侵权,《涉外民事关系适用法》第50条规定了知识产权的侵权责任,虽然比较简单,但法律适用规则比较明确。一是知识产权的侵权责任,适用被请求保护地法律;二是当事人也可以在侵权行为发生后协议选择适用法院地法律。从现有法律规定来看,就涉外知识产权侵权案件而言,无论是根据有关国际条约还是各国国内法,都是既可以由侵权行为地国家管辖,也可以由被告住所地国家管辖。在我国司法实践中,涉外知识产权侵权案件管辖权的确定适用现行《民事诉讼法》第265条规定处理。有关法律适用问题可分为两种情况,对于侵犯本国知识产权的涉外案件,往往适用本国知识产权法或国际条约,对于侵犯外国知识产权的案件则分歧较大,莫衷一是。《涉外民事关系法律适用法》引入意思自治原则,又作出必要的限制,这无疑是一个明智的选择。根据国际私法中的意思自治原则,当事人有权依其共同意志选择其合同适用的法律。该原则源于民法上的契约自由原则,最早产生于合同领域,后其适用范围呈不断扩大的趋势,而各国采用的范围则不尽相同。我国仅在合同领域采用该原则,而《涉外民事关系法律适用法》则将其进一步扩大到知识产权等领域;从而表明我国立法不仅对意思自治原则给予充分肯定,体现了对当事人民事处分权的尊重,亦对国际社会的立法趋向给予必要的关注与尊重。

我国涉外侵权法律适用立法是《涉外民事法律适用法》立法重点。在该法出台前,我国没有关于知识产权法律适用的单行立法,当事人双方国籍相同或者同一国家有住所,也可以适用当事人本国法律或者住所地法律。中华人民共和国法律不认为在中华人民共和国领域外发生的行为是侵权行为的,不作为侵权行为处理。我国法律在侵权行为的法律适用问题实际采取了以下三项原则:侵权行为地法原则;当事人共同属人法;双重可诉原则。由此可以看出我国没有直接规定最密切联系原则和当事人意思自治原则。最密切联系原则虽然没有在侵权的法律适用中得到直观体现,但它最早是在现已失效的《涉外经济合同法》中得到体现,而当事人意思自治原则毋庸置疑地在合同领域一直占据重要地位。

　　我国 2011 年 4 月实施的《涉外民事关系法律适用法》，改变了我国长期没有涉外知识产权侵权法律适用专门立法的历史，纵观该法，不管从总则到分则，无不展现出最密切联系原则，将侵权行为地细化，将侵权行为实施地作为侵权行为地，规定侵权行为适用侵权行为实施地法律，侵权行为实施地和侵权结果发生地不一致，受害人可以要求适用侵权行为结果发生地法律。在侵权行为地法与更密切联系地法的关系上，强化更密切联系地法的适用，更密切联系地法的适用优位侵权行为地法。同时也在第 50 条的规定中首次在侵权领域引入当事人意思自治原则，不得不说《涉外民事关系法律适用法》是我国国际私法历史上的一个里程碑，由此我国在侵权法律适用方面确立了以侵权行为法为主，辅以最密切联系地原则以及当事人意思自治原则的法律适用架构。关于该规定中被请求保护地是否就是法院地的问题，由于第 50 条中将法院地与被请求保护地法并列，根据同一部法律中相同术语应作同一解释，不同术语应作不同解释的原则，应该认为两者并不等同，但在一些情况下，二者也是重合的，例如，一中国公民的著作权在中国境内侵犯，那么被请求保护地就和法院地重合。此外，我国《涉外民事关系法律适用法》将当事人意思自治引入侵权领域，可以看作一大进步，但就目前而言，当事人协议选择的法律还仅限于法院地法。知识产权的侵权责任，原则上适用被请求保护地法律，但当事人可以通过协议选择适用法院地的法律。这一规定不仅摒弃了侵权责任适用侵权行为地的传统立法，而且独创性地引进有限的当事人意思自治原则。我国立法最终选择将当事人的意思自治引入知识产权侵权领域。在扩大意思自治的适用领域的同时，又基于效率和便利的考虑，将当事人意思自治的范围限定为只能协议选择法院地法。由于知识产权的复杂性和公共政策性，尽管立法允许当事人在侵权行为发生后协议选择适用法院地法，但依然需要审查当事人可以选择的范围。当事人选择的法院地法适用于何种范围？案件涉及的全部问题包括权利归属、保护范围和损害赔偿是否都由法院地法决定？对此，一种做法是无任何限制地允许当事人意思自治，特别是当事人意图综合性地解决多个地域中的并发侵权问题时。从实践的角度看，与逐个国家检索知识产权权利的存在、保护范围、限制与例外的规定相比，根据单一法来解决问题无疑更有效率。但是，在侵权行为仅涉及一个国家时，允许无限意思自治的必要性就减弱了。尤其对需要登记或者注册才能产生的权利而言，在权利的存在、归属、保护范围等方面，由被请求保护地法调整更加合理，而随后的救济则可以依据法院地法来解决。当然，这一问题非常复杂，还有待司法实践进一步探索。

　　《涉外民事关系法律适用法》第 50 条规定的知识产权侵权责任适用被请求保护地法律，此处的"被请求保护地"应同上述第 48 条分析意见相同，含义一致，也应是指被请求保护的权利地。该条还将有限的当事人意思自治原则引入知识产权侵权法律适用领域，这显然是立法者为了与《涉外民事关系法律适用法》第 44 条一般侵权所规定的当事人意思自治原则保持一致。但是知识产权领域因其地域性具有很强的公共政策性，当事人意思自治原则在知识产权侵权领域适用是否恰当，不同学者具有不同的观点。否定观点认为，基于知识产权的公共政策性，知识产权侵权责任的认定与承担是一个国家科学技术发展战略的反映，需要考虑国家利益，因此，原则上应将当事人协议选择适用的法律予以排除，否则有可能与国家的公共政策相悖。肯定观点认为,一方面,对于知识产权侵权责任引入意思自治原则可以避免因适用法院地国以外的法律而导致法律适用结果的不确定性情况;另一方面,在涉外知识产权侵权纠纷中,如果允许当事人协议适用法院地法律,这对于当事人和审理法院而言,都更加清楚地了解涉案的侵权法律关系,有利于提高争议解决的效率。我国立法赞成肯定观点,在知识产权侵权领域规定当事人意思自治原则。从实践的角度来看,尽管采用当事人意思自治原则可以克服单一适用请求保护地法的缺陷,可以达到扩大法院地法适用的目的,但是如果法院地不是请求保护地,当事人选择适用法院地法就破坏了知识产权的地域性,其合理性尚待考察。

一方面,"被请求保护地"在很多情况下都与"法院地"重合。但是如果"被请求保护地"就是"法院地",那么直接规定此类案件适用法院地法就不会有更多疑义,究其原因,就在于"被请求保护地"在有的情况下并不等同于"法院地"。如杭州市滨江区人民法院2016年9月审结的原告雀巢产品有限公司诉被告杭州胜东贸易有限公司、杭州佳融和食品有限公司侵害商标权纠纷一案,该一审法院认为,本案系侵犯商标专用权引发的侵权纠纷,根据《中华人民共和国民事关系法律适用法》第50条规定,知识产权的侵权责任,适用被请求保护地法律,故本案应适用中华人民共和国法律审理。本案就是"被请求保护地"与"法院地"重合的典型案件。

另一方面,双重可诉原则是指侵权行为在外国发生,则只有依据我国法律也认为是侵权行为的,当事人才能向我国法院提起侵权行为之诉。之所以在侵权行为问题上应当采纳双重可诉原则,是因为侵权损害赔偿问题与法院地国家、地方的基本政策和经济水平息息相关。对于国外惩罚性与重复性的损害赔偿的巨大数额,如果不以融入法院地政策的双重可诉原则予以钳制,则被告难以承受不可预见的侵权后果。

【本章重要专业词汇】

TRIPS 国际保护—TRIPS international protection
保护标准—Protection standard
国际保护制度—International protection regime
世界知识产权组织—The World Intellectual Property Organization

【本章小结】

1. 加入知识产权国际公约是衡量一国知识产权保护水平的重要标志。

2. 知识产权的研究与应用离不开国际法,尤其是国际条约和国际组织的发展,需要国人的认识和跟进关注。

3. 被请求保护地不等同于法院地和提起保护请求地。

【思考题】

1. 知识产权国际公约中的国民待遇是否是对成员国的国民给予本国国民的同等待遇。

2. 怎样理解知识产权的"地域性"?

3.《保护工业产权巴黎公约》规定的优先权是什么?

4. TRIPS 协议关于未公开信息保护的规定主要有哪些内容?

即测即评

【案例作业】

2021 年 4 月 6 日,张某在广交会上展示了其新发明的产品,4 月 15 日,张某在中国就其产品申请发明专利(后获得批准)。6 月 8 日,张某在向《巴黎公约》成员国甲国申请专利时,得知甲国公民已在 6 月 6 日向甲国就同样产品申请专利。

案例讨论:

如张某提出优先权申请并加以证明,其在甲国的申请日至少可以提前至什么时间?

第Ⅴ篇　知识产权管理篇

第十二章　知识产权管理制度

开篇案例　中国种业知识产权保护的重大制度创新

随着经济社会的发展，参照《国际植物新品种保护公约》（1978 年文本）建立的种业知识产权保护体系已经不能适应现代种业发展和实施创新驱动发展战略的要求，存在保护标准偏低、保护范围偏窄、保护链条较短等问题，导致修饰性品种多、突破性品种少，品种同质化现象突出。

2021 年 12 月 24 日，十三届全国人大常委会第三十二次会议通过关于修改《中华人民共和国种子法》的决定，自 2022 年 3 月 1 日起施行。此次种子法修改以强化种业知识产权保护为重点，建立实质性派生品种制度，扩大植物新品种权的保护范围和保护环节，完善侵权赔偿制度，推动建立鼓励和支持育种原始创新的制度体系，对于促进种业高质量发展，筑牢粮食安全和现代农业发展基础具有重要意义。此次修法紧扣种业振兴发展的迫切需要，借鉴有关国际公约的规定和一些国家的做法，从三个方面加大植物新品种权保护力度，完善种业知识产权保护制度。

建立实质性派生品种制度。明确修饰改良他人的育种成果形成的派生品种在商业化利用时，需要征得原始品种权所有人的同意，并支付使用费。这一制度的核心是建立原始品种权所有人与派生品种所有权人的利益分享机制，体现对原始育种者智力成果的尊重。同时，法律将具体实施步骤和办法授权国务院规定，为进一步细化和完善制度留出空间。

扩大植物新品种权的保护范围和保护环节。将保护范围从授权品种的繁殖材料延伸到收获材料，在保护环节上增加为繁殖而进行处理、许诺销售、进口、出口和储存。这些规定扩大了植物新品种权的权利内容，并为权利人提供更多行使权利的机会。

完善侵权赔偿制度。将故意侵犯植物新品种权行为的惩罚性赔偿的倍数上限由三倍提高到五倍，将难以确定数额的赔偿限额由三百万元提高到五百万元，让侵权者付出更加沉重的代价，进一步维护植物新品种权所有人的合法权益。

资料来源：国家知识产权局官网。

12.1　知识产权管理制度的主要内容及其国际经验

"十三五"期间，我国知识产权运用效益持续提高，交易运营更加活跃，转移转化水平不断提升。迈入"十四五"新征程，我国进入高质量发展的新阶段，需要以高质量发展为目标全面提升我国知识产权制度的运用能力。我国将进一步完善知识产权管理的体制机制，健全知识产权归属制度，提高知识产权转化效益，凸显知识产权市场价值，推动产业转型升级和新兴产业创新发展，为全面建设社会主义现代化国家提供有力支撑。

企业通过建立和实施知识产权管理制度，能够提高企业知识产权创造、运营和保护的效率。企业知识产权管理制度，是指企业根据所处生命周期和产业领域，结合自身的经营目标、技术能力、市场地位以及国内外法律制度环境，制定并实施的知识产权管理职能分工、标准规范和步骤流程等。我国由于知识产权法律制度建立较晚，企业、高等院校、科研院所以及行业或部门建立知识产权规范制度尚处起步阶段，大部分企事业单位内部的知识产权管理制度仍处于一种盲目无序的状态，停留在法律规范的普及教育和统计管理这一层面上。我国企业、科研机构、高等院校等知识产权保护和管理水平较低，随着知识经济时代的到来，无论是企业还是科研院所、高等院校都将面临国际经济技术新秩序的严峻挑战，这就要求我们迅速地建立起既适合我国国情，适合企事业单位发展战略和管理规律，又符合知识产权保护国际惯例的知识产权管理制度。

12.1.1　知识产权管理制度的基本内容

知识产权作为一种无形资产具有自身的独特性和复杂性，因此，知识产权管理制度的内容也具有自身的特殊性和广泛性，它既是一个行为准则的规范体系，又是一个以管理规则为表现形式的社会单元的运行子系统。它的内容主要包括以下几个方面。

1. 管理制度建立的宗旨和依据

这部分内容应明确建章设制的目标和所要达到的目的，并明确一些基本的原则；要阐明建章设制的法律依据、法律地位。因为知识产权管理制度是一种规范、约束和指导人的行为的法律制度。在这一部分内容中，贯彻国家相关法律，鼓励发明创造，保护知识产权，加强成果管理，活跃技术市场，防止无形资产流失，提高市场竞争力应是最基本的内容。

2. 专业词组的定义和使用范围的界定

知识产权管理制度所涉及的专业词汇较多，对于一些容易引起歧义的词汇，应当准确地定义其内涵、界定其使用外延。这些词汇的解释既要准确、严谨、贴切，又要与国家的立法解释、司法解释以及行政解释相一致。这些词汇主要包括知识产权、知识产权管理、技术秘密、商业秘密、技术发明、技术改进、技术创新、技术成果以及其他容易引起误解、需要明确定义和说明的专业词组。

3. 知识产权工作的地位

作为企事业单位的知识产权管理制度，应明确知识产权工作在该企事业单位各项工作中的重要意义及其与其他工作之间的关系。在企事业单位中，长期发展计划中应列入知识产权工作计划。在日常工作和议事日程中应注意列入有关知识产权的工作安排，并重视知识产权工作的汇报和检查。

4. 知识产权管理工作的任务

作为企事业单位，知识产权管理工作必须有目标、有任务。目标是管理工作的成果，任务是管理工作的过程，通过每一任务的完成，来实现管理工作的目标。这些任务包括：如何开展有关知识产权的法律、法规的宣传和教育；如何实施相关的法律法规的实施细则；如何建立知识产权工作规划；如何建立知识产权管理工作的任务责任制；如何完成技术创新工作中的知识产权保护工作；如何利用技术成果的运用、转移和扩散工作；如何做好知识产权的档案管理工作等。

5. 知识产权管理机构的设置和职权

这是知识产权管理制度的重要内容。机构设置要科学合理，职权要明确具体，责任要公开适度。应注意从本单位的具体情况出发，设定专门机构或非专门机构，确定专职人员还是非专职人员，但是无论是专职机构还是非专职机构都应明确其知识产权管理的职责，并明确与相关部门之间的关系。其职责主要包括：执行知识产权规划；主管知识产权工作；检查实施知识产权管理规章制度；代表单位处理知识产权事务；汇报知识产权工作；为单位领导和相关部门提供知识产权信息；作年度知识产权管理工作总结；向单位法人代表提供知识产权纠纷处理意见和法律咨询；收集并分析本单位知识产权管理方面存在的问题并提出今后工作改进的建议；参与技术贸易、技术开发、技术转让、技术咨询服务以及行业间有关合同、协议中知识产权条款的洽谈和起草工作；提出知识产权奖励与处罚方案以及明确该机构未按规章制度履行职责时，其主要责任人应承担的责任等。

6. 知识产权法律知识的宣传和教育工作

使本单位干部、职工具有良好的知识产权意识，是实行知识产权管理制度中的一项基础工作。因此，应在制度中明确规定负责此项工作的职能部门以及培训计划、方式和步骤等具体要求，既要规定相应机构提供宣传教育的责任，也要规定干部、职工有计划接受宣传教育的责任，做到教与学都能有计划、有组织地具体实施。尤其要加强对知识产权和技术合同两方面管理人员的专业培训和提高业务素质的教育工作。

7. 技术合同中的知识产权管理

（1）研究与开发过程的知识产权管理。在现代企事业单位中，研究与开发是技术创新过程的起始端，是一项十分重要的基础工作。因此，伴随这一过程的知识产权管理工作也是十分重要的，它包括的主要内容有：在从事研究与开发项目立项时，管理者与研究开发项目组负责人之间应以一定方式（书面合同、协议或规章约定）明确有关知识产权的相应关系，如管理者的管理责任，研究开发者在知识产权信息查新、知识产权权属、知识产权的技术信息保密等事项中的权利和义务；应对研究与开发的技术资料，相关的知识产权文献做好分析整理工作，在项目立项时课题组应提交有关专利文献检索查新的知识产权分析报告和绕过已有专利壁垒的对策报告；要建立研究与开发工作的记录管理制度，详尽记载一些与知识产权相关的活动记录；建立及时审查各项研发活动是否有侵害他人知识产权或本单位的技术开发成果权益是否被他人所侵害的管理制度；建立研究与开发活动所涉及的资料、工作记录归档和其他相关信息资料由专人负责保管的管理制度；在研究开发活动结束，项目结题时，管理部门应要求项目负责人完整、系统地提交技术总结报告和项目结题工作报告，并及时向有关领导作出汇报，并将有关重要的技术资料提交相关部门技术归档，实行加密管理。

（2）委托、合作研究开发中的知识产权管理。委托或受委托开发以及合作开发是企事业单位与外单位在技术研究与开发活动中采用的两种基本形式。涉及的知识产权管理主要是研究开发成果的归属问题，技术成果的转让、许可使用问题，研究开发中形成的技术资料和技术秘密归档使用、保密问题，自制仪器设备的归属问题，以及在此研究开发成果基础上后续研究开发的使用问题等。

我国现行法律已对委托开发技术合同和合作开发技术合同的技术成果权属问题作出了原则规定。若企事业单位在技术合同中没有明确的知识产权管理制度，就可能会导致技术成果流失，进而导致知识产权的流失。因为除了技术成果归属外，还会涉及技术成果是否申请专利和随之而来的专利权归属问题，技术成果是否同意发表和随之而来的著作权归属问题等。有了技术合同中的知识产权管理制度，就可在签订合同时，在知识产权管理制度的规范约束下，对合同中涉及有关本单位知识产权归属的重大知识产权成果的技术资料、技术档案、技术成果的转让、许可使用等方面问题，制定由相应的主管机构和管理者联合研发人员作出分析、审查和决定的规则，从而避免知识产权流失。

（3）职务成果归属中的知识产权管理。在我国现行的知识产权法律体系中，已对职务发明或非职务发明，计算机软件和著作权的职务作品等成果的归属关系作了明确界定，作为企事业单位在制定本单位的知识产权管理制度时就应遵照执行。对于本单位的职务成果应由研究开发部门和知识产权管理部门联合管理。科技开发部门主要负责技术成果的使用和扩散，而知识产权管理部门主要负责知识产权分析预测，若知识产权管理部门提供的分析预测报告指出若准许他人使用职务技术成果，将会造成本单位知识产权流失或知识产权权益受损，就应赋予知识产权管理部门否定这一"许可使用"的权力，并明确相应责任。对于单位科技人员和职工的非职务成果，由于它也是企事业单位科技进步的可利用的资源之一，所以也可以根据本单位的具体情况，建立相关的制度，如建立本单位科技人员和职工的非职务成果登记制度等。

8. 专利权的管理

专利权是技术成果知识产权保护的最主要形式。企事业单位应以我国《专利法》为依据，在建立知识产权管理制度时，把专利权的管理作为最重要的内容，加以特别关注。企事业单位的知识产权管理部门应制定本单位的专利发展战略和具体实施专利战略的工作计划，规定各项研究开发项目的立项和成果鉴定，推广应用时都应由课题组与本单位的知识产权管理部门一同进行新颖性、创造性、实用性的"三性"专利文献检索查新和分析论证。然后根据专利授权条件，对符合授权条件的发明技术、实用新型技术和外观设计技术，交本单位的知识产权管理部门组织人员和材料向国家知识产权局专利局提出专利申请，并由知识产权主管部门决定资料公开的程度和公开方式；决定技术鉴定会是否召开和召开方式；对于已获专利权的成果，应规定由专人管理，妥善保管有关的专利文件和技术资料，交纳和办理相关的行政规费和手续，并由专人收集与该项技术成果相关的专利与非专利技术信息，跟踪技术动态，掌握技术发展趋势，及时发现他人是否已就同一主题提出了专利申请或他人实施的技术是否已经损害了本单位的专利技术权益，并建议单位按照有关的行政、司法程序作出相应的对策和处理决定。如向专利局陈述意见；提出异议、复审请求；要求撤销专利权或宣告专利权无效；要求知识产权局、市场监督管理局等有关单位制止侵权行为；向法院提出侵权诉讼等。企事业单位还应关注国外的专利信息和专利法律动态，积极向国外申请专利，参与国际专利技术贸易，为本单位带来更好的技术经济效益。

9. 商标权的知识产权管理

商标是企业产品或服务的标志，也是企业品牌、形象、管理水平的综合象征，是企业重要的无形资产，因此，企业对商标权的保护就显得尤为重要。企事业单位应遵循国家颁布的《商标法》，建立健全本单位的商标管理制度。主要应明确规定以下内容：本单位商标管理部门应调查、了解和分析与本单位产品相关的市场信息，并进行商品市场的预测，了解各个相同或相近产品的商标使用情况及其法律动态，制定和实施商标战略；明确规定由本单位商标管理部门提出商标设计方案，准备商标申请文件，并建立商标审查制度，以避免形成侵权商标，并结合本单位的商标战略和实际情况，恰当选择商品类别和商标类别进行国际或区域注册；规定由本单位商标管理部门做好商标规费的缴纳工作、商标续展工作以及使用商标产品的质量监督工作，以确保商标权益和企业信誉不受损害；还应规定商标管理部门密切关注市场上、新闻媒体的报道中是否存在本单位注册商标被他人误用、盗用或商标权益受到损害的情况，一经发现应及时向单位领导汇报，并提出维权的主张和意见，供领导决策，以便及时向国家商标主管部门、工商管理部门陈述意见，向侵权人主张权利，及时制止假冒商标侵权等行为。

10. 著作权及计算机软件成果权的管理

在企事业单位知识产权管理制度中著作权的管理主要涉及科学技术论文、工程设计及其说明和计算机软件等作品的管理。企事业单位应根据国家颁布的《著作权法》和《计算机软件保护条例》，制定相关的管理办法。对于科学技术论文的发表，应遵循不影响正常的科研工作、不损害单位的技术权益、不违反有关保密规定的原则，凡属由本单位知识产权管理部门决定的不予公开的技术信息，不得以科研论文形式发表；凡属由该部门确定为不予公开的技术资料，不得在科研论文中涉及或披露；有关职务技术成果的科研论文写作，应由课题组统一安排，其他不相关的人或相关个人不得以课题组的名义或个人名义私自发表与技术实质有关的科研论文；对属于职务作品的科技作品的使用方式应由本单位著作权管理部门决定，并做好职务作品的登记工作；对于工程设计、产品设计图纸及其说明，属于职务作品的，设计者应向本单位知识产权管理部门及时汇报，并由该部门统一到著作权登记机关进行著作权登记；对于计算机软件，首先要求本单位软件开发者应具有版权意识，建立本单位软件版权登记制度并及时向软件著作权登记机关进行软件著作权登记；应建立本单位软件管理制度，定期检查单位的计算机系统，禁止未经允许的下载或复制活动，及时对本单位的软件作品加注著作权标记，并及时纠正非法复制、非法使用他人软件的行为。

11. 商业秘密与技术秘密的管理

无论是商业秘密还是技术秘密，都是企事业单位的重要无形资产，应在知识产权管理制度中予以重视，应遵循我国现行的《反不正当竞争法》等相关法律，建立严格的切实可行的保护制度。无论是商业秘密还是技术秘密，最重要、最有效的保护方式便是自我保护。

因此，企事业单位应在知识产权管理制度中建立相应的商业秘密和技术秘密的特殊保密和使用制度。首先应建立详尽的有关商业秘密和技术秘密规定的文件档案，编制相关的保密密级；其次对外发布信息、发表论文、参加展览会、交易会和研讨会等，应将要公开的信息及资料交由知识产权管理部门进行审查，确认未涉及本单位商业秘密和技术秘密后，方可对外公开。同时还应建立对外业务谈判、接待参观人员以及与外单位合作研究与开发过程中的商业秘密和技术秘密的保护制度。

12. 涉外的知识产权管理

企事业单位在做好技术引进、转让、消化、吸收、改进和技术输出工作以及国际科技合作、交流工作时，都会涉及涉外知识产权管理工作。技术引进和技术转让应由单位统一制定引进和输出计划，并由知识产权管理部门会同科研、生产管理部门做好项目的可行性论证报告和消化、吸收、改进方案。国际科技合作与交流应由单位统一作出计划和安排，对公派出国人员（包括访问学者、进修人员、公派留学生）要做好知识产权教育，明确成果归属管理，尤其是知识产权权属管理和技术资料档案管理。

13. 成果奖励的知识产权管理

企事业单位在知识产权管理制度中，应依据《国家科学技术奖励条例》，做好各类科技成果的奖励工作，使本单位职工能积极争取国家、地方及各部委的各类奖项；另一方面应明确制定本单位技术成果及其他成果奖励制度，具体规定成果奖励的对象、范围、形式、要求以及奖励的办法。奖励的对象主要是本单位的科技人员、管理干部、职工、离退休人员以及成果权归属本单位的其他临时受聘人员和合作研究与开发人员；奖励的范围主要包括：技术创新奖、技术改进奖、技术发明奖、专利成果奖、合理化建议奖、设计方案奖、计算机软件奖、科研论文奖、成果转化奖、成果推广奖以及知识产权管理成就奖。奖励的形式一般包括三个方面：一是精神奖励，如表扬、表彰、授予称号等；二是物质奖励，如奖金、住房、奖品等；三是情事奖励，这类奖励既非单纯精神奖励，又非简单的物质奖励，是一种独特的奖励方式，而且往往这类奖励对于获奖者来说更具价值，更有激励效果。如解决子女就业、解决配偶调动、外出度假、进修学习等。奖励的要求主要指施奖者对获奖成果的范围所规定的条件。企事业单位知识产权管理制度中还应明确科技成果奖励的具体办法，包括个人申报制度、专家评审制度、听取意见制度、集体评选制度、公开结果制度和定期异议制度等。

12.1.2　知识产权制度建设的国际经验

1. 美国知识产权制度建设

美国是世界经济强国，也是全世界高新技术创新和孕育的沃土，是法律法规等制度相对完善的国家之一，最先实施知识产权保护制度。美国经济所有制发展变化以来，境内多个州就开始进行知识产权保护制度的建设，知识产权保护已经成为美国的基本战略国策之一。通过研究美国知识产权保护制度发展的历史我们可以得知，美国的知识产权保护制度发展大体上可以分为三个阶段。第一阶段是从建国到 20 世纪中期。在这个阶段中，美国社会经济刚刚起步，没有核心竞争力，在各方面的发展都不完善。因此，技术创新能力和水平都低于欧洲发达国家。当时的美国为了维护自身利益不受侵犯，保护本国薄弱的经济，于是形成了带有鲜明保护主义的知识产权保护制度。但其并没有对外国版权作出保护，而是限制了外国人在本国申请专利。第二阶段是 20 世纪中后期到 90 年代。这一阶段美国经济技术的发展已经达到了世界先进水平，知识产权保护制度开始注重知识产权享有者权利与社会福利之间的平衡协作关系，间接催生了全世界最早的反垄断体系。美国逐渐意识到将知识产权保护纳入全球战略中能够在国际贸易中获取更大的利益，因此，美国开始建立适合自己的知识产权保护全球标准。而且在知识产权法律上对知识产权的保护范围进行了一定的限制，允许适当的技术扩散和模仿，以促进技术的发展和服务社会的作用。第三阶段是 20 世纪 90 年代至今。美国的技术已经达到世界领先水平，并积极推动国际知识产权保护战略，加强调整知识产权利益关系，在双边贸易活动中积极推动对知识产权协议的达成。

美国以其经济实力为基础，根据本国需求不断完善知识产权保护制度，对本国的科技和经济发展起到了重要的推动作用。在提高国民知识产权思想意识方面，美国一方面加强对自己创作成果的知识产权保护意识，另一方面强化尊重他人知识创作的意识。在颁布的专利权和著作权中都有对盗版侵权行为的犯罪惩处内容条款，通过惩处犯罪违法行为，提高侵权违法行为的交易成本并使之大于收益，从而降低犯罪率。在知识产权相关法律法规建设方面，尽管美国建国时间只有 200 多年，但是美国知识产权法律的立法等工作早在独立战争结束之后就已经开始，几乎所有的州都有各自比较完善的知识产权保护法律法规，完备的知识产权法已经成为美国经济体制下的一大特点。

> **案例　美国硅谷重视知识产权制度建设**

2. 日本知识产权制度建设

日本作为第二次世界大战的战败国，能够在战后世界经济秩序中迅速崛起，与其对知识产权保护的重视度密不可分。日本的经济发展坚持以技术为引领，在战后经历了模仿、消化和再次创新等阶段。在战后初期，实行了较为宽松的知识产权保护制度，对技术模仿和消化持比较宽容的态度。这一方针促进了日本全社会的技术进步，帮助日本经济在战后经济废墟中快速崛起并与世界水平接轨。

在 1975 年之前，日本对食品行业、医药化学品行业等实行绝对宽容政策，这些领域的技术传播不受知识产权保护的限制。20 世纪 80 年代的日本知识产权保护制度鼓励对进口产品进行改进，并对其进行专利保护，不仅降低了产品发明所产生的成本，还鼓励了技术创新，促进了日本吸收国外先进技术。20 世纪 90 年代以后，日本的科学技术水平得到了长足的发展和进步，全社会的技术创新已经达到了比较成熟的程度。此时的日本加强了对知识产权的保护，鼓励自主性、原创性的技术创新，大力推动核心技术的进步和发展，使日本在世界经济发展浪潮中争得了一席之地。目前，日本已经发展成为世界创新大国，每年都有超过 40 多万件的各种技术发明专利，技术创新已经逐渐成为日本经济发展最大的引擎。日本能有如此成就，是因为在发展知识产权保护水平时，采取了先模仿消化后创新的策略，以最低的成本发明创造从而发展本国经济。随着日本经济的不断发展，战略中心开始向"知识立国"转移，从扩大知识产权保护范围，到提高知识产权保护意识，再到开发知识产权新产业等都提出了战略保护要求。在知识产权的管理体制方面，日本对于知识产权法的执行，采取各部门相互配合、相互制约的战略，使各部门各尽其责，充分发挥职能。在知识产权保护意识方面，日本企业尤其是知名大企业，为了促进企业发展，都设立了企业内部的知识产权管理机构，极大地促进了技术的创新，从而获得较强的国际竞争力。

| 案例 日本东京完善知识产权制度建设 |

| 案例 日本高校知识产权创新制度 |

3. 韩国知识产权制度建设

作为我国的东亚近邻，韩国已经成功发展为举足轻重的亚洲新兴发达经济体，实现了从技术模仿到技术引领的跨越式发展。在 1960 年之前，韩国几乎没有专门的知识产权保护法律法规，知识产权保护方面可以说是一片空白。1961 年以后，韩国才开始逐渐重视知识产权保护，逐步建立专利法、侵权法案等，但是其法律覆盖面也都非常狭窄，与日本类似，对食品和医药化学品等不进行知识产权保护。直到 1986 年，韩国才开始正式对食品及医药行业进行知识产权保护。当时韩国的经济基础比较薄弱，经济发展急需国外先进技术的支持。然而，居于垄断地位的跨国公司在专利授权使用费用方面报价极其高昂，技术转让条件非常苛刻。基于保护民族企业，促进国家经济和技术快速发展的目的，政府对技术模仿采取了与日本同样的宽松容忍态度，鼓励对国外技术进行本土化改进，并对知识产权加以保护。在法律上，为了帮助国内企业利用国外先进技术，韩国知识产权保护法律法规仅适用国际最低标准，同时其知识产权保护法律法规的执行力度也非常低。通过这样宽松的知识产权保护制度，韩国快速吸收了大量国外先进技术，成功提高了企业的技术水平，甚至有的企业在个别领域后来居上。1980 年之后，韩国逐渐转变以模仿为主的技术发展模式，开始着重鼓励自主创新。新专利法案和发明促进法的颁布实施标志着韩国进入了全面知识产权保护时代。韩国在知识产权制度实施体系上，能够对国际和国内经济形势作出及时调整，尤其是对国内经济的发展重点给予知识产权支持，促进了产业发展和技术创新，引导了新型高技术产业的健康快速发展。韩国的经验表明，通过知识产权法律法规建设、提高执法效率、完善知识产权的行政管理制度体系、倡导企业申报自主创新技术专利并促进专利技术的应用、扩大自主创新和知识产权意识宣传力度等多方面的制度和措施，有效地促进了韩国的知识产权制度创新，推动了社会经济的发展，提高了国家竞争力和自主创新力。

12.2 中国知识产权制度建设

12.2.1 中国知识产权制度的起源

我国知识产权制度最早被提出是在晚清时期，清政府通过引进其他国家的专利制度形成了近代中国第一部奖励科学发明的条例——《振兴工艺给奖章程》。这是因为在当时清政府面临着严峻的民族危机和政治经济危机，不得不改变原有的经济策略，变重农抑商为农工商并举，加大了对私人资本的支持力度。同时，在经济制度上也做出了一定的调整。那时清政府已经认清了知识产权保护和激励私人资本企业的重要性。因此，清政府在借鉴西方专利制度的基础上，颁布的《振兴工艺给奖章程》，对创造发明的专利给予了肯定，并提出了保护措施，同时根据专利的实际价值分别授予专利年限，为我国知识产权制度发展奠定了一定的基础。

12.2.2 中国知识产权制度的演进

早在清末时期我国便有了知识产权制度的雏形。经过百年发展，我国知识产权制度正在逐步完善，为知识产权的运用、转移和科技成果转化等活动创造了良好的环境。中华人民共和国成立以来，尤其是改革开放以来，中国知识产权制度发展迅速，展现了从"无"到"有"再到"优"的演变过程。在改革开放之前，我国知识产权制度基本处于"无"的状态。我国当时没有专门的知识产权法律，虽然在其他法律法规中涵盖了一些知识产权相关的规范，但是受到社会经济发展的制约，知识产权制度的作用微弱。改革开放是中国知识产权制度构建的关键点。自改革开放至加入世界贸易组织，中国先后颁布实施了一系列的知识产权制度，并加入了一系列重要的知识产权条约。在与国际知识产权规定接轨的同时，初步构建了我国知识产权制度体系。

下面主要从中国知识产权意识的觉醒、知识产权制度的萌芽以及知识产权制度的发展三个阶段探讨知识产权制度的演进过程。

1. 中国知识产权意识的觉醒时期

19 世纪末，我国兴起了民族资本主义企业发展的高潮，每年注册工厂的数量持续增加。在 20 世纪初，民族资本主义企业的发展进入了新高潮，此时我国的知识产权制度也逐步诞生，并起到一定的知识产权保护作用。各民族资本主义企业的知识产权意识初步觉醒，纷纷通过注册商标和专利的方式来保护知识产权。

2. 中国知识产权制度的萌芽时期

中国知识产权制度的萌芽阶段可以追溯到中美建交时期。在中美正式建交之后，邓小平率团访美，促使两国签订了《中美高能物理协议》并开启两国贸易关系协定的谈判。在谈判中，美方代表要求在协议文本中加入相互保护知识产权的条款，声明美国不会签署不包含知识产权保护条款的科技、文化和贸易协定。当时中国并没有保护知识产权的法律，很多人根本没有知识产权观念，所以中方代表对这些要求感到非常不解。但中国仍然接受了美方的要求，将其作为协议的原则性条款。1979 年 3 月，中美两国在北京开展关于《中美贸易关系协定》的谈判，美方代表再次强烈要求添加保护知识产权的内容并作为协定的正式条款。这开启了中国建立国内知识产权制度并逐渐融入国际知识产权保护体系的进程。

在《中美高能物理协议》和《中美贸易关系协定》谈判过程中，美方对知识产权问题的重视给中国代表留下了深刻印象，可以说是一次观念的启蒙。由此，中国开始对知识产权制度给予高度重视，并陆续加入国际知识产权组织和条约，特别是世界知识产权组织和《保护工业产权巴黎公约》。中国在 1982 年制定了第一部保护知识产权的法律——《中华人民共和国商标法》，1984 年制定了《中华人民共和国专利法》，开始对知识产权提供法律上的保护。1990 年制定了《中华人民共和国著作权法》，以保护著作权和计算机软件。

3. 中国知识产权制度的发展时期

21 世纪是我国知识产权制度发展和完善的关键时期。我国政府加大了对智力劳动成果保护工作的投入力度，通过科技成果的有效转化来带动区域经济发展。因此，在资金和政策层面为知识产权制度的落实与执行给予了大量的支持。此时期知识产权制度具有如下特点。

（1）知识产权制度的激励作用显著提升。为了响应国务院关于知识产权的战略要求，中央财政部门设置了专项资金，用于支持知识产权保护的一系列事务，并颁布了《关于加强战略性新兴产业知识产权工作的若干意见》（国办发〔2012〕28 号），对知识产权的创造提供了强有力的支撑。2000 年《中华人民共和国专利法》（2002 年修订）中对于知识产权的权利归属问题进行了进一步明确。此后，在 2008 年对《专利法》又进行了一次修订，其中着重对专利权人的合法权益进行保护。通过对知识产权制度的变化来分析，其正在通过对产权关系的调整和加强权利人权利保护力度来发挥知识产权制度应有的激励作用。2020 年 10 月全国人大通过了《专利法》的修订，涉及主要包括加强对专利权人合法权益的保护、促进专利实施和运用、完善专利授权制度等三方面的重点内容。尤其为更好地应对紧急状态和非常情况，促进了相关发明创造在疾病治疗等方面的及时应用，本次修订在不丧失新颖性例外的适用情形中增加"在国家出现紧急状态或者非常情况时，为公共利益目的首次公开的发明创造"，既满足了公共利益的需要，又保护了权利人的权益。

（2）知识产权的保护范围在逐步扩大。在社会发展过程中，我国的《专利法》经历了多次修订，主要对专利保护的内容、技术领域和保护期限等进行补充和完善，使我国的专利保护能力不断提升，早在 1992 年便已经达到了 TRIPs 协议的标准要求。此后，又对《著作权法》进行了修订和完善，有效明确了著作权人以及邻接权人的根本权利，使著作权的保护范围有效扩展，进一步增强了著作权的保护力度。此外，我国修订的《中华人民共和国知识产权海关保护条例》进一步完善了海关执法的权限，并对执法程序进行了重新梳理，使海关执法行为更为有效，成了主动保护知识产权的法律依据。为了强化对假冒专利行为的管控力度，尽量控制侵权行为，在《专利法》中新增假冒专利的经济处罚条例，并赋予相关专利管理部门一定的执法权限，使其具备查处侵权专利和假冒专利的能力，做到对知识产权的有效保护。

（3）知识产权服务业蓬勃发展

现阶段，知识产权制度大力推行，同时衍生了与之相关的知识产权服务业，该行业的发展有助于提升知识产权制度的落实水平，起到强化知识产权保护的作用。2012 年，国家知识产权局等 9 部门共同制定了的《关于加快培育和发展知识产权服务业的指导意见》（国知发规〔2012〕110 号）中明确指出，要加强对知识产权的代理服务，并提高知识产权商用化，做好知识产权培训和咨询等工作，为知识产权创造和科技成果转化等提供强有力的支持。尤其是在网络技术以及信息技术快速发展的基础上，提出有关知识产权信息服务平台构建的建议，希望通过构建信息服务平台，强化知识产权制度落实，增强其对知识产权的保护力度。

【本章重要专业词汇】

知识产权制度—Intellectual Property Rights System

知识产权滥用—Abuse of Intellectual Property Rights

制度创新—Institutional Innovation　　制度建设—System construction

制度演进—System Evolution　　管理机构— Management Institutions

国际经验—International Experience

【本章小结】

1. 知识产权制度的内容主要包括管理制度建立的宗旨和依据、专业词组的定义和使用范围的界定、知识产权工作的地位、知识产权管理工作的任务、知识产权管理机构的设置和职权、知识产权法律知识的宣传和教育工作、技术合同中的知识产权管理、专利权的管理、商标权的知识产权管理、著作权及计算机软件成果权的管理、商业秘密与技术秘密的管理、涉外的知识产权管理、成果奖励的知识产权管理等。

2. 我国知识产权制度的演进过程可以划分为知识产权萌芽阶段、知识产权意识的觉醒阶段以及知识产权制度的发展阶段三个方面。

3. 我国知识产权制度建设的缺陷主要体现在强知识产权保护导致经济社会成本增加、知识产权滥用导致垄断价格形成等方面。

【思考题】

1. 试对比分析我国在知识产权制度建设方面与世界发达国家知识产权制度建设的差

距与不足，世界发达国家经验为我国知识产权制度建设带来哪些启示？

2. 在我国大力倡导实施知识产权强国战略背景下，试分析我国知识产权制度建设面临的新机遇与新挑战。

3. 阐述我国知识产权制度的起源。

4. 概述我国知识产权制度的演进过程。

5. 试分析军民融合背景下国防知识产权制度建设的重点有哪些？

即测即评

【案例作业】

用好知识产权制度，传承中华农业文明——知识产权制度建设带来的重要启示

2022 年 5 月联合国粮食及农业组织（以下称粮农组织）宣布，中国的内蒙古阿鲁科尔沁草原游牧系统、福建安溪铁观音茶文化系统、河北涉县旱作石堰梯田系统被认定为最新的全球重要农业文化遗产。这是中国在 2018 年之后又一批新项目得到认定，也让中国拥有的全球重要农业文化遗产数量达到 18 项，居全球之首。在 3 个新认定的遗产项目中，内蒙古阿鲁科尔沁草原游牧系统的产业发展历程尤其值得一提。

据粮农组织介绍，内蒙古阿鲁科尔沁草原游牧系统是中国入选全球重要农业文化遗产的首个游牧类遗产项目。内蒙古自治区赤峰市市场监督管理局相关负责人介绍，当地在长期的生产实践中培育了一系列地理标志产品，目前已获得"阿鲁科尔沁牛肉""阿鲁科尔沁羊肉""阿鲁科尔沁小米""阿鲁科尔沁驴肉""阿鲁科尔沁紫花苜蓿"等 5 个地理标志证明商标。其中"阿鲁科尔沁紫花苜蓿"独具牧区特色。紫花苜蓿是一种优良牧草，当地通过规模化种植，利用其改善了一度退化为沙化草原的牧草种植区，使牧草基地植被覆盖率从不足 10% 重回 90% 以上。紫花苜蓿基地的建设，也为当地畜牧业发展提供了充足的优质饲草，使阿鲁科尔沁牛肉、羊肉等产品质量得到全面提升，并成为当地发展生态牧场的依托。几种地理标志产品发挥各自优势，为阿鲁科尔沁草原游牧系统的可持续发展增强了后劲。曾经濒危的草原游牧系统得以恢复和发展，也为当地探索出一条融合经济发展、生态保护与文化传承的农业文化遗产动态保护之路。现在，当地的"阿日奔苏木婚礼""蒙古族勒勒车制作技艺"等国家级非物质文化遗产，也在文化、生态、社会和经济效益的和谐统一中发扬光大。

中国农业科学院农业知识产权研究中心主任宋敏认为传统知识是现代科技创新的基础和出发点，许多现代技术基于传统知识孕育出来，但现行知识产权制度较少关注对上游知识的产权安排和利益分配。宋敏认为，需要进一步健全完善知识产权制度机制，发挥其保护重要农业文化遗产的制度功效。"一是在专利、植物新品种保护制度中建立和完善遗传资源和传统知识惠益分享制度；二是完善地理标志保护制度，建立区域公共品牌，实现市场价值；三是探索建立特色文化遗产的独占权，防止低俗化的仿造复制。"

资料来源：国家知识产权局官网。

案例讨论：

1. 剖析知识产权制度对内蒙古阿鲁科尔沁草原游牧系统产业发展的重要作用。

2. 调查分析你所在的省份或城市的知识产权制度建设情况。

第十三章　国家、地方和产业的知识产权战略管理

开篇案例　江苏省发布知识产权促进和保护条例

2022 年 1 月 14 日，江苏省第十三届人民代表大会常务委员会第二十八次会议通过《江苏省知识产权促进和保护条例》（以下简称《条例》），其中多项内容将切实解决知识产权促进和保护中的突出问题。《条例》共六章六十八条，是全国首部知识产权促进和保护的省级地方性法规，将有效打通知识产权创造、运用、保护、管理、服务全链条，推动江苏省知识产权工作不断迈上新台阶。

《条例》要求，构建知识产权促进政策体系。建立以企业为主体、市场为导向、产学研服相结合的知识产权高质量创造与运用机制，为专利、商标、地理标志等各类知识产权客体制定相应的促进政策，为高质量创造提供政策支撑。在促进知识产权质量提升和转化运用方面，明确知识产权申请前评估、职务科技成果披露和开放许可等制度，支持企业、高等学校、科研院所在信息技术等重点领域加强基础研究和原始创新。

《条例》从知识产权金融的角度解决中小企业的融资难题，提出支持金融机构为中小企业提供知识产权质押融资、保险、风险投资、证券化、信托等金融服务，鼓励依法设立知识产权基金，引导社会基金为知识产权密集型产业、知识产权优势企业和高价值知识产权培育项目提供资金支持。对于知识产权高质量创造运用的源头——人才培养，《条例》提出，建立知识产权人才培养评价激励机制，对在知识产权促进和保护工作中作出突出贡献的人员，可以按照规定放宽职称申报条件。鼓励和支持高等学校将知识产权教育纳入课程体系。

《条例》从构建知识产权保护工作体系、健全知识产权保护工作机制、强化重点领域知识产权保护三个方面强化知识产权高标准保护并对近年来知识产权保护中出现的具体问题作出规定。随着电子商务行业迅猛发展，电子商务领域知识产权纠纷日益增多，知识产权保护问题迫在眉睫。

《条例》在《民法典》和《电子商务法》等上位法的基础上，对电子商务平台经营者行为作出规定。此外，明确禁止不以创新为目的的非正常专利申请，明确了专利代理机构和专利代理师的法律责任，并规定专利代理违法行为由省、区、市知识产权部门依法查处，这充分发挥了体制改革后基层综合执法的优势，也为打击非正常专利申请行为提供了法律依据和强有力的法律手段。

资料来源：江苏发布知识产权促进和保护条例，有何亮点？中国知识产权报，2022 - 01 - 29.

知识产权战略可以分为四个层次：第一，国家知识产权战略。该层次战略是从整个国家的宏观层面来考量，知识产权战略与我国经济社会发展目标与模式、高层次人才培养体系、高科技创新研发体系等密切相关，需要有规划、有组织、有条理地统筹规划。第二，

地方知识产权战略。该层次战略是针对不同地区在科技进步、经济发展以及知识产权资源等方面存在的差异与实际情况进行有针对性、侧重点地制定与实施。第三，产业知识产权战略。该层次战略是不同产业针对产业特色而制定，尤其是对于国家重点发展产业，如人工智能、物联网、生物技术和大数据等新兴产业对于知识产权战略的制定与管理尤为关键。第四，企业知识产权战略。该层次战略是企业在激烈的市场竞争中获取竞争优势的重要工具，需要企业遵循市场经济的运行规律，培育知识产权保护意识，提升知识产权创造、运营和管理能力。企业知识产权战略在第十四章有专门介绍，本章不再赘述。

13.1　国家知识产权战略

13.1.1　国家知识产权战略的概念

国家知识产权战略是指通过加快建设和不断提高知识产权的创造、管理、运用和保护能力，加快建设和不断完善现代知识产权制度，谋求最佳的经济和社会效益，以促进经济社会发展目标实现的一种总体谋划。国家知识产权战略，不单指知识产权自身的发展战略，也不单指知识产权保护战略，它是一个覆盖许多领域的极为重要的国家战略。国家知识产权战略应以增强国家整体竞争力为目标，配合国家技术发展战略，以专利战略为龙头，建立与发展阶段相适应的保护制度，制定配套政策体系，将知识产权管理落实到技术、经济、贸易、管理等各项工作中，培养全民知识产权意识，提高企业运用、管理和保护知识产权的能力。

国家知识产权战略制定应该与世界知识产权发展相结合，并适应本国具体国情。纵观各国，国家知识产权战略一般具有以下特征。

1. 国家知识产权战略以政府为主导

无论在发达国家还是发展中国家，政府永远都是知识产权战略的制定者和责任承担者，虽然社会公众的意识和觉悟可以通过诸如意见上传、研究论证等方式成为政府决策的可用资源，但最终必须经过代表国家整体意志的机构将其确立为一国的制度、战略或法律。作为行使公共权力的政府，面对作为私权利的知识产权。如果政府的行政干预力度过大，便会导致对私权利的无意侵害，损害知识产权的私权属性；如果政府放任私权利的滋生蔓延而不加疏导管制，一方面将会失去政府统筹的集中高效优势，另一方面也会使整个知识产权体系无序臃肿。从这点来看，要切实有效地实施国家知识产权战略，务必明确政府的"可为与不为"的限度，把政府的宏观调控手段与市场的发展规律有效呼应，进而充分鼓励企业的自主创新能力，充分认可行业的特定运行模式，打造宽松优越的知识产权发展环境，激发全社会每一个创新主体的创造热情，最终实现提升自主创新能力，增强国家综合竞争实力这一目的。

2. 国家知识产权战略以平衡各方利益为立足点

国家制定知识产权战略，首要的就是承认知识产权的私权属性，尊重、保护权利人对其知识产权权利的享有和使用，这是实现其权利所必需的激励机制。当然，界定保护的范围也是非常重要的问题，这涉及国家和社会能在什么条件下使用这些创造性的智力成果。

所以，国家应该在必要的时候介入，平衡私人、社会、国家等各方利益，这样既发挥了鼓励发明创造的作用，又实现了运用先进文明成果的目的。政府应切实协调好区域、行业、企业之间关于知识产权的信息传递、资源共享以及利益分配，避免资源（人力、物力、财力）的重复投入和内部无谓损耗。政府要协调好创新与运用的关系，重视知识产权数量的同时更要关注其实际功效，创新是手段，运用是目的，任何脱离实际需要或无法实施的创新都无益于知识产权的发展。

3. 国家知识产权战略以谋求利益最大化为目标

在知识产权战略方面，各国政府都发挥其能动性，积极为本国的公司、科研机构提供良好的平台，实现利益最大化。所谓利益最大化，并非仅指目前短暂的利益，还包括将来的、长久的利益，这才是政府制定和实施国家知识产权战略的目的。当然，由于我国是发展中国家，知识产权发展水平还很有限，在面对国际发展水平较高的国家和跨国企业时，处于劣势地位，甚至会在短期内遭受很大的损失，但这是我们在发展知识产权制度，实施知识产权战略的过程中需要注意的。如果我们不保护知识产权，虽然短期内可以减少利益损失，得到一些廉价甚至免费的知识产权使用权，但从长久来看，不利于我国先进技术的输出和对外交流。因此，国家知识产权战略需要融入国际知识产权大环境中，制定、修改与国际条约、协议相符合的法律、法规。

4. 国家知识产权战略以提高国际地位为理想

随着知识产权战略管理成为各国参与国际竞争的一种重要的战略选择。知识产权在国际贸易中的地位越来越重要，知识产权已经成为跨国企业向外扩张和占领国外市场的主要手段。由于传统的关税壁垒的利用空间越来越小，一些发达国家为了维护自身的经济利益，以各种名义设置了新的贸易壁垒，即非关税贸易保护措施，而很多技术性壁垒本身就是知识产权的一种表现形式，知识产权壁垒正成为非关税壁垒的主导形式之一。一个国家要想在国际上占据有利地位，拥有强大的竞争力，就必须重视知识产权的地位和作用。世界各国尤其是发达国家都十分注重发展、完善知识产权战略，从而提升国际地位。我国当前面临着激烈的知识产权竞争，要想成为知识产权强国，亟须将知识产权战略作为国家发展战略的核心内容，形成综合竞争力的核心战略，同时加强知识产权的战略性合作，进一步扩大知识产权国际竞争优势。

13.1.2　国家知识产权战略的制定与实施

1. 国家知识产权战略的制定

国家知识产权战略是服务于国家的经济、社会发展全局，是国家的总体战略，与国家的科教兴国战略、可持续发展战略、人才强国战略等国家总体战略相互补充、相互依存、相互促进，共同为全面建设创新型国家做贡献的战略。制定国家知识产权战略要以大幅度提高我国自主创新能力和国家核心竞争力为目标，以适应经济全球化和知识产权规则国际化发展趋势。由于知识产权具有时间性、地域性和专有性，制定我国知识产权战略目标时要充分考虑我国的国情、技术、经济和社会所处的发展阶段以及世界发展的大趋势，基于有效维护我国的国家利益、经济安全和国家主权的基础上制定和实施知识产权战略，实现我国由知识产权大国到知识产权强国的转变，使我国的知识产权工作真正做到为全面建设创新型国家的战略目标服务。

2005 年国务院成立了国家知识产权战略制定工作领导小组，标志着我国国家知识产权战略的制定工作正式启动。2008 年我国正式颁布《国家知识产权战略纲要》，纲要中明确提出到 2020 年把我国建设成为知识产权创造、运用、保护和管理水平较高的国家，5 年内自主知识产权水平大幅度提高，运用知识产权的效果明显增强，知识产权保护状况明显改善，全社会知识产权意识普遍提高。2021 年 9 月，《知识产权强国建设纲要（2021—2035年）》（下称《纲要》）印发，这是第一份由党中央、国务院印发的知识产权重要文件，其明确提出我国知识产权事业未来 15 年分阶段发展目标，进一步推动知识产权与经济、科技、文化、社会等各方面深度融合发展。2021 年 10 月，国务院印发《"十四五"国家知识产权保护和运用规划》（下称《规划》），这是继"十三五"之后知识产权规划再次纳入国家重点专项规划，明确了"十四五"时期知识产权保护迈上新台阶、运用取得新成效、服务达到新水平、国际合作取得新突破的"四新"目标，确保知识产权强国建设阶段性目标任务如期完成。《纲要》和《规划》共同绘就了未来 15 年我国知识产权事业发展的宏伟蓝图，聚焦我国知识产权面临的新挑战，部署了一系列务实举措，指导各地区、各有关部门深入实施知识产权战略，推动国家、地方和行业知识产权的高质量发展。

2. 国家知识产权战略的实施

2008 年《国家知识产权战略纲要》颁布后，我国以国家知识产权战略实施体系为依托，施行由国家知识产权战略实施部际联席会议所有成员单位共同研究制定的《2010 年国家知识产权战略实施推进计划》，全面推进国家知识产权战略实施工作。其主要内容包括三个方面：一是鼓励知识产权创造和运用，提高自主知识产权水平；二是依法加强知识产权保护，完善知识产权法治环境；三是积极营造有利于实施知识产权战略的环境。

自《国家知识产权战略纲要》颁布实施以来，特别是党的十九大以来，在党中央、国务院的正确领导下，我国知识产权事业迅速发展，成效显著。知识产权在激励创新创业、营造良好营商环境、支撑经济高质量发展、促进社会进步和文化繁荣等方面发挥了日益显著的作用。知识产权拥有量大幅增长，植物新品种、地理标志、集成电路布图设计等数量大幅增长，我国已经成为名副其实的知识产权大国。知识产权运用成效显著，有力促进了经济社会发展。逐步形成了一批具有高价值的核心知识产权，有力支撑了产业转型升级。知识产权促进了品牌经济、特色农业的发展和文化繁荣，知识产权运用的新模式不断涌现。知识产权保护不断加强，营商环境持续改善。我国基本建立起了符合国际通行规则、门类较为齐全的知识产权法律制度。知识产权司法保护和行政保护全面强化，保护力度持续加大，保护及时性不断提高，对各类市场主体一视同仁，正在形成"严保护、大保护、快保护、同保护"的格局。知识产权管理体制改革不断深化，取得了突破性进展。上海、深圳等地率先开展知识产权管理体制创新探索。

2020 年 5 月国务院知识产权战略实施工作部际联席会议办公室关于印发《2020 年深入实施国家知识产权战略加快建设知识产权强国推进计划》的通知指出：深化知识产权领域改革，加大知识产权保护力度，促进知识产权创造运用，深化知识产权国际交流合作。因此，国家知识产权战略的实施，促进了知识产权的创造和运用，提高了我国知识产权保护水平，在全社会营造了激励创新的良好氛围，为加快转变经济发展方式提供了有力支撑。实施知识产权战略任重道远，我国已经成功走向知识产权大国，正逐步迈入知识产权强国。

随着国家知识产权战略实施不断推向深入，其战略意义和历史意义将愈加显著。

国家知识产权战略的实施离不开完善的制度作保障。健全国家知识产权战略管理体系是落实知识产权保护和实施知识产权战略的重要保证。为了实现我国经济的现代化，保障经济建设的顺利进行，改革开放以来我国制定了一系列保护知识产权的法律、法规。《国家知识产权战略纲要》颁布的十余年来，有关知识产权的法律与制度进一步与国际规则接轨，修改完善了《专利法》《商标法》《著作权法》《技术进出口管理办法》以及《计算机软件保护条例》等法律制度，出台了推进实施国家知识产权战略的一系列政策文件。进入新发展阶段，我国又相继制定了《知识产权强国建设纲要（2021—2035 年）》《"十四五"国家知识产权保护和运用规划》《知识产权人才"十四五"规划》等"十四五"期间的知识产权工作重要部署。这些规章制度为进一步完善国家知识产权战略管理体系提供支撑，为建设制度完善、保护严格、运行高效、服务便捷、文化自觉、开放共赢的知识产权强国，打通知识产权创造、运用、保护、管理和服务全链条，建设创新型国家和社会主义现代化强国提供坚实保障。

13.2　地方知识产权战略

13.2.1　地方知识产权战略的概念

地方知识产权战略是国家或地方政府在国际条约和国内知识产权法律框架内，根据国家或地区经济社会条件，从长远利益和全局利益出发，通过政策、法律等政府行为制定适当的制度安排，以培育和增强自身在知识产权方面的竞争优势的总体谋划。这里的地方政府指的包括了立法机关、行政机关、司法机关。在实践中，各地方往往是在立法机关制定的法律法规的框架下，集中行政机关和司法机关的力量制定知识产权战略，而战略的内容也涉及地方性法规、规章的制定和修改，需要立法机关的通过才能形成。此外，实施知识产权战略需要进行知识产权相关各方面的制度变迁，要对法律制度、公共政策进行重大的调整，必须具备一定的立法权、政策制定权、执法权才可以完成。

通过上述地方知识产权战略的概念可知，地方知识产权战略涉及战略制定与实施的主体、客体、目标群体以及相关组织等要素。其中，地方知识产权战略制定和实施的主体是地方政府。地方政府通过建立一个知识产权战略小组来统筹安排知识产权战略的制定和执行，协调各部门的政府行为，知识产权战略相关部门在战略小组的协调下作出战略决策。地方知识产权战略的客体即知识产权法律、政策等价值分配制度，政府通过调整这些制度来改变社会资源在创新者和社会公众之间形成的分配格局，达到激励创新和社会分享创新成果的平衡。地方知识产权战略的目标群体是战略管理主体实施各种战略管理措施所施加影响的对象，即战略主体要改变的目标人群和组织，包括企业和个体创新者。他们都受到战略主体决策的影响和支配，同时也用自身的力量对战略主体施加影响。地方知识产权战略管理的其他组织因素是指政府机构以外的组织或个人，他们不直接参与地方政府的战略决策，而是从外部为政府决策提供咨询、建议、评论，或是利益相关者结成利益集体，通过游说等方式对政府的战略决策施加影响，其中，影响力较大的有专家学者和利益相关者。

13.2.2 地方知识产权战略的制定与实施

在国家制定知识产权战略行动的启发与推动下，各地方政府纷纷制定符合本地经济社会发展情况的地方知识产权战略，以推进国家知识产权战略实施。根据国家知识产权战略网的数据显示，不同省（区、市）的知识产权战略实施情况呈现较强的地域性特征，各地知识产权战略实施总体水平与当地经济发展水平关系密切。其中，上海、北京、浙江等地在全国范围内一直处于知识产权战略强势推进的地区，当地政府积极制定知识产权战略并加快推进知识产权战略的实施。

1. 上海市知识产权战略的制定和实施

2004 年上海市政府颁布了《上海知识产权战略纲要（2004—2010 年）》，率先在国内推出了由地方政府制定的知识产权战略。该纲要由上海市知识产权联席会议办公室牵头，在各有关政府部门和专家学者的参与下，历时 16 个月完成拟定工作，内容包括背景、指导思想和基本原则、总目标和分类目标、工作重点和措施、实施和评估等五大部分。该纲要强调要以发挥市场主体作用为重点，以实现知识产权的市场价值为核心，突破制约知识产权创造、运用、保护和管理的全局性、体制性、机制性、政策性瓶颈问题，积极营造有利于知识产权创造、利用、保护和人才培养的创新环境、市场环境、法治环境和教育环境，着力提升企、事业单位运用知识产权制度和国际规则的能力、企业以知识产权为核心的综合竞争能力、政府部门知识产权公共服务和宏观指导的管理能力、上海国际竞争力。

2011 年上海市政府颁布了《上海知识产权战略纲要（2011—2020 年）》，在对前一轮战略纲要实施情况开展评估的基础上，起草小组委托复旦大学等机构围绕新一轮战略纲要的制定，形成了总论、专利、商标、版权战略四个专题报告。战略纲要分别参考了美、日、韩等国家知识产权战略的内容，借鉴了兄弟省、市制定知识产权战略纲要的经验。同时，起草小组还深入园区、企业等单位开展调研，广泛听取各方意见和建议，完成了《上海知识产权战略纲要（2011—2020 年）（征求意见稿）》，并征求知识产权联席会议的意见。起草小组专程到北京听取了国家知识产权局等相关部门的意见，修改后形成了《上海知识产权战略纲要（2011—2020 年）（送审稿）》。通过制定和实施新一轮纲要，进一步激发全社会的创新活力，大幅提升企业和城市的自主创新能力，加快重点产业的发展，促进产业结构调整和经济发展方式转变。该战略实施以来，上海聚焦亚太地区知识产权中心城市建设目标，加快推进引领型知识产权强市建设，着力深化改革创新，优化制度供给，促进高水平开放，知识产权事业迅速发展、成效显著。2011 年至 2020 年，上海的发明专利授权量从 0.92 万件增长到 2.42 万件；PCT 国际专利申请量从 847 件增长到 3 558 件；有效注册商标总量从 26.18 万件增长到 173.74 万件。截至 2020 年底，上海发明专利拥有量达到 14.56 万件，每万人口发明专利拥有量达到 60.21 件，在全国各省区市中排名第二。

2021 年上海市政府颁布《上海市知识产权强市建设纲要（2021—2035 年）》，在部市合作的框架下，巩固引领型知识产权强市地位，为上海深化"五个中心"建设、加快建设具有世界影响力的社会主义现代化国际大都市提供强有力支撑。具体实施工作坚持以下几个原则：① 坚持高质量引领。以知识产权创造从"数量"向"质量"转变为目标，大力推进创新创造，发展自主知识产权，进一步扩大重点领域和行业知识产权数量，提升知识产权质量。② 坚持高效益运用。以知识产权运用从"探索"向"规模"转变为要求，推动知识产权产业化、金融化，促进有关智力成果及时转化为现实生产力，释放知识产权的市场价值和金融属性。③ 坚持严保护导向。以知识产权保护从"覆盖"向"高地"转变为重点，营造严保护氛围，优化大保护格局，打造快保护通道，健全同保护机制，加大对恶意侵权、重复侵权的打击力度。④ 坚持高品质服务。以知识产权服务从"便捷"向"满意"转变为动能，深化知识产权领域"放管服"改革，在破解知识产权治理难点上持续用力，着力融入政务服务"一网通办"。⑤ 坚持国际化视野。以知识产权合作从"引进"向"引领"转变为方向，深化与 WIPO 的合作，将上海打造成为国际知识产权保护高地，进一步集聚国际知识产权合作和交流的优质资源。

2. 北京市知识产权战略的制定和实施

2009 年 4 月 24 日北京市人民政府公布了《关于实施首都知识产权战略的意见》。提出首都知识产权战略目标为："以建设人文北京、科技北京、绿色北京为契机，继续推进从保护和促进两方面开展六项工作，实现"首都知识产权一二六工程"。到 2012 年，建立适应社会主义市场经济发展规律和国际规则的知识产权战略框架，形成运行顺畅、科学高效的知识产权工作机制，激励充分、活力迸发的知识产权的创造体系，方式灵活、应用广泛的知识产权运用体系，实力强大、优质高效的知识产权服务体系，环境良好、依法办事的知识产权保护体系，功能齐备、支撑有力的知识产权管理体系。到 2020 年，把北京打造成为全国知识产权创造的核心区、知识产权保护的示范区、知识产权商用化的先行区、知识产权工作体制机制的创新区、知识产权国际交流的窗口区。"

2015 年北京市人民政府办公厅转发了《市知识产权局等单位关于深入实施首都知识产权战略行动计划（2015—2020 年）》（以下简称《行动计划》），结合新形势对首都知识产权事业的发展提出新的目标，强化专项工程部署，明确了保障措施。《行动计划》一是突出部门间的融合。在编排上打破了以往将专利、商标、版权、植物新品种等不同类型知识产权分别表述的固有模式，以大知识产权的概念来谋划思路，提出举措，符合现阶段知识产权工作融合发展的新趋势，也充分体现了各部门间的协调配合。二是突出预期性指标的量化。为方便社会检验和工作考核，在充分调研和沟通的基础上，《行动计划》明确提出了 2015 年至 2020 年间不同阶段的预期指标，力求在知识产权创造、运用、保护和管理各环节实现指标的可量化。三是突出问题导向。结合在首都知识产权战略实施第一阶段发现的制约知识产权事业发展的瓶颈问题，抓住知识产权运用和保护两大关键领域，集中资源和精力，推出一系列有效举措，着力解决新阶段战略实施面临的一些关键问题，力求重点突破。四是突出知识产权的区域布局。为贯彻落实中央提出的京津冀一体化发展战略，《行动计划》中单列一节，对京津冀在知识产权保护协作、转化运用、服务资源共建共享、人才培养等方面工作进行了专门部署，力争通过做好知识产权的区域布局，构建区域协调发展新格局。

首都知识产权战略的重点内容包括：① 大力发展知识产权产业，推动知识产权商用化，推进企业专利和版权试点示范工作，支持加快知识产权联盟建设。② 构建知识产权导向的创新创业政策体系，强化创新创业活动中的知识产权导向，坚持技术创新以能够合法产业化为基本前提，以获得自主知识产权为基本目标，以形成技术标准为基本方向。③ 主动服务中央在京单位的自主创新战略，全面促进中央在京单位知识产权的创造和运用，推进产学研一体化发展，鼓励中央在京高校、科研院所和企业以合理方式运用知识产权，将知识产权运用纳入绩效评价、考核内容，加强中央在京单位与区域经济发展的联系，推动各类孵化器、大学科技园建设，探索产学研合作创造知识产权的新模式。④ 发挥中关村科技园区知识产权的龙头带动作用，加快建设国家知识产权制度示范园区，鼓励企业实施知识产权战略，增强创新能力和市场竞争能力，推进企业聚集、形成产业集群，促进首都知识产权产业合理布局。⑤ 实施知识产权保护工程，落实国家知识法律法规，构建和完善适应首都社会经济发展特点的知识产权保护政策法规体系。⑥ 完善知识产权服务体系，积极发展知识产权交易市场，加强对服务机构的管理，发挥行业协会的重要作用，构建政府管理、行业自律、企业维权、司法裁判等多位一体的知识产权保护体系。

实施首都知识产权战略需要强化政府主导，具体实施工作侧重以下几个方面：① 创新知识产权体制机制。加大财政投入力度，为知识产权工作的发展提供经费支持，推动知识产权创造、运用、保护和管理向纵深发展。加强部门协调，发挥整体合力。巩固和加强区县知识产权管理机构建设，逐步实现知识产权工作重心下移，形成市、区县两级联动工作机制。市政府建立首都知识产权战略工作联席会议制度，加强和改进知识产权战略实施年度推进和年度考核评估机制。不断加强知识产权信息化建设，加快建设和完善集专利、商标、版权、标准、植物新品种、集成电路设计等于一体的大型政府知识产权信息服务平台，探索建立北京市知识产权统计分析体系。② 建设知识产权人才队伍。积极探索构建包含各级学历教育、继续教育在内的立体的知识产权人才培养体系。制定知识产权人才发展规划，贯彻实施"百千万知识产权人才工程"。通过加大培训、吸引、激励等手段，加快建设代理人才、法律人才、管理人才和经营人才为主体的复合型知识产权人才队伍。加大知识产权管理部门与相关部门之间的干部交流力度。将知识产权作为国有企业管理层和党政机关事业单位领导干部党校培训的必修科目。继续做好知识产权从业人员职称评审工作。③ 加强知识产权对外交流与合作。依托社会力量，建立社团性质的北京市知识产权发展研究中心，组建由国内外知识产权理论和实务专家组成的知识产权咨询委员会，跟踪国际知识产权发展方向，提供涉及知识产权的专业咨询服务，提高决策的科学化水平。不断完善跨省（区、市）和环渤海地区知识产权保护协作网及协同执法的工作机制。积极开展与世界知识产权组织（WIPO）等国际组织以及其他国家和地区知识产权机构的合作与交流。④ 营造知识产权文化氛围。大力推动知识产权的宣传普及和文化建设，建立政府主导、新闻媒体支持、社会公众广泛参与的知识产权宣传普及和文化建设体系。增强全民的知识产权意识，培养尊重他人知识产权的良好习惯，逐步建立适应开放、符合法律法规的知识产权行为模式。重点增强企业管理层和研发负责人的知识产权意识，提高创造、运用和管理知识产权的能力。在中小学开展知识产权基础知识教育，树立首都尊重和保护知识产权的国际形象。

3. 浙江省知识产权战略的制定和实施

2009 年 12 月 22 日浙江省政府印发了《浙江省贯彻国家知识产权战略纲要实施意见》（以下简称《实施意见》）。《实施意见》提出，通过加快构建知识产权创造体系、知识产权运用和公共服务体系、知识产权保护体系和科学有效的知识产权工作机制，不断推进实施国家知识产权战略纲要的政策措施。到 2020 年，在浙江形成知识产权创造与运用的聚集优势，知识产权流转的市场优势，知识产权有效保护的环境优势，企业知识产权制度建设的创新优势和知识产权文化优势。《实施意见》注重与《国家知识产权战略纲要》的衔接，立足浙江产业集群特色明显、民营经济发展迅猛、外向依存度高、自主创新能力和核心竞争力有待进一步增强等基本省情，综合全省经济社会未来发展的需求和知识产权创造、运用、保护与管理间的相互关系，积极体现专利、商标（品牌）、版权等知识产权各领域的协调运作。

2019 年，浙江省委、省政府出台了《关于全面强化知识产权工作的意见》，深入推进知识产权强省战略实施取得明显成效。当年，全省每万人发明专利拥有量达到 28 件，同比增长 18.6%，居全国第四位；商标有效注册量 250.4 万件，居全国第二位；知识产权质押金额超过 250 亿元。率先实现县（市、区）知识产权金融业务全覆盖，全省专利权质押额达 172 亿元，居全国第二；商标权质押额达到 90 亿元，连续四年全国第一。全省合计查处知识产权行政案件 3.3 万件，审结知识产权民事一审案件 2.6 万件，中国（浙江）知识产权保护中心建成运行，全国首个县级知识产权保护中心落户桐庐。金华市获批国家知识产权示范城市，台州市成为我省第三个国家知识产权运营服务体系建设重点城市，杭州高新区（滨江）建成全省首家国家知识产权服务业集聚发展示范区。

2021 年 6 月 28 日，浙江省政府颁布《浙江省知识产权发展"十四五"规划》（下称《规划》）正式发布。《规划》以知识产权数量多起来、结构优起来、运用活起来、形象树起来等"四个起来"为目标，涵盖了各类知识产权的创造、运用、保护、管理、服务等共 28 项内容，具体设置了 5 项重点任务、16 项定量指标以及包含 20 项内容的"四重"工作清单。《规划》更突出了知识产权的转化运用以及对高质量发展的战略支撑。在《规划》梳理的知识产权领域"四重"清单中，11 个重大项目中有 6 项与知识产权转化运用有关。而在这些项目建设中，数字化改革成为其中最重要的手段。以"浙江知识产权在线"为例，该平台聚焦知识产权价值评估难、交易转让不便等问题，实现了知识产权平台交易。在加强知识产权赋能经济的同时，"十四五"时期，浙江将围绕打通知识产权保护的全链条，构建更加现代的知识产权保护体系。

浙江省实施国家知识产权战略纲要的政策措施，主要包括：① 加强知识产权战略实施工作的组织领导，强调浙江省各级政府要切实加强对国家知识产权战略纲要实施工作的领导与协调，积极完善治理体制，健全知识产权管理机构，进一步提高知识产权行政管理能力。② 建立重大经济活动知识产权审议制度，在重大技术与装备引进项目审批中，业务主管部门要把知识产权评估审议作为立项的必要环节。③ 建立科技创新的知识产权导向机制，科技项目的立项、审批和验收要以获取具有自主知识产权的核心技术为前提，科技创新平台的立项、审批和验收要以增强自主知识产权的研发和创新能力为目标，引进技术的消化、吸收、再创新要以获取具有自主知识产权的技术成果为重要内容。④ 加大政府知识产权投入力度，建立财政对知识产权投入的稳定增长机制。⑤ 加大政府采购与金融信贷支持力度，进一步完善专利、商标、版权等知识产权无形资产评估新途径，积极探索知识产权质押融资新机制，鼓励各级财政设立知识产权质押贷款贴息资金。⑥ 鼓励企业加大知识产权投入，企业的专利技术研发、引用费用，符合税法规定的，可享受研究开发费用所得税前加计扣除政策。⑦ 建立知识产权奖励机制，鼓励和支持科技创新人员以知识产权作价入股，参与或直接兴办科技型企业。⑧ 促进知识产权中介服务机构发展，鼓励社会力量创办申报代理、交易咨询、融资评估、法律维权等各类知识产权中介服务机构。⑨ 建立知识产权统计与评估工作制度，完善知识产权工作统计指标，建立科学有效地知识产权工作评价体系，适时开展知识产权战略实施情况评估工作，强化对市、县（市、区）知识产权工作的监督、指导与考核，把知识产权战略实施工作真正落到实处。

| 案例　泰州市知识产权保护工作合作协议的签订 |

| 案例　杭州：跨入国家知识产权强市建设试点示范城市行列 |

| 案例　上海市颁布知识产权保护综合性地方法规：
《上海市知识产权保护条例》 |

13.3　产业知识产权战略

13.3.1　产业知识产权战略的概念

产业知识产权战略与国家和地方知识产权战略的宏观性、政策性特征不同，也不同于企业知识产权战略的微观性、操作性，产业知识产权略是立足于促进产业协调发展而进行的知识产权发展谋划，强调的是相关产业领域的企业总体的知识产权能力提升和多维主体运用知识产权工具的策略组合。产业知识产权战略主体包括政府、司法、企业、中介机构等。产业知识产权战略需要利用多重知识产权战略工具的整合，包括专利、商标、版权、集成电路布图设计、商业秘密和未公开的信息、地理标志、植物新品种、协议许可中的反竞争行为等，应根据产业技术和竞争环境的不同而选择适宜的知识产权战略工具的组合。产业知识产权战略具有多层次战略目标，且不同的产业类型和产业发展阶段，知识产权过程控制的重点和内容也有所不同。

13.3.2　产业知识产权战略的制定与实施

由于产业发展本身的动态性和开放性，以及产业竞争力的多因素作用特征，决定了不同的产业类型，不同的产业发展阶段，其知识产权战略的制定和实施需要发挥不同的知识产权主体的作用，通过控制知识产权的各个过程，组合运用不同的知识产权工具，完成知识产权战略的制定和实施，切实提升区域产业竞争力。因此，产业知识产权战略的制定与实施是不同的知识产权战略主体（包括政府、司法、企业、中介等）之间相互配合与作用，依据不同产业类型、产业发展阶段、产业发展需求等，对不同的知识产权战略工具实施不同阶段的过程控制，以实现产业竞争力提升为核心的多层次战略目标。

1. 产业知识产权战略制定的主要内容

（1）加大知识产权保护，建立专门的保护机制和部门。根据产业发展特色及知识产权保护需求，提升产业内部企业在商标、专利等方面的知识产权保护意识，由法务负责商标产权保护，设计和研发机构负责专利保护。在这个基础上加强知识产权保护，可以设定专职的知识产权保护部门，实行商标、专利、地标、艺术产品著作权的统一知识产权管理。

（2）加强知识产权管理工作人员的专业素质。考虑不同产业的生产和销售特点，以及相关产品创新或研发要求、特点，产业负责知识产权保护的主管人员必须具备一定的专业素质和综合素养，尤其是要具备工科专业背景知识，或持有专业专利代理人资格。在知识产权管理机制中，企业可以将研发、设计机构纳入知识产权管理体系中，由企业中负责设计创新、产品创意的领军人物承担知识产权管理和保护的重任。

（3）建立完善的知识产权管理和奖惩制度。行业内形成统一规范，要求企业建立完善的知识产权管理制度，结合知识产权管理相关法律法规、行业制度以及企业自身特点，知识产权管理制度内容要涉及商标、专利、版权、地标等所有知识产权，并涉及各个产权的申请流程、管理模式。同时，适当加强知识产权管理人员的奖励制度，建立一定的激励和奖励政策，吸引专职知识产权管理人员，并对涉及知识产权保护的项目、部门进行一定的专利申请考核，鼓励企业产品研发设计部门积极开发申请专利，加强专利保护。

2. 产业知识产权战略实施的重要性

在经济全球化和开放式创新背景下，产业转型升级的核心动力是产业创新。然而产业创新依赖于相关产业的知识产权积累和集成区域内外知识产权资源的能力，知识产权创造、运用、管理和保护相关的因素被分散在产业中的科学技术、创新活动等不同方面，只有整合和协同知识产权制度，才能促进产业创新的良性发展。知识产权对不同产业的经济影响具有一定的差异性。这是由于知识资产在各个行业的重要性不同，例如，在软件产业知识产权是最重要的资产，而对于钢铁业来说知识产权可能就没有那么重要，因为高成本和复杂的设备已经成为竞争和模仿的天然壁垒。因此，如果不能根据产业区别进行知识产权战略的设计和实施，必然会导致保护过多或过少，造成社会效率和福利的损失。

目前我国部分产业仍处于价值链的低端，存在着技术创新能力不强，研发投入不足，创新效率低下等问题，企业间的低成本模仿行为盛行，产业创新仍然面临着来自国际国内的双重知识产权压力。一方面，国际竞争中知识产权壁垒对我国产业发展形成挤压，企业知识产权纠纷逐年增加。另一方面，由于产业集群的知识和技术的外溢效应，以及企业薄弱的技术创新能力，使很多企业的经营都依赖技术模仿和价格竞争策略，导致产业内的"搭便车"现象严重，一些产业的技术路径被锁定，主体产业长期低度化。因此，知识产权竞争正成为产业竞争的重要形式。只有将知识产权战略嵌入到产业创新的整个过程，实现知识产权战略和产业技术的融合，才能促进产业创新的良性发展。总之，实施产业知识产权战略的最终目标是提升主导产业竞争力，培育和形成新兴产业竞争力。同时，通过产业知识产权战略的实施，提高主导产业技术创新水平，推动产业竞争力由要素驱动、投资驱动向创新驱动演化。

3. 产业知识产权战略实施的重点

在产业知识产权战略的实施过程中需要注意以下三个方面：

（1）依据不同的技术创新层次选择合适的知识产权战略。技术创新能力的强弱决定知识产权价值的高低。根据技术创新能力来选择知识产权战略，是有效组合知识产权战略以提升产业竞争力的基础。不同的知识产权战略主体在依据不同的创新层次的基础上做出的策略选择是不相同的。

（2）根据产业发展需求综合运用知识产权工具的组合。具体表现在以下三个方面：一是同一类型知识产权的组合。如专利技术中的基础专利和外围专利的组合，注册商标中的基础商标和防御性商标的组合等。二是不同类型的知识产权之间的组合。例如，在生物技术企业管理过程中，专利和技术秘密两种知识产权保护的组合。三是知识产权与其他资源和能力的组合。在不确定性竞争环境下，企业有必要组合知识产权、补充性资产、时间等资源要素，从而赢得创新优势。

（3）根据产业发展情况开展知识产权过程控制。在产业知识产权战略的制定和实施中，知识产权创造、管理、利用和保护相互渗透，相互作用，共同决定产业知识产权过程控制能力和水平。不同的产业类型和产业发展阶段，知识产权过程控制的重点和内容也有所不同。

> **案例　加强知识产权建设是 IC 产业发展的重要战略举措**

> **案例　OPPO 公司积极打造全球知识产权战略布局**

【本章重要专业词汇】

国家知识产权战略—National Intellectual Property Strategy

地方知识产权战略—Local Intellectual Property Strategy

产业知识产权战略—Industrial Intellectual Property Strategy

战略管理体系—Strategic Management System

战略制定—Strategy Formulation　　　　战略实施—Strategy Implementation

战略布局—Strategy Layout　　　　战略目标—Strategy Objective

【本章小结】

1. 知识产权战略可以分为国家知识产权战略、地方知识产权战略、行业知识产权战略和企业知识产权战略 4 个层次。

2. 国家知识产权战略是指通过加快建设和不断提高知识产权的创造、管理、运用和保护能力，加快建设和不断完善现代知识产权制度，谋求最佳的经济和社会效益，以促进经济社会发展目标实现的一种总体谋划。

3. 地方知识产权战略是国家或地方政府在国际条约和国内知识产权法律框架内，根据国家或地区经济社会条件，从长远利益和全局利益出发，通过政策、法律等政府行为创造适当的制度安排，以培育和增强自身在知识产权方面的竞争优势的总体谋划。

4. 产业知识产权战略是立足于促进产业协调发展而进行的知识产权发展谋划，强调的是相关产业领域的企业总体的知识产权能力提升和多维主体运用知识产权工具的策略组合。

5. 产业知识产权战略制定的主要内容包括：（1）加大知识产权保护，建立专门的保护机制和部门；（2）加强知识产权管理工作人员的专业素质；（3）建立完善的知识产权管理和奖惩制度。

【思考题】

1. 简述国家知识产权战略的内涵。
2. 简述地方知识产权战略的内涵。
3. 试论述船舶工业知识产权战略制定的内容。
4. 在倡导建设知识产权强省背景下，论述实施地方知识产权战略的要点。

即测即评

【案例作业】

中国 IC 产业知识产权战略定位与策略选择

集成电路（Integrated Circuit，IC）产业是信息社会经济发展的基石，对传统产业具有极大的渗透性与带动作用，是国家安全与国防建设的根本保证。中国 IC 产业经过 40 年的发展，已经形成了全国近 500 家企业的规模，催生了方舟、龙芯、爱国者、星光、网芯、展讯、"中视一号"、信芯、"通心一号"等一批自主知识产权，但直到目前仍未摆脱处于产业价值链最底端"中国制造"的命运；另一方面，随着我国 IC 企业竞争力的增强，跨国公司也开始频繁使用"知识产权"这一利器，通过设置各种壁垒，阻碍国内企业的发展。知识产权已成为中国 IC 产业发展的瓶颈。

随着 IC 产业分工的日益细化，外包模式被更多企业采用，加之 IC 产品生命周期短、设计周期变长、设计风险加大、市场机会有限、掩膜成本上升等原因，IC 产业正越来越多地使用和依赖知识产权。温家宝总理在视察中芯国际集成电路制造（北京）有限公司时强调指出："要在关键技术领域掌握更多的自主知识产权，提高企业的国际竞争力"。我国要建设节约型社会，实现社会经济的和谐发展，必须重点发展高技术产业，加速国民经济信息化，改造提升传统产业；依靠科技进步和创新，构建节约资源的技术支撑体系。IC 产业是国民经济信息化的基础，是知识密集型的战略性高技术产业，加强 IC 产业知识产权建设责任重大，意义深远。不拥有自主知识产权，就不可能发展真正的 IC 产业；拥有一大批自主知识产权是 IC 强国的重要标志之一。知识产权成为中国从 IC 消费大国向 IC 生产大国转变过程中必须要解决的问题，更是 IC 强国建设的核心问题。

1. IC 企业知识产权策略类型

企业知识产权策略可以分为主动发展型和被动规避型两类，主动发展型策略是指通过对所拥有知识产权的保护、管理和经营来形成自身竞争优势，为企业创造更多的收益。常见的有扩张专利布局、公开标准和交互授权三种形式。被动规避型策略则是通过对知识产权规则的运用，尽可能地减轻他人知识产权对自身发展的影响，降低企业运营风险。常见的有专利联盟和技术授权两种形式。企业在选择知识产权策略时，要结合自身情况，选择适当时机，采取不同策略形式，达到主动发展或规避侵权的目的。

2. 中国 IC 产业的自主创新模式与规避侵权策略

中国 IC 产业当前的知识产权形势主要有两点：自主知识产权数量少质量低、国外大公司频繁发动知识产权攻击。这种形势下，中国 IC 产业知识产权方面迫切需要解决的问题有两个：如何通过自主创新获得自主知识产权、如何规避对国外大公司侵权。中国 IC 产业的规避知识产权侵权策略：辨识他人专利布局模式，实施主动发展或被动规避策略；准确把握知识产权壁垒与自由操作领域。对于自由操作的技术领域，企业应积极开发新技术或产品，并尽快获取对新技术的知识产权保护；共同开发通用技术，共享知识产权成果。这种模式对企业规避知识产权侵权大有益处。建设中国 IC 产业产前研发联盟是对我国 IC 产业研发机制和模式的创新，是中国 IC 产业自主创新和知识产权建设的有效途径；建立国内知识产权联盟，一致对外。在与国外企业实力不相当的情况下，国内企业不能单打独斗，企业之间应在知识产权方面展开合作，交互授权，建立企业共享的知识产权池，从而快速增强总体的知识产权实力。由中芯国际、中星微电子等发起的中国知识产权联盟就是很好的例子。知识产权是 IC 产业的核心竞争力，不拥有自主知识产权就不可能发展真正的 IC 产业。中国 IC 产业知识产权正处于内忧外患的尴尬局面，加强知识产权建设已经成为中国 IC 产业发展的当务之急。规避知识产权侵权策略对国内企业暂时免于知识产权纠纷固然有效，但以研发活动为主的自主创新才是解决问题的根本途径。

资料来源：王黎萤，余晓，廖红，等. 知识产权战略管理［M］. 北京：电子工业出版社，2011.

案例讨论：

1. 讨论中国 IC 产业知识产权战略制定的重要性及其可取之处。

2. 剖析中国 IC 产业知识产权战略实施的重点。

第十四章　企业知识产权战略管理

开篇案例　中国石油如何构建知识产权战略管理体系

2021 年 8 月，中国石油天然气集团有限公司（以下简称中国石油）兰州石化长庆乙烷制乙烯项目基地一片欢腾，80 万吨/年乙烯装置自投料开车以来生产出合格乙烯产品，各项数据运行平稳，这标志着国内首套自主知识产权的乙烷制乙烯项目成功建成投产。近年来，中国石油围绕建设世界一流综合性能源公司的目标，以提高质量效益为中心，以完善知识产权管理制度为抓手，大力实施创新、资源、市场、国际化、绿色低碳战略。2016 年，中国石油被评为"国家知识产权示范企业"。

中国石油一直十分重视加强企业知识产权管理。早在 1985 年，中国石油的前身中华人民共和国石油工业部就设立了专利管理和服务机构，通过制定实施专利管理办法拉开了中国石油知识产权工作的序幕。中国石油的知识产权管理制度先后经历了三大阶段：一是起步阶段（1985 年—1999 年），主要以管理机构制度建设、宣传培训等为主；二是稳步发展阶段（2000 年—2008 年），开始探索实施总部统一管理，建立年度工作考核评价和工作报告制度；三是快速发展阶段（2009 年—2018 年），加强知识产权集中统一管理，专利申请和授权数量实现跨越式提升。

近年来，中国石油持续完善知识产权战略管理体系，为推动企业高质量发展保驾护航。在多年来的创新实践中，中国石油进一步认识到知识产权管理工作对于发挥自身知识产权价值的重要作用。通过挖掘各层级对知识产权发展的具体需求，构建了基于需求的知识产权战略管理体系，积极营造良好的知识产权文化环境。一方面，建立健全"集中产权、统一管理、分级负责"的知识产权管理体制，重点加强知识产权权属和创造质量管理、优化各级知识产权管理部门职责分工等工作，切实发挥各级知识产权管理人员在知识产权创造质量审核把关等方面的作用。另一方面，完善知识产权管理制度体系，逐步建立起"1＋3＋n"知识产权管理制度体系，即 1 个知识产权管理规定，包括专利、技术秘密、计算机软件著作权在内的 3 个管理办法，以及 n 个制度配套相关指南及细则等。此外，中国石油实施知识产权全过程分类管理制度，将知识产权划分为核心知识产权（A 类）、重要知识产权（B 类）和普通知识产权（C 类）3 个类别，以便将资源重点配置到核心知识产权上，并把分类管理贯穿于知识产权创造、保护、运用等全过程。

知识产权工作取得显著成效的同时，中国石油也逐渐意识到，公司知识产权管理制度亟须完善，尤其是在持续深化改革、坚持创新驱动的新形势下，公司的知识产权管理水平和支撑保障能力有待进一步提升。总体而言，新形势下中国石油的知识产权管理制度面临以下问题和挑战：一是知识产权管理工作重心需从专利申请管理向知识产权全过程中的关键环节管理转变；二是坚持创新驱动发展战略要求公司改进知识产权集中统一管理模式；三是全面深化改革要求优化总部管控职能、完善各层级知识产权管理职责定位；四是实现高质量发展需要公司优化资源配置、实施全过程分类管理。

资料来源：国家知识产权局官网。

14.1 企业知识产权战略

14.1.1 企业知识产权战略的概念

企业知识产权战略是知识产权战略体系的基础和核心，是整个知识产权战略体系的基本保障和基础。有学者认为，企业知识产权战略可定义为企业为获取与保持市场竞争优势，运用知识产权保护手段谋取最佳经济效益而进行的整体性筹划和采取的一系列的策略与手段。借鉴现有关于知识产权战略的研究成果，结合知识产权管理的功能定位，本书从企业创新和竞争的角度给出知识产权战略的定义，即在知识产权法律制度情境下，企业为了赢得创新所得和竞争优势而持续发展自身知识产权能力的总体性谋划和一系列策略与措施。

企业知识产权战略是公司经营发展战略的一部分，公司知识产权战略的目标和作用包括两部分：价值创造和价值获取。前者是后者的基础，是知识产权的创造过程；后者是前者的发展，是为了在现有知识产权的基础上获取更多的价值。公司通过知识产权战略的实施，除了增加公司的价值，还能够预测公司及行业的未来，"创造"公司的前景。由此可知，知识产权战略是和公司的愿景、战略紧紧联系在一起的。

14.1.2 企业知识产权战略管理体系的内容

企业知识产权战略管理体系是依据企业经营战略，制定战略管理目标，并为实现此目标，在知识产权价值创造和利用过程中将管理要素给予合理配置，并明确其活动范围和方式，形成的相对稳定、科学的体系。企业知识产权战略管理体系是企业战略管理工作体系的重要组成部分，是保障企业知识产权管理工作有效开展的基础。借鉴相关学者的研究，结合企业知识产权战略的概念和特性，构建知识产权战略管理体系的基本框架（如图 14-1 所示）。知识产权战略管理体系包括三大模块，即战略制定、战略实施和战略调整，三大模块自上而下，构成知识产权战略管理体系的模块序列，并经战略实施的反馈机制，形成知识产权战略管理体系的信息闭环。

1. 企业知识产权战略制定

知识产权战略制定是企业根据所处外部竞争环境的分析、内部整体经营战略要求和资源状况的评估、自身知识产权能力的认知结果，明确知识产权战略目标、分解知识产权战略重点和任务、拟定知识产权战略措施的过程。其中，知识产权战略目标包括未来一个时期企业知识产权能力发展的总体目标和分目标，分目标一般包括创造能力、运营能力、保护能力和管理能力等方面的具体发展目标。知识产权战略重点和任务是企业根据确定的知识产权战略目标，明确知识产权能力发展重点和相应的任务模块。知识产权战略措施则是企业为了实现知识产权战略任务而采取的具体措施和行动。

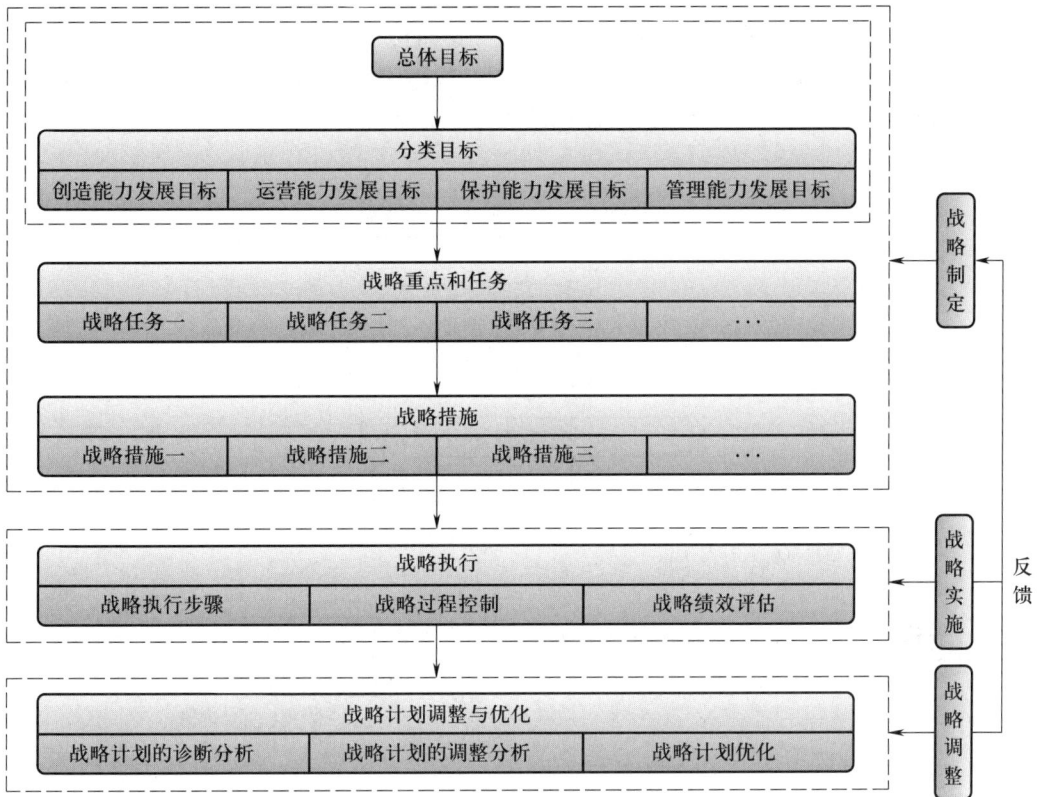

图 14 − 1　知识产权战略管理体系的基本框架

2. 企业知识产权战略实施

知识产权战略实施是企业根据知识产权能力发展目标和任务，落实各项知识产权战略措施的步骤和保障。具体包括知识产权战略的执行步骤、过程控制、绩效评估等。其中，执行步骤是企业结合时间、战略任务和具体措施，给出战略任务和具体措施的实施步骤和阶段；过程控制包括企业为了保障知识产权战略执行步骤的顺利推进和战略目标的逐步达成而在组织和财务等方面的保障安排，及对知识产权战略执行情况的跟踪检查；知识产权战略绩效评估包括企业开展的知识产权战略实施绩效年度、中期和期末评估。

3. 企业知识产权战略调整

知识产权战略调整是企业根据知识产权战略绩效评估结果，结合整体发展战略对知识产权战略的调整要求，对知识产权战略目标实施诊断分析，并对知识产权战略的目标、重点和任务以及措施作出调整分析，在此基础上，最终对知识产权战略计划进行调整与优化。

为促进企业充分发掘知识产权价值，并加以利用，为企业创造出更多的价值，建立知识产权战略管理体系已经成为当务之急。根据戴维斯和哈里森对知识产权近 30 多年的研究，每个企业不应该总是关注将以往的创意转化为能够创造出价值的产品和服务这个焦点上，而应该扩展视野。要实现有效的知识产权战略管理，应包括以下步骤：首先，企业要深刻地了解知识产权的价值层次，确定企业目前知识产权的管理水平；其次，明确知识产权战略目标，并将知识产权战略与企业技术创新战略和市场创新战略相结合；再次，找出企业需要改进的知识产权管理的步骤；最后，制定相应的知识产权战略管理系统，如图 14-2 所示。根据以上这些步骤进一步设计企业的知识产权战略管理体系，如图 14-3 所示，由于各个企业的实际情况不同，所制定的知识产权战略管理体系也会有一定的差异。

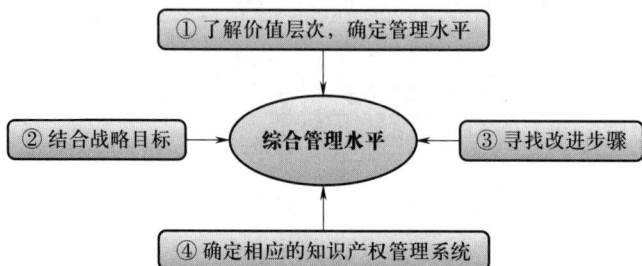

图 14-2　企业知识产权战略管理系统

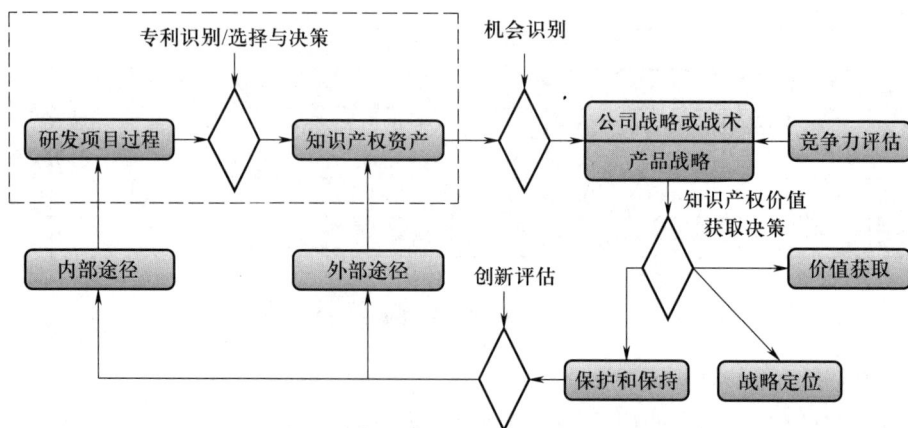

图 14-3　企业知识产权战略管理体系

14.2　企业知识产权战略的制定

14.2.1　企业知识产权战略的环境分析

知识产权战略的环境分析包括企业外部竞争环境分析、企业内部环境评估和企业知识产权能力评估三个方面。知识产权外部竞争环境分析，是指借助企业战略管理的一系列分析方法或模型对所处的知识产权法律制度环境、经济环境、产业技术发展、社会文化氛围等进行分析，给出企业在未来一个时期发展知识产权能力所面临的机会和威胁。企业内部环境评估，是指运用价值链理论和方法，对企业内部与知识产权相关的技术发展、制造或服务流程、市场拓展的价值链进行分析，给出包括企业的供应商、消费者和联盟伙伴在内价值链结构和价值创造机制，从而明确企业未来一个时期知识产权能力发展的优势和劣势。

企业知识产权能力评估，是指企业结合自身的经营战略目标，评估其知识产权创造、运营、保护和管理能力，找出企业知识产权能力与企业整体发展战略之间的不匹配之处，从而为企业制定知识产权能力发展的战略目标与任务提供可靠依据。

1. 企业知识产权战略外部竞争环境分析方法

（1）PEST 分析法。企业虽然对其所处一般环境的发展趋势和事件难以预见且不能控制，但一般环境的构成要素往往对企业战略具有显著影响。所以，知识产权战略的环境分析不能忽略企业所处的一般环境。对企业所处一般环境的分析方法是 PEST 分析法，即将一般环境分为 P（Politics）政治环境、E（Economy）经济环境、T（Technology）技术环境、S（Society）社会环境。随着全球化的不断深入发展，企业知识产权战略的一般环境分析视野应当及于全球化环境，具体而言，就是在分析本土市场的政治、经济、技术和社会环境的同时，有必要对现有和潜在全球市场的政治法律、经济、技术和社会环境进行有重点的分析。

（2）五力模型法。五力模型的核心观点是来自新进入者的威胁、购买者的讨价还价能力、供应商的讨价还价能力、替代产品和服务的威胁、产业内竞争对手的密集度，其决定了特定产业内企业的盈利潜力。从知识产权管理的视角来看，五力模型法有助于企业通过分析现有竞争对手的知识产权积累和布局、跟踪评估潜在进入者和替代者的知识产权发展走向、了解掌握供应商和消费者的知识产权谈判能力，找到自身未来可能面临的知识产权能力发展威胁和短板，以及企业知识产权能力发展的机会和突破口，为企业制定和实施知识产权战略提供决策依据。

（3）SWOT 分析法。该方法是企业战略管理的重要方法之一，通过综合考虑企业内部条件和外部环境的各种因素，对企业发展环境进行全面、系统的评价，从而制定具体战略的方法。该方法能全面掌握企业内外部环境特征，进而助力企业找准发展定位。其中，S（Strengths）是指企业内部的优势，W（Weaknesses）是指企业内部的劣势，O（Opportunities）是指企业外部环境的机会，T（Threats）是指企业外部环境的威胁。根据企业内外部竞争环境分析，运用 SWOT 分析法分析企业实施知识产权战略的优势、劣势、机会和威胁。在此基础上，根据各种因素轻重缓急或影响程度等排序，构造 SWOT 矩阵，为企业未来发展提供有效方案。

2. 企业知识产权战略内部环境评估的方法

（1）价值链分析法。价值链分析法是用来分析企业内部价值活动进而构建竞争优势的战略分析方法。该方法将组织视为价值创造活动的序列过程，并将价值活动分为基本增值活动和支持性增值活动两类。前者表现为产品或服务的有形创造，通过营销活动、售后服务等将产品或服务转移给购买者，属于创造价值的主要活动；后者包括采购、技术开发、人力资源管理和日常管理等。将价值链分析法引入企业知识产权战略的内部环境分析，可以帮助企业从价值创造视角重新审视知识产权价值的创造流程和资源配置，将知识产权价值创造嵌入企业基本增值活动和支持性增值活动中，系统分析企业的知识产权价值创造链，为企业构建与整体经营战略相匹配的知识产权价值创造链，优化企业不同知识产权价值创造环节的资源匹配提供精准的依据。

（2）VRIO 法。该方法认为企业的竞争潜力决定于企业的资源或能力的四个方面：① 价值性（Value），即企业的资源是否足以使其有能力利用环境机会或消减环境威胁；

② 稀缺性（Rarit），即企业的资源是否仅为一小部分竞争企业所控制；③ 难以模仿性（Inimitability），即没有相应资源的企业在获取或开发该资源时是否面临成本劣势；④ 组织性（Organization），即企业的政策和组织流程是否足以支持自身去利用有价值、稀缺和高模仿成本的资源。将 VRIO 法引入企业知识产权战略制定过程中，有助于企业从企业资源视角审视自身的既有知识产权，围绕价值性、稀缺性和高模仿成本去开发和积累知识产权，并重视组织架构和流程与知识产权战略的动态匹配。

3. 知识产权能力测度的方法

（1）双维度法。有学者认为企业知识产权能力是企业为了谋求竞争优势，创造、运营、保护和组织知识产权形式的能力。企业知识产权能力要素解构，可以从两个维度来展开，即知识产权静态形式要素和动态行为要素。知识产权静态形式要素维度是指不同知识产权类型、处在不同产业技术领域和不同产业价值链的企业，在选择知识产权类型上是有差异的。知识产权动态行为要素维度是指企业的知识产权价值活动。知识产权能力测度的双维度法，是指企业在考察和测度自身知识产权能力时，要从知识产权静态形式要素和动态行为要素两个维度，构建合理的知识产权能力测度指标体系，为企业科学合理地测度和评估自身的知识产权能力提供依据。

（2）能力定位法。根据知识产权在企业价值创造和经营战略中的实际功能和价值，将企业的知识产权能力分为以下五种：① 负值型知识产权阶段，该阶段是指企业以加工制造为主，缺乏自觉的知识产权管理目标和行为。② 防御型知识产权阶段，该阶段是指企业为了保护其技术创新所得和市场地位，预防和应对来自竞争对手的知识产权风险，有意识地开展知识产权管理活动。③ 成本型知识产权阶段，该阶段是指企业重视通过产品创新和工艺创新提高产品和服务的差异化水平，降低企业成本，关注知识产权持有费用。④ 利润型知识产权阶段，该阶段是指企业在其技术领域拥有大量核心和基础的专利，通过强大的知识产权能力为其带来高额利润。⑤ 整合型知识产权阶段，该阶段是指企业高度关注未来产业技术的演化和不确定市场的发展，通过知识产权特别是专利布局，引领产业的发展方向，探索和应对未来技术和市场发展不确定性。

14.2.2　企业知识产权战略环境分析的核心内容

1. 外部环境分析

（1）宏观经济、政策制度、技术发展和社会文化环境分析。首先，企业知识产权战略的宏观经济环境分析，重点是预见企业既有和潜在市场所在国家、地区的宏观经济发展走向和经济增长速度，以及企业所在的主流产业发展态势和新兴产业可能的发展机会。其次，知识产权管理的合规性特征，使企业在制定知识产权战略规划时，必须高度重视外部政策制度环境分析。企业知识产权战略的政策制度环境分析，重点是分析企业营业所在法域的法律制度特别是知识产权制度及其未来的变化，企业既要关注潜在市场所在国家、地区的产业发展规划，又要了解该国家和地区对企业的知识产权管理活动的激励和约束政策。再次，企业知识产权战略的技术发展环境分析，不仅要求预见企业所在主流产业领域的产品技术、工艺技术乃至管理流程等的连续性发展和给企业所在主流产业带来"创造性毁灭"或"破坏性创新"结果的突破性新兴技术发展，预见其中可能出现的知识产权发展机会和威胁。最后，知识产权植根于特定法域的经济技术发展环境、法律文化环境中，因此，还需要考虑企业营业所在地的社会文化环境，特别是知识产权文化氛围和保护意识。

（2）企业所在产业价值网络利益主体的知识产权竞争态势和诉求分析。根据产业竞争五力模型和价值网络模型，企业所在产业价值网络利益主体主要包括广义的替代者、互补者、供应商和顾客。其中，广义的替代者包括与企业有竞争关系的既有竞争者、潜在进入者、狭义替代者。企业对所在产业价值网络利益主体的知识产权竞争态势和诉求分析，主要包括两个方面的内容：一是对既有竞争者、潜在进入者和狭义替代者知识产权竞争态势的分析。既要分析既有竞争者和潜在进入者在主流产业技术和主流市场的知识产权积累和布局，又要预见既有竞争者和潜在进入者在新兴产业技术和新兴市场的知识产权布局与发展趋势。既要分析与企业有直接竞争关系的竞争者的知识产权发展态势，又要分析与企业产品或服务有替代关系的替代者的知识产权发展情况。二是对互补者、供应商和客户的知识产权诉求的分析。既要考虑与企业有相互作用关系的互补者的知识产权诉求，又要考虑与企业有交易关系的供应商和客户的知识产权诉求。

（3）外部环境对企业知识产权能力发展的需求分析。企业在对外部一般环境发展态势和来自产业价值网络利益主体的知识产权压力与诉求进行分析的基础上，需要总结出外部环境对企业知识产权能力发展的需求，从而达到预见企业知识产权外部环境的目的。外部竞争环境对企业知识产权能力发展需求的分析要点，主要包括以下两个方面的内容：一是外部竞争环境给企业知识产权能力发展带来的现实和潜在威胁，特别是企业在特定产业技术和市场环境下，企业未来面临来自既有竞争者、潜在进入者、狭义替代者、互补者、供应商和客户的知识产权发展压力；二是在外部竞争环境为企业知识产权能力发展造就的知识产权能力发展机会，包括企业在主流产业技术和市场、新兴的技术和市场拥有的知识产权能力发展的机会和空间。

2. 内部资源评估

（1）企业内部战略评估。企业的知识产权战略制定离不开对企业整体经营战略及其配套技术创新战略和市场发展战略的准确评估。首先，全面分析和准确评估企业整体经营战略的目标、重点和任务、主要措施及其实施步骤。知识产权战略的制定不能偏离企业整体经营战略的总体部署和基本安排。同时，知识产权战略在制定过程中，需要结合企业整体经营战略的目标、任务和措施，对知识产权发展的目标、任务和措施作出精准且细致的谋划，实现与企业整体经营战略需求的动态匹配，从而为推进整体经营战略的实施提供有力的支撑。其次，全面分析和准确评估企业技术创新战略和市场发展战略。企业在制定知识产权战略过程中，需要基于自身的技术创新战略和市场发展战略，对知识产权能力发展需求作出精准的预判。通过分析企业在主流产业技术和新兴技术领域、既有主流市场和潜在新兴市场的发展战略的分析，可以更为精确地判断出企业在未来一个时期的知识产权能力发展方向和目标，以及明确的战略重点和任务，有利于增强企业知识产权战略性布局、运营和保护的针对性和实效性。

（2）企业价值创造活动的资源配置评估。知识产权战略的制定，离不开企业价值链的价值创造活动的资源匹配分析和评估。从企业知识产权战略的角度评估企业价值创造活动的资源配置，主要包括以下内容：一是对企业研究开发活动的资源配置进行评估，包括对企业在主流产业技术和新兴技术领域研发活动的人力、物力、资金和信息资源等的配置状况进行评估；二是对企业生产制造活动的人力、物力、财力和信息资源等的配置状况进行评估；三是对企业既有市场和潜在市场拓展和服务活动的资源配置状况进行评估；四是对企业财务、人力资源、公司治理等活动的资源配置进行评估。对企业价值链的主要价值创造活动资源配置进行分析和评估，有利于找出企业价值创造活动的关键环节及其变化情况，从而为企业知识产权战略重点和任务的确立提供充分的依据。

（3）企业知识产权能力发展的需求匹配分析。企业整体经营战略和价值创造活动对未来一个时期企业知识产权能力发展的需求匹配要点包括三个方面：一是确立企业知识产权的类型如专利、商标、版权、商业秘密、集成电路布图设计等重点发展对象及其组合；二是明确企业知识产权管理活动如创造、运营、保护、组织等的动态调整方向；三是企业未来一个时期基于整体发展阶段和价值创造活动的知识产权管理的形式要素和行为要素组合的知识产权能力发展定位要求。

3. 知识产权能力评估

（1）评测企业既有知识产权类型积累状况。主要从以下三个维度展开：一是时间维度，即根据企业既有知识产权类型的形成时间进行梳理，这一维度有助于帮助企业了解自身知识产权的形成过程和来源。二是功能和价值维度，即根据知识产权的功能和价值进行分类整理，如专利中的发明、实用新型和外观设计，标准必要专利和非标准必要专利，核心专利和外围专利等。三是应用领域维度，即根据技术类别、法域或市场类别等，对不同的知识产权进行细分整理。通过对既有知识产权类型进行时间维度、功能和价值维度以及应用领域维度的分类整理，可以清晰地绘制出企业不同类型知识产权的分布图，有助于企业根据未来技术竞争和市场拓展需要，进行有效知识产权发展布局。

（2）评测企业的知识产权创造、运营、保护和管理能力。主要包括以下四个方面的内容：一是知识产权创造能力，包括企业专利、商标、版权和商业秘密等知识产权类型的创造投入和机制设计等，这是企业知识产权价值的基础和源泉；二是知识产权运营的商业化价值活动的比率和绩效等，这是企业知识产权价值的主要实现途径；三是知识产权保护能力，包括知识产权维权和应对侵权指控的响应速度、力度等，这是企业知识产权价值的保障因素；四是知识产权管理能力，包括知识产权管理机构设置和人员配备、制度建设等，这是企业知识产权价值的平台因素。对企业既有知识产权能力的合理评价和测度，有利于企业理性分析自身既有知识产权能力与内外部竞争环境需求的匹配程度，找准未来一个时期内企业知识产权能力发展的方向和重点。

（3）结合企业外部竞争环境和内部资源状况，给出适应未来竞争需要和匹配整体战略需求的知识产权能力发展总体思路。企业知识产权能力发展总体思路包括以下两个方面的内容：一是企业知识产权能力发展的总体方向，二是企业知识产权能力发展的主要"抓手"或落脚点。前者解决的是企业知识产权能力发展的基本方向问题，后者解决的是企业知识产权能力发展的根本路径问题。

14.2.3　企业知识产权战略的目标

企业知识产权战略目标是指企业结合内外部竞争环境和内部资源状况，根据企业整体经营发展战略的要求，确立未来一个时期企业知识产权能力发展定位。企业知识产权战略目标包括总目标和分目标。

1. 企业知识产权战略总目标

企业知识产权战略总目标是指企业根据自身知识产权战略总体思路，对企业未来一个时期知识产权能力发展定位的总体概括。企业知识产权战略总目标一般包括三个要点：① 知识产权战略期间，即明确知识产权战略的截止年份或年月。② 知识产权能力发展的总体定位，即高度概括在知识产权战略期间，企业的知识产权能力需要达到的层次和水平。这是知识产权战略总目标的核心内容。③ 企业整体经营战略目标简要描述，即表明企业知识产权能力发展定位与企业整体经营战略目标的匹配关系。

2. 企业知识产权战略分目标

企业知识产权战略分目标是指企业根据适合自身发展的需要，对知识产权战略总目标的分解和细化。企业可以根据以下三个维度来确立其知识产权战略分目标：① 时间维度，包括短期、年度、中期（如五年）、长期（如十年或二十年）等。企业采用时间维度分解其知识产权战略目标，一般适用于制定长期的知识产权战略规划。② 产业或产品维度，如果企业采用多元化特别是不相关多元化经营战略，其知识产权战略分目标就有必要采用产业或产品维度进行分解和细化，以保证企业知识产权能力发展的整体推进；如果企业已经进入或正在进入国际化甚至全球化发展阶段，也就是企业产品或服务已经进入其他法域的国际市场甚至开始基于不同法域和国家进行本地化运营，则有必要引入法域或国家维度，关注企业在不同法域或国家的知识产权能力发展。③ 职能维度，包括知识产权管理的创造、运营、保护乃至组织能力发展分目标。这一维度在确立知识产权战略分目标时的运用，往往涉及企业需要根据未来一个时期整体经营战略目标和任务，对知识产权管理职能的重心进行根本性调整。例如，企业从单一的公司化治理结构向集团化治理结构转变，可能会把企业知识产权管理架构和流程的再造推到一个战略性的高度，在知识产权战略分目标中体现出来。再如，企业技术发展阶段从模仿、模仿性创新阶段发展到自主创新阶段，技术战略从防御型战略转变为进攻型战略，就会要求企业的知识产权战略重心从知识产权创造和保护转移到知识产权运营，由此使知识产权运营及其模式建构凸显出来。

14.2.4　企业知识产权战略的任务及措施

1. 企业知识产权战略任务

知识产权战略任务是企业根据确定的知识产权战略目标，明确战略期间的知识产权能力发展重点和相应的任务。知识产权战略任务解决的是为了达成知识产权战略目标而需要"做什么"的问题。企业知识产权战略任务可分为形式要素和行为要素两种类型。

（1）知识产权形式要素。根据企业所在产业技术特征和提供的产品或服务要求，围绕不同的知识产权形式如专利、商标、版权、商业秘密、集成电路布图设计、植物新品种等，明确不同知识产权形式在创造、运营、保护和管理等方面的发展重点和任务。企业运用这一类型的要素组织知识产权战略任务，往往是该企业的未来发展对特定知识产权形式非常倚重，或者说特定的知识产权形式的创造、运营、保护和组织对企业的发展具有举足轻重的作用，需要重点予以关注。例如，专注于软件开发的企业，其知识产权战略任务可能会围绕计算机程序的版权创造、运用和保护展开；再如，专注于特定商品或服务销售的企业，其知识产权战略任务可能会围绕商标权的创造、运用和保护展开。

（2）知识产权行为要素。根据企业未来一个时期所处的发展阶段，围绕知识产权管理职能，结合不同知识产权形式，明确企业的知识产权能力的发展重点和任务。企业知识产权战略任务的确立，多采用知识产权行为要素，原因是这一类型的要素更容易清晰表达企业知识产权管理职能，突出未来一个时期企业知识产权能力发展的"短板"与急需解决的问题。在知识产权创造能力模块，知识产权战略任务往往会围绕资源投入、激励机制、知识产权形式的数量积累和质量提升、不同知识产权形式的组合结构与动态调整等方面展开；在知识产权运营能力模块，知识产权战略任务一般围绕知识产权的商业价值实现途径如自行实施、投资、转让许可、融资、评估审计等方面展开，意在提升知识产权对企业产品或服务价值的贡献度；在知识产权保护能力模块，知识产权战略任务一般围绕知识产权事前、事中和事后风险管控机制建设展开；在知识产权管理能力模块，知识产权战略任务一般围绕机构设置和人员配备、制度、平台和流程建设展开。

2. 企业知识产权战略措施

知识产权战略措施是指企业为了完成知识产权战略任务而采取的具体措施和行动的集合，解决的是"怎么做"的问题。知识产权战略措施的确立要注意三个方面的问题：一是战略措施的针对性，即知识产权战略规划中的各项战略措施必须是针对战略任务而提出，或者说是为了完成战略任务、最终达成战略目标而采取的措施，注重战略措施与战略任务的对应关系。二是战略措施的可行性，即各项知识产权战略措施与企业自身的资源状况包括人力、物力、财力、信息，特别是知识产权等资源的积累和发展空间相匹配，否则战略措施的推进就会遇到严重困难，最终难以实现之前确立的战略任务和目标。三是战略措施的适应性，随着全球化的持续发展和新兴技术的不断涌现，企业所处的竞争环境日益呈现出不确定性。在动态的竞争环境中，保持战略柔性和敏捷反应是企业制定知识产权战略需要考虑的重点。知识产权战略的柔性和敏捷反应，最直接地体现在企业知识产权战略措施上。企业应当保持知识产权战略措施对竞争环境变化、知识产权战略目标与任务调整的适应性，也就是说，在知识产权战略目标和战略任务调整情境下，战略措施能够及时作出回应并对调整后的战略目标和任务形成有力的支撑。

14.3　企业知识产权战略的实施

14.3.1　企业知识产权战略实施的步骤

企业知识产权战略实施的过程需要企业对知识产权活动进行全面、综合地管理，企业知识产权战略管理的过程是把企业把所有的知识产权相关项目都纳入管理范围，贯穿知识产权的创造培育、归类整理、开发经营、控制保护、效果评估等各个环节，涉及知识产权的创造者、所有者和具体管理人员（如图 14-4 所示）。它从实用性和综合性角度出发，充分激活企业知识产权的创新机制，全面提高企业竞争力。

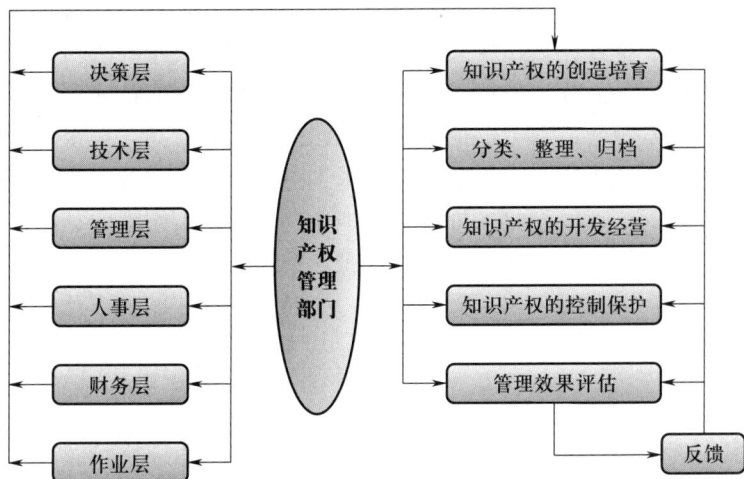

图 14-4　知识产权战略管理过程

企业知识产权战略实施的具体步骤如下：

1. 阐明和转化企业知识产权战略

企业知识产权战略是公司经营发展战略的一部分，目的是为了实现公司的愿景，公司的知识产权战略的目标和任务包括价值创造和价值获取。前者是后者的基础，是知识产权的创造过程；后者是前者的发展，是为了在现有知识产权的基础上获取更多的价值，公司通过知识产权战略的实施，除了增加公司的价值，甚至能够预测公司及行业的未来，"创造"公司的前景。企业知识产权战略是和公司的愿景、战略紧紧地联系在一起的。因此企业首先要明确企业的知识产权战略，并将其融入企业的愿景，落实到企业经营战略的具体行动中。

2. 构建企业知识产权战略管理平台

企业首先需要构建知识产权战略管理平台，通过机构、制度、人员的逐步完善为知识产权战略管理的有效实施打下良好的基础。企业应从长远目标出发，配备专门的知识产权管理人员和设置相应的机构，制定完善的管理制度，把知识产权管理与企业总体发展战略相结合，充分发挥知识产权的经济效用，提高企业自身的竞争力。同时，企业还要加强知识产权管理人才的培养，知识产权的管理，最根本的是懂知识产权管理的专门人才，企业知识产权的管理工作涉及经济、法律、科技、贸易、社会、文化等各方面知识，贯穿于企业的研发、生产和销售等全过程。因此，知识产权管理人员不但要有丰富的管理知识，更要了解国内外与知识产权有关的法律法规和其他相关的制度。另外，企业职工对知识产权的正确认识和知识产权管理保护意识的高低，对企业知识产权管理有着重要影响。企业应加强对职工在知识产权相关方面的培训。

3. 开展企业知识产权战略的运作

企业知识产权战略的运作包括知识产权的归类整理、开发经营、控制保护以及管理效果的评价等，其具体运作模式如图 14-5 所示。企业知识产权的核心作用在于形成和培育企业的创新机制，特别是技术创新。要培育企业的创新能力，关键在于激活全体职工的创新热情和参与精神，把职工的个人发展计划与企业总体发展战略结合起来，从决策层到管理层，再到作业层，都纳入企业的创新机制中，不断地创造知识产权。企业知识产权的归类整理，应把企业全部知识产权建档管理，特别是对核心技术、专利、商业秘密、商标（品牌）等进行重点管理。企业知识产权的开发经营，涉及技术或专利的转让和引进、商标的利用、商业秘密的运作、人才的挖掘等，世界上著名的跨国企业在占领全球市场的同时，更注重知识产权的开发经营，它不仅通过推销自己的技术和产品，获得短期的利益，而且非常注重开发利用当地技术资源，包括高级技术人员和专利技术等。这使该企业既加强了对技术资源的控制，又在市场竞争中处于有利地位，获得长期发展的利益。企业知识产权的开发经营所取得的经济效用，能更好地激发企业的技术创新，进而引发管理（制度）创新，从而形成良性循环，促进知识产权的创造，全面提升企业的内在竞争力。

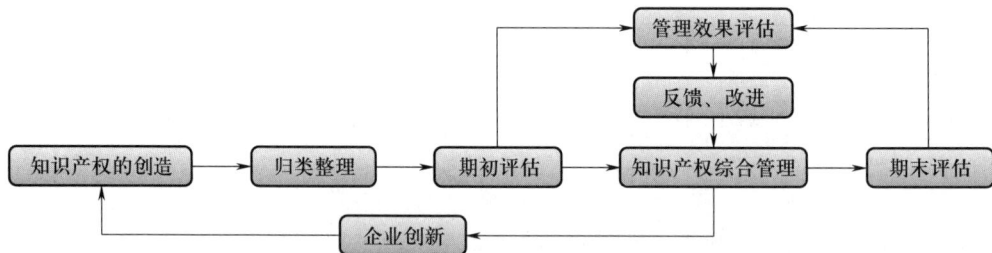

图 14-5　知识产权战略的运作模式

图片来源：作者根据相关资料整理绘制。

4. 评估和反馈企业知识产权战略

有效实施知识产权战略，重要的是建立一套注重管理效果的评价体系。企业知识产权战略管理效果的评价体系，实质在于把管理从一般的定性指标转向定量指标，便于评估和科学化管理。建立评价体系的重要性在于，一方面它可以改变企业以往对知识产权管理只注重形式而不注重效果的做法，另一方面又可使企业领导层看到企业知识产权管理带来的经济效用，反过来又促进企业领导层加强对企业知识产权的管理。通过对企业知识产权战略管理期初、期末（这里指考核期，或半年，或一年，视企业自己的具体情况而定）评估效果的对比，全面加强和改善管理效果，并激发企业对知识产权的创造。

案例　日本大企业知识产权战略管理的实施模式案

案例　西门子公司的知识产权战略管理的实施模式

14.3.2　企业知识产权战略的组合策略

我国企业在技术创新和知识产权保护方面虽然有了很大的进步，但不同产业技术水平差异较大，知识产权质量参差不齐，知识产权制度不够完善，知识产权战略管理能力有待提升是摆在面前的现实问题。上述问题的应对和解决直接落在自主创新和知识产权战略两个方面，自主创新是知识产权战略的出发点和根本目的，知识产权战略则为自主创新提供扎实的运行基础和动力，因此，企业在依据技术创新能力强弱和知识产权价值高低选择知识产权战略的同时，还必须从提高企业知识产权综合管理水平出发，逐步优化知识产权战略类型，构建动态的知识产权战略组合策略（如图 14-6 所示）。

知识产权组合策略	技术创新能力强	技术创新能力弱
知识产权价值高	I-P1	I-P2
知识产权价值低	I-P3	I-P4

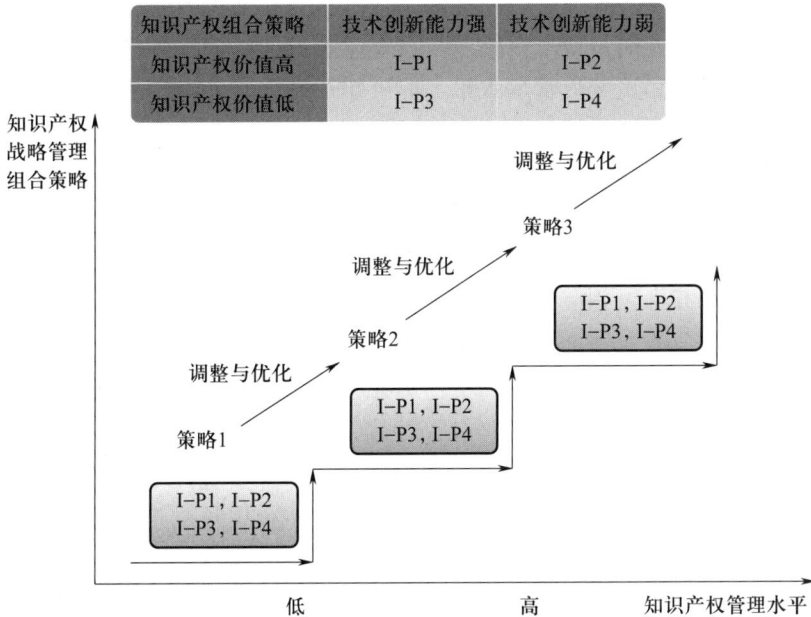

图 14-6　知识产权战略组合策略

知识产权战略组合策略的内涵是强调知识产权战略与技术创新战略、市场创新战略和标准战略的协同发展，其中，企业技术进步是核心，知识产权价值增值是关键，知识产权综合管理水平提升是基础，只有增强企业知识产权战略管理的意识、构建知识产权战略的管理平台，不断提升企业知识产权综合管理实力，才能优化企业的知识产权组合策略，使技术创新能力得到保证和激励，进而通过知识产权价值增值来提升企业竞争力。企业知识产权组合策略的合理运用反过来也促进企业知识产权综合管理水平的提升，形成良性循环，最终促进企业的可持续发展（见表 14-1）。

表 14-1　企业技术创新能力与知识产权价值相匹配的组合策略

知识产权组合策略	技术创新能力强	技术创新能力弱
知识产权价值高	I-P1： 基本专利与专利网，专利收买，知识产权诉讼、知识产权转让、知识产权许可、与品牌结合、专利池、与标准结合等	I-P2： 专利网、知识产权转让、知识产权许可、知识产权交叉许可、专利保护、商业秘密等
知识产权价值低	I-P3： 技术秘密、技术公开、纠纷预防、专利保护等	I-P4： 技术公开、利用失效专利，放弃知识产权等

1. 企业依据知识产权管理差异选择知识产权战略组合

当企业知识产权管理水平低时，企业的技术比较优势通常不明显，知识产权的价值可能参差不齐。在实施知识产权战略时，通常选择防守型知识产权战略，通过市场跟随战略和实用工程战略获得市场。对高价值的知识产权，企业可通过专利网、专利转让、交叉许可等策略充分发挥知识产权效用，或者获得同类企业专利技术使用权以提升本企业竞争能力。对低价值的知识产权，企业可选择技术公开、充分利用失效专利或放弃知识产权等防御型策略来抵御其他企业的知识产权进攻。当企业知识产权管理水平不高，但具有一定的技术优势时，只有提高知识产权管理水平，促进知识产权战略与技术创新战略和市场创新战略的协同发展，企业才能保持持续的竞争优势。

当企业知识产权管理水平较高时，通常企业具有明显的技术优势，但作为策略性的知识产权价值仍可能良莠不齐。这些企业的知识产权战略逐渐上升为主导战略，通常选择进攻型或攻守兼备型知识产权战略。对高价值的知识产权，企业可选择过基本专利与专利网、专利收买、专利转让与许可相结合等多种策略来维持其竞争优势。对低价值的知识产权，企业可选择绕过障碍专利、申请取消对手专利、将技术公开等策略避开不利因素，阻止对手进攻。当企业知识产权管理水平较高时，企业可以在产学研合作和技术联盟中积累更多的知识产权成果，促进企业自主创新能力的提升。

2. 企业依据产业类型差异选择知识产权战略组合

供应商主导型产业主要以进行过程创新的小规模运作企业为代表。对技术创新能力较强，但知识产权价值不高的企业可选择绕过障碍专利、申请取消对手专利、将技术公开等策略避开不利因素，同时促进知识产权战略与技术创新战略和市场创新战略的协同发展，逐步提升企业知识产权价值。对技术创新能力较强，而且知识产权价值也高的企业可选择采用专利与技术标准结合战略、基本专利与专利网战略、专利收买战略、主动提起专利诉讼战略、战略转让和许可战略及专利与品牌结合战略来增强企业的综合竞争力，但这类企业的知识产权管理水平是制约企业知识产权战略选择的关键因素，只有构建完善的知识产权管理体系，才能有效组合知识产权战略。

科学推动型产业主要以新材料研发、生物与新医药研发的企业为代表。对技术创新能力较弱的企业，可选择通过知识产权保护、专利网战略、与产品结合战略等为以后产品的规模化应用提供保证，还可以通过转让与许可战略、交叉许可战略获得资金和市场优势。企业通过知识产权战略的实施真正推动技术创新能力的提高，当企业技术创新能力逐步增强时，可选择采用专利与技术标准结合战略、基本专利与专利网战略、专利收买战略，主动提起专利诉讼战略、战略转让和许可战略及专利与品牌结合战略来增强企业的综合竞争力。

专业供应商型产业主要以电子信息技术、资源与环境技术、新能源及节能技术开发为主的企业为代表。该类型企业知识产权价值不高，知识产权容易被模仿。对低价值知识产权和较弱创新能力的企业，可选择通过技术公开、充分利用失效专利或放弃知识产权等防御型策略来抵御其他企业的知识产权进攻。当企业技术创新能力较强时，则应该提高企业的知识产权综合管理水平，选择绕过障碍专利、申请取消对手专利、将技术公开等策略避开不利因素，同时促进知识产权战略与技术创新战略和市场创新战略的协同发展，才能逐步提升企业知识产权的价值。

　　信息密集型产业主要以高新技术服务业企业为代表。企业偏重于对产品的有效利用和改进，技术创新的综合实力不强，当知识产权价值较高时，企业可选择通过知识产权保护、专利网战略、与产品结合战略等为以后产品的规模化应用提供保证，还可以通过转让与许可战略、交叉许可战略获得资金和市场优势。当知识产权价值较低时，企业可选择通过技术公开、充分利用失效专利或放弃知识产权等防御型策略来抵御其他企业的知识产权进攻。

　　服务业企业的主要任务是通过运用商标战略、商业秘密战略等保护企业的知识产权，由于企业的产品更多以知识和信息存在，所以企业加强知识产权战略管理十分关键，对价值比较高的知识产权，可通过知识产权保护、与产品结合战略等为产品的市场应用提供保证。

　　规模密集型产业主要以改造传统技术的企业为代表。企业通常具有一定的技术优势，但作为策略性的知识产权价值仍可能参差不齐。对高价值的知识产权，企业可选择基本专利与专利网、专利收买、专利转让与许可相结合等多种策略来维持其竞争优势，技术领先企业还可以将知识产权战略的重点从传统的排他垄断战略转变为更积极的许可与合作战略，知识产权管理部门也从企业的成本机构转型为利润中心。对低价值的知识产权，企业可选择绕过障碍专利、申请取消对手专利、将技术公开等策略避开不利因素，阻止对手进攻。当企业知识产权管理水平较高时，企业可以在产学研合作和技术联盟中积累更多的知识产权成果，促进企业自主创新能力的提升。

　　上述关于产业差异的分析只是基于传统的企业类型和特点进行分析，不排除特殊企业类型的例外应用。因此，知识产权战略的选择要因企业制宜，客观评价企业的技术创新能力和知识产权价值，结合企业的内外部发展的战略环境，选择适合企业的知识产权战略。

　　案例　德国企业知识产权战略管理的重点

14.4　企业知识产权战略的调整与优化

14.4.1　企业知识产权战略的评估与调整

　　企业知识产权战略的绩效评估，是指企业按照战略绩效评估指标和流程，对一定期间的知识产权战略实施效果和过程进行专项或综合性评价。科学合理地进行知识产权战略绩效评估，是达成知识产权战略目标和完成知识产权战略任务的重要保障。知识产权战略绩效评估过程的主要内容包括以下 4 个方面：

　　1. 制定企业知识产权战略绩效评估的指标及权重

　　知识产权战略绩效评估指标包括两个方面的内容，一是企业当期的知识产权战略目标和任务完成情况，二是企业为了完成既定知识产权战略目标和任务，具体落实和执行相应知识产权战略措施的过程控制和资源耗费。

2. 明确企业知识产权战略绩效评估的流程

企业知识产权战略绩效评估的流程包括明确绩效评估的组织、实施机构及人员，绩效评估的关键工作节点，绩效评估结果的应用和反馈等。

3. 合理划分企业知识产权战略绩效评估的周期

企业知识产权战略绩效评估包含常规的年度评估、中期评估和期末评估，也包含围绕知识产权战略目标和任务的里程碑事件进行的专项评估。

4. 重视企业知识产权战略绩效评估结果的应用和反馈

企业知识产权战略绩效评估，既是对过去特定期间的知识产权战略实施情况的总结，也是未来特定期间知识产权工作的基础和前提，涉及知识产权战略实施的后续调整。因此，只有重视绩效评估结果的应用、沟通和反馈，才能达到知识产权战略绩效评估的最终目的。

知识产权战略实施的评估，除了绩效评估外，还应当包括外部竞争环境变化和内部经营战略调整等在内的环境评估。当企业所在主流产业技术和市场，或者新兴技术和潜在市场发生重大变化时，企业的整体经营战略目标和任务也可能发生相应的调整。在这种情境下，企业知识产权战略实施有必要进行及时的环境评估。企业依据绩效评估结果和环境评估结果，对期初制定的知识产权战略目标和重点任务进行相应的调整，并采取相应的战略措施，以保障战略目标和任务的达成。

14.4.2　企业知识产权战略的优化策略

企业知识产权战略体系并不是亘古不变的，必须依据企业所处的发展阶段选择有效的策略，从而推进知识产权战略的动态调整与优化，以促进自主创新成果的产出、保护和扩散，最终实现企业的跨越式发展。

1. 加强企业家的知识产权战略意识，将组织聚焦于知识产权战略

知识产权战略的成功运用，首先离不开企业家明确的知识产权战略意识。我国专利密集型技术产业处于成长期，在资金和技术上的优势均不明显，要突破国外先进技术的知识产权壁垒，就必须采取综合的知识产权战略，知识产权战略作为企业发展战略的子战略，需要同技术创新战略、市场战略协同发展，才能发挥"1＋1＋1＞3"的放大效用。企业家的职责在于使知识产权战略融入企业经营战略，通过执行团队来推动知识产权战略与其他战略的有效融合，使知识产权战略成为组织推进创新的一个持续的过程。企业可以通过知识产权战略规划、知识产权制度建设、知识产权专业人才吸纳和培养等方式，将组织逐步聚焦于知识产权战略，在生产和经营活动中提升知识产权保护和运用的能力。

2. 逐步提升企业知识产权综合管理水平，动态推进知识产权战略

提升企业知识产权综合管理水平，一是要加强知识产权战略的制定和推进，有效依据企业创新能力和专利价值，组合运用各种知识产权策略；二是提升运用知识产权制度的能力，掌握国内外同类产品的技术发展水平和专利权状况，避免低水平重复研究和侵

犯他人的专利权：三是建立完善的知识产权管理制度，对创新成果采取有效的知识产权保护方式，并在机构、人员、经费等方面予以保障；四是落实技术要素参与收益分配的政策，深化内部分配制度改革，重奖专利技术的发明人和设计人；五是及时评估和反馈知识产权战略的实施效果，根据技术进步水平和企业发展阶段动态调整知识产权战略的实施。

3. 建立多元化知识产权创造和开发体系，培养运营知识产权的能力

企业实施知识产权战略的目的就是促进自主创新成果的产出和保护，协调自主创新成果的扩散。企业在加大投入的同时，也要看到重大的专利成果更多地出现在与其他学科和技术交叉的领域，因此，加强知识产权战略联盟的建立和运用也是推进知识产权战略实施的重要组成。同时，企业还可以与高校、科研院所以产学研结合的方式，委托开发或合作开发专利技术，并通过合同管理确定专利权属，鼓励专利技术有偿转让和折价入股，加速知识产权商品化、市场化和产业化，企业通过多元化知识产权创造和开发的体系不断提升知识产权价值，通过与技术标准结合、与品牌结合等策略，形成基于"R&D投资"取得"知识产权"，知识产权获得许可收入，许可收入再用作研发投资的动态过程，培养运营知识产权的能力，使知识产权在技术转移和投资的过程中获得最大效益。

4. 加大政府支持力度，营造良好的外部环境

企业知识产权战略应当同国家和地方的知识产权战略相融合。一要完善关键核心技术的相关立法，积极学习、借鉴国际上关键核心技术立法的先进经验。制定和完善关于专利转让与许可、中介机构建设、风险投资、中小型科技企业借款担保等方面的法律法规，促进先进技术研发。同时，根据关键核心技术领域知识产权发展情况，及时制订和修订国家技术标准。二要优化知识产权保护环境，切实有效地维护市场秩序，将知识产权保护纳入社会诚信体系建设，严格整治和规范市场秩序。三要提供多元化的知识产权平台，为企业提供知识产权综合服务，通过建立健全区域知识产权援助体系、开放知识产权服务市场，建设一批知识产权援助的骨干中介机构，集成知识产权信息资源，整合专利数据库、标准数据库、知识产权政策等专业信息，依托知识产权服务体系和信息平台，提供高附加值的知识产权服务。

【本章重要专业词汇】

企业知识产权战略—Enterprise Intellectual Property Strategy

环境分析—Environmental Analysis　　　　战略任务—Strategic Task

战略措施—Strategic Measures　　　　　组合模式—Portfolio Mode

知识产权战略评估—Intellectual Property Strategic Assessment

知识产权战略优化—Intellectual Property Strategy Optimization

知识产权战略调整—Intellectual Property Strategy Adjustment

知识产权价值—Value of Intellectual Property

优化策略—Optimization Strategy

【本章小结】

1. 企业知识产权战略具体实施步骤包括阐明和转化企业知识产权战略、构建企业知识产权战略管理平台、开展企业知识产权战略的运作、评估和反馈企业知识产权战略。

2. 企业应该根据所处的产业特征、技术创新能力、知识产权价值和知识产权管理水平四个维度出发，选择适合企业的知识产权战略。

3. 企业知识产权战略管理体系包括三大模块，即战略制定、战略实施和战略调整，三大模块自上往下，构成知识产权战略管理体系的模块序列；并经战略实施的反馈机制，形成知识产权战略管理体系的信息闭环。

4. 企业知识产权战略的优化策略包括：加强企业家的知识产权战略意识，将组织聚焦于知识产权战略；逐步提升企业知识产权综合管理水平，动态推进知识产权战略；建立多元化知识产权创造和开发体系，培养"运营"知识产权的能力；加大政府支持力度，营造良好的外部环境。

【思考题】

1. 简述企业知识产权战略的含义。
2. 如何构建企业知识产权战略管理体系？
3. 简述企业知识产权战略的实施步骤。
4. 试论述企业知识产权战略管理体系优化的具体策略。

即测即评

【案例作业】

康莱特药业知识产权战略的选择及组合策略

浙江康莱特药业有限公司（简称康莱特药业）是"国家重点高新技术企业"。康莱特药业致力于中医药抗肿瘤和抗癌研究，公司主导产品"康莱特注射液"是具有自主知识产权的高新技术抗癌药品，获得了国家科技进步二等奖、国家技术发明三等奖，中医药科学技术进步一等奖，并列入国家基本用药目录和医疗保险用药目录。"康莱特注射液"是我国作为处方药被美国 FDA 批准用于临床试验的首个中药产品，实现了零的突破，使中药走向国际跨出了实质性的一步。继美国 FDA 批准临床试验后，俄罗斯市场也进一步打开，康莱特药业成为中药走向国际的领军企业。康莱特药业能够成功走向国际市场，与企业较早重视和实施知识产权战略有密切联系。康莱特药业是如何开展中医药的创新研究，如何利用知识产权战略抢占市场的，本案例采用 SWOT 分析法对该公司的知识产权战略进行了深入分析。

1. 康莱特药业实施知识产权战略的机会

我国拥有丰富的中药材资源，具有发展壮大中药产业的天然优势。近30年来，我国中药产业获得了较为快速的发展。随着国外市场对中医药行业认知的不断提升，国内政策对中医药产业发展的大力推动，以及各地争相建立中医药产业基地，中医药产业正面临重大的发展机遇。一是加速发展的机遇。当前，国际植物药市场份额已达300多亿美元，并且以每年10%～20%的速度递增，全球对天然营养药的需求也正以每年70%的增长率递增。据世界卫生组织统计，目前，全世界有40亿人使用植物药治病，约占世界人口的60%。该组织估计，在未来10年内，中药的开发利用将在全球兴起。二是政策扶持的机遇。中药产业作为"国家战略产业"，已被写入我国《中药现代化发展纲要（2002—2010 年）》，中药行业的发展被列入国民经济和社会发展"十一五"规划。同时，国务院发布实施了《中医药创新发展规划纲要（2006—2020 年）》，也是国家全面推进中医药发展的一项重大举措，为我国中药产业发展提供了重大历史机遇和政策保障。

2. 康莱特药业实施知识产权战略的威胁

从总体情况来看，我国中药产业发展水平并不理想。中国中医科学院中药研究所提供的数据显示，占全世界人口25.22%的中国，医药产业仅占全球的7%，天然药物仅占世界天然药物市场的3%～5%，中药出口额不足国际中草药市场的10%，与我国天然药物大国的地位极不相称。2003 年，全国中药工业总产值（中成药和饮片）为810.27 亿元，占医药工业总产值约26.11%，仅占 GDP 的 0.69%。中医药产业总体经济效益低下，难以承受国际竞争的强烈冲击。近年来，随着欧洲发达国家植物药销售量大幅上升，我国企业没有抓住机遇。在目前全球中药市场营业额中，中国仅占3%～5%，日本则占到80%，韩国占10%。同时，发达国家正在大力加强对中药的研究，对我国中药业的发展也构成了极大的挑战。此外，其他国家知识产权制度对本国企业的强保护，给我国中医药企业进入国际市场带来了负面影响，需要我国中医药企业和科研机构逐步重视和应用知识产权战略。

3. 康莱特药业实施知识产权战略的优势

康莱特药业注重中医药技术的基础研究，具有一定的技术领先优势，在多国申请的专利技术一方面可以保住技术和产品，另一方面也有利于企业通过这些专利技术抢占国内和国际市场。公司注重技术创新，适应现代化中药产业发展趋势，坚持有所改良、有所创新、有所发展的原则，利用现代科技手段对传统饮片、中药剂型进行改造升级。公司推进现代中药复方筛选技术研究，开发与国际接轨的精量化、质量高、药效好的现代精制小复方中药，提高中药产品的核心竞争力。康莱特药业注重和高等院校、科研院所的合作研究，企业建有博士后流动站，与19所科研院所和高等院校深入合作，这对企业研发能力的提升起到了非常关键的作用。通过对知识产权的有力保护和科学的技术创新，为康莱特药业的发展打下了良好的基础。

4. 康莱特药业实施知识产权战略的劣势

首先，康莱特药业需要加速中药标准化的研究与应用，加强专利技术和产品的二次创新，利用细胞工程、基因工程等技术，开展优质中药材品种的选育和中药材规范化生产，强化中药质量控制方法的研究，建立和完善若干种中药材、中药饮片、中药提取物和重点中成药的质量标准，建成符合国家规范的中药现代化质量标准体系。其次，企业的研发和市场运营方面的投入还需要加强。最后，企业在知识产权综合运用的能力和运营意识方面还需要提高。康莱特药业在国外申请的发明专利还没有形成有效的专利池，仍然需要从组织、人员、企业制度、信息平台等方面构筑企业的综合战略管理体系，确保知识产权战略的实施。

资料来源：王黎莹，余晓，廖红，等．知识产权战略管理［M］．北京：电子工业出版社，2011．有修改．

案例讨论：

1. 利用 SWOT 工具分析康莱特药业的知识产权战略的选择策略。

2. 分析有哪些因素对康莱特药业知识产权战略组合产生了影响。

参 考 文 献

［1］冯晓青. 企业知识产权战略内涵及其价值探析［J］. 武汉科技大学学报（社会科学版），
      2017，19（02）：209－221.
［2］吴汉东. 中国企业知识产权的战略框架［J］. 法人，2008（2）：40－41.
［3］王岩云. 企业知识产权战略系统论［J］. 经济与管理，2005（10）：84－87.
［4］冯晓青. 企业知识产权战略［M］. 北京：知识产权出版社，2005.
［5］王黎萤. 中小企业知识产权战略与方法［M］. 北京：知识产权出版社，2010.
［6］王黎萤等. 知识产权战略管理［M］. 北京：电子工业出版社，2011.
［7］陈劲，桂斌旺. 研发管理［M］. 北京：知识产权出版社，2003.
［8］陈光辉. 企业知识产权战略要素维度结构及测量［J］. 统计与决策，2019，35（10）：
      79－81.
［9］唐国华，孟丁. 企业知识产权战略的维度结构与测量研究——基于中国经济发达地区
      的样本数据［J］. 科学学与科学技术管理，2015，36（12）：52－61.
［10］陈光辉. 企业知识产权战略要素维度结构及测量［J］. 统计与决策，2019，35（10）：
       79－81.